权威读本

U0959313

中华人民共和国
刑事诉讼法修改条文解读

主编
王爱立
（全国人大常委会法制工作委员会刑法室主任）

中国法制出版社
CHINA LEGAL PUBLISHING HOUSE

前　　言

党的十八大以来，以习近平同志为核心的党中央协调推进“四个全面”战略布局，在深化国家监察体制改革、反腐败追逃追赃、深化司法体制改革等方面作出了一系列重大决策部署，取得了重大成果和进展，需要将可复制、可推广的行之有效做法上升为法律规范，在全国范围内施行。2018 年 10 月 26 日，第十三届全国人民代表大会常务委员会第六次会议审议通过了《关于修改〈中华人民共和国刑事诉讼法〉的决定》，对刑事诉讼法进行了重要修改，并重新公布。这次修改是 1996 年修改刑事诉讼法和 2012 年修改刑事诉讼法后，对我国刑事诉讼制度的又一次重大完善。

《关于修改〈中华人民共和国刑事诉讼法〉的决定》共 26 条，主要内容包括：一是完善了刑事诉讼法与监察法的衔接机制，调整了人民检察院的侦查职权；二是根据推进国际追逃追赃工作的需要，建立了刑事缺席审判制度；三是总结试点工作中行之有效的做法，完善了刑事案件认罪认罚从宽制度，增加了速裁程序。这些修改，进一步完善了中国特色刑事诉讼制度体系，体现了惩治犯罪与尊重保障人权相结合，对于保障国家监察体制改革的顺利进行，加大反腐败追逃追赃工作力度，推进司法体制改革，推进国家治理体系和治理能力现代化，具有重要意义。

为了使大家准确把握修改决定的内容，全国人大常委会法制工作委员会参加刑事诉讼法修改的同志结合参与刑事诉讼法修改研究工作的思考和体会，撰写了《中华人民共和国刑事诉讼法修改条文解读》一书。该书由全国人大常委会法制工作委员会刑法室主任王爱立同志任主编。

该书从立法工作的角度，对修改理由、立法背景及条文内容等方面进行了较为详尽的阐述。希望该书的出版对于刑事法学界对刑事诉讼法理论的研究、执法机关正确执法以及公民学习刑事诉讼法能够有所帮助。由于水平和时间有限，不足之处在所难免，敬请读者批评指正。

作　者

2018 年 11 月

目　录

中华人民共和国刑事诉讼法修改条文解读

一、【认罪认罚从宽原则】 …… 1
二、【人民检察院立案侦查案件的范围】 …… 10
三、【不得担任辩护人的限制性规定】 …… 18
四、【值班律师】 …… 23
五、【侦查期间律师会见需经许可的规定】 …… 30
六、【指定居所监视居住的适用案件范围】 …… 40
七、【批准或决定逮捕时评估社会危险性的考虑因素】 …… 46
八、【“侦查”的含意】 …… 57
九、【侦查人员讯问犯罪嫌疑人时的告知义务】 …… 62
十、【检察机关采取技术侦查措施的案件范围】 …… 68
十一、【认罪案件侦查终结的规定】 …… 75
十二、【人民检察院对于监察机关移送起诉案件的处理】 …… 81
十三、【审查起诉的期限】 …… 87
十四、【审查起诉时讯问和听取意见的规定】 …… 93
十五、【签署认罪认罚具结书】 …… 101
十六、【认罪认罚案件人民检察院提出量刑建议】 …… 108
十七、【决定不起诉的处理】 …… 115

十八、【特殊条件下的撤案和不起诉】 …………………………… 119
十九、【审判组织及合议庭人员构成】 …………………………… 127
二十、【对认罪认罚案件告知权利和审查的事项】 ……………… 131
二十一、【人民法院是否采纳指控的罪名和量刑建议】 ……… 140
二十二、【速裁程序】【速裁程序的适用范围和条件】【不适用速裁程序的情形】【适用速裁程序审理案件的具体程序】【适用速裁程序审理案件的期限】【速裁程序转化为普通程序或者简易程序】 ………………………………………………………… 146
二十三、【死刑缓期执行的程序】 ………………………………… 177
二十四、【罚金刑的执行】 ………………………………………… 183
二十五、【缺席审判】【缺席审判案件的范围和管辖】【缺席审判的送达】【缺席审判案件中的委托辩护和指定辩护】【缺席审判判决书的送达和上诉、抗诉】【缺席被告人到案的处理和财产处理错误的救济】【被告人因病不能出庭案件的缺席审判】【被告人死亡案件的缺席审判】 ……… 185
二十六、【军队保卫部门、中国海警局、监狱的侦查权】【条文序号调整】【实施日期】【法律文本重新公布】 ……………………………………………………… 229

附　录

全国人民代表大会常务委员会关于修改《中华人民共和国刑事诉讼法》的决定 ……………………………………… 238
(2018 年 10 月 26 日)

中华人民共和国刑事诉讼法 …………………………………… 247
(2018 年 10 月 26 日)
关于《中华人民共和国刑事诉讼法（修正草案)》的
说明 ………………………………………………………… 316
(2018 年 4 月 25 日)
全国人民代表大会宪法和法律委员会关于《中华人民
共和国刑事诉讼法（修正草案)》修改情况的汇报 …… 321
(2018 年 8 月 27 日)
全国人民代表大会宪法和法律委员会关于《中华人民
共和国刑事诉讼法（修正草案)》审议结果的报告 …… 325
(2018 年 10 月 22 日)
全国人民代表大会宪法和法律委员会关于《全国人民
代表大会常务委员会关于修改〈中华人民共和国刑
事诉讼法〉的决定（草案)》修改意见的报告 ………… 328
(2018 年 10 月 26 日)
中华人民共和国监察法 ……………………………………… 330
(2018 年 3 月 20 日)
全国人民代表大会常务委员会关于在北京市、山西省、
浙江省开展国家监察体制改革试点工作的决定 ………… 346
(2016 年 12 月 25 日)
全国人民代表大会常务委员会关于在全国各地推开国
家监察体制改革试点工作的决定 ………………………… 348
(2017 年 11 月 4 日)

全国人民代表大会常务委员会关于授权最高人民法院、最高人民检察院在部分地区开展刑事案件速裁程序试点工作的决定 …………………………………… 350
(2014 年 6 月 27 日)

全国人大常委会关于授权最高人民法院、最高人民检察院在部分地区开展刑事案件认罪认罚从宽制度试点工作的决定 …………………………………… 351
(2016 年 9 月 3 日)

刑事诉讼法修正草案公开征求意见的情况 ……………… 352

刑事诉讼法修正草案二次审议稿公开征求意见的情况 …… 370

有关部门和专家学者对刑事诉讼法修正草案二次审议稿的意见 ……………………………………………… 382

刑事诉讼法修正草案通过前评估情况 ………………… 389

中华人民共和国
刑事诉讼法修改条文解读

第十三届全国人民代表大会常务委员会第六次会议决定对《中华人民共和国刑事诉讼法》作如下修改：

一、增加一条，作为第十五条："犯罪嫌疑人、被告人自愿如实供述自己的罪行，承认指控的犯罪事实，愿意接受处罚的，可以依法从宽处理。"

条文主旨

本条是在总则"任务和基本原则"一章中增加认罪认罚从宽原则的规定。

立法背景

我国刑事法律一直坚持贯彻宽严相济的刑事政策。宽严相济刑事政策是我国的基本刑事政策，贯穿于刑事立法、司法和刑罚执行的全过程，是惩办与宽大相结合政策在新时期的继承、发展和完善，是司法机关惩罚犯罪，预防犯罪，保护人民，保障人权，正确实施国家法律的指南。贯彻宽严相济刑事政策有一系列总体要求。比如，要根据犯罪的具体情况，实行区别对待，该宽则宽，当严则严，宽严适当，罚当其罪；打击和孤立极少数，教育、感化和挽救大多数，最大限度地减少社会对立面，促进社会和谐稳定，维护国家长治久安。要正确把握宽与严的关系，切实做到宽严并用。既要注意克服重刑主义思想影响，防止片面从严，也要避免受轻刑化思想影响，一味从宽。必须坚持严格依法办案，切实贯彻落实罪刑法定原则、罪刑相适应原则和法律面前人人平等原则，依照法律规定准确定罪量刑。从宽和从严都必须依照法律规定进行，做到宽严有据，罚当其罪，等等。宽严相济刑事政策同时还要求，要根据经济社会的发展和治安形势的变化，尤其要根据犯罪情况的变化，在法律规定的范围内，适时调整从宽和从严的对象、范围和力度。要全面、客观把握不同时期不同地区的经济社会状况和社会治安形势，充分考虑人民群众的安全感以及惩治犯罪的实际需要，注重从严打击严重危害国家安全、社会治安和人民群众利益的犯罪。对于犯罪性质尚不严重，情节较轻和社会危害性较小的犯罪，以及被告人认罪、悔罪，从宽处罚更有利于社会和谐稳定的，依法可以从宽处理。

认罪认罚从宽制度是宽严相济刑事政策的一个重要方面，包括在实体上和程序上从宽两个方面。刑法中对认罪认罚从宽作了一系列规定，但刑事诉讼法中一直没有明确规定。党的十八届四中全会提出，完善刑事诉讼中认罪认罚从宽制度。在刑事诉讼法中规定认罪认罚从宽制度，经过了深入细致的试点工作。2014年6月27日，第十二届全国人大常委会第九次会议通过了《关于授权最高人民法院、最高人民检察院在部分地区开展刑事案件速裁程序试点工作的决定》，为合理配置司法资源，提高审理案件的质量和效率，维护当事人的合法权益，授权“两高”在北京、天津、福州、厦门等十八个城市开展程序试点工作。速裁程序试点的主要内容是对事实清楚，证据充分，被告人自愿认罪，当事人对适用法律没有争议的危险驾驶、交通肇事、盗窃、诈骗、抢夺、伤害、寻衅滋事等情节较轻，依法可能判处一年以下有期徒刑、拘役、管制的案件，或者依法单处罚金的案件，进一步简化刑事诉讼法规定的相关诉讼程序。2016 年 9 月 3 日，第十二届全国人大常委会第二十二次会议又通过了《关于授权最高人民法院、最高人民检察院在部分地区开展刑事案件认罪认罚从宽制度试点工作的决定》，在上述十八个城市进行试点。试点的主要内容是对犯罪嫌疑人、被告人自愿如实供述自己的罪行，对指控的犯罪事实没有异议，同意人民检察院量刑建议并签署具结书的案件，可以依法从宽处理。原来进行的速裁程序试点工作，纳入认罪认罚从宽制度试点工作继续进行。2016 年 11 月 16 日，为确保试点工作依法有序开展，最高人民法院、最高人民检察院、公安部、国家安全部、司法部出台了《关于在部分地区开展刑事案件认罪认罚从宽制度试点工作的办法》。试点以来，各试点地区探索了一批行之有效的做法，积累了不少有益的经验。试点以来的情况和我国长期的司法实践都表明，完善认罪认罚从宽制度，有利于合理配置司法资源，确保无罪的人不受刑事追究，维护当事人的合法权益，促进司法公正。认罪认罚从宽制度更强调犯罪人的认罪悔罪态度，更有利于其教育改造，实现预防再犯罪的刑罚目的；建立速裁程序有利于实现案件的繁简分流，有助于简案快审、难案精审，节约司法资源，有利于提高重大案件的审判质量和效果，确保无罪的人不受刑事追究，有罪的人受到公正处罚。各方面认为，有必要将试点中形成的成功经验做法通过立法上升为法律规范，在全国范围内实行。2018 年修改刑事诉讼法，根据试点经验和各方面意见，在刑事诉讼法中对认罪认罚从宽制度作了系统规定，从而将这一制度在刑事诉讼法中明确下来。

条文解读

本条可以从以下几个方面理解：

首先，认罪认罚从宽制度既是实体法上的制度，也是诉讼法上的制度。宽严相济刑事政策在实体法上通过在量刑、刑罚执行等方面规定一系列从宽措施，促进犯罪嫌疑人、被告人以及被判刑人自愿认罪认罚，有利于其悔罪和改造，消除社会矛盾。刑法坚持罪责刑相适应原则，规定对于犯罪分子决定刑罚的时候，应当根据犯罪的事实、性质、情节和对社会的危害程度，依法判处刑罚。在此基础上，对于有认罪认罚表现的犯罪嫌疑人、被告人，刑法也规定了一系列从宽处理的制度。比如，犯罪以后自动投案，如实供述自己的罪行的犯罪分子，可以从轻或者减轻处罚。犯罪较轻的，可以免除处罚。犯罪分子有揭发他人犯罪行为，查证属实的，或者提供重要线索，从而得以侦破其他案件等立功表现的，可以从轻或者减轻处罚；有重大立功表现的，可以减轻或者免除处罚。根据刑法规定，对于认罪认罚的犯罪分子，结合考虑其悔罪表现、是否有再犯罪的危险等方面的因素进行考量，还可以适用缓刑、减刑或者假释等制度。这些都是认罪认罚从宽在实体法上的体现。刑法一直坚持和贯彻这些原则精神，历次修改刑法，很多内容都体现了这些要求。比如，2011 年2 月通过的刑法修正案（八），一方面根据新形势下惩治犯罪，保障社会秩序的需要，作了一系列趋严的修正，如增加七个新罪，扩大十个罪的构成要件范围，提高、增重八个罪的法定刑，扩大特种累犯的范围，提高无期徒刑犯减刑、假释需要实际执行的年限等。另一方面也作了不少趋宽的修正，如取消十三个罪的死刑，对已满七十五周岁的老年人犯罪从宽处理，对未成年人犯罪、怀孕的妇女犯罪进一步从宽处理，对假释需要实际执行的年限作出例外规定，对于犯罪分子不具有自首情节但是如实供述自己的罪行的可以从轻处罚等。刑法修正案（九）在刑法修正案（八）的基础上，又取消九个罪的死刑，并进一步提高对死缓罪犯执行死刑的门槛等。

认罪认罚另一方面体现在程序上，即在能够保障诉讼顺利进行的情况下，尽量对犯罪嫌疑人、被告人采取更为轻缓的强制措施和程序处理措施，适用更为便利的诉讼程序，使刑事诉讼过程尽量对包括被告人在内的当事人的各种权利造成较小的影响，使案件能够尽快得到处理，避免当事人及其他人的合法权利长期处于未定状态。比如，刑事诉讼法规定，对于采取取保候审措施不致发生社会危险性的，可以取保候审。对于患有严重疾病、生活不能自理的犯罪嫌疑人、被告人，怀孕或者哺乳自己婴儿的妇女等特殊情况的，可以监视居住。对于犯罪情节轻微，依法不需要判处刑罚或者可以免除刑罚的，人民检察院可以作出不起诉决定。对于法律规定的一些特定案件，犯罪嫌疑人、被告人真诚悔罪，通过向被告人赔偿损失、赔礼道歉等方式获得被害人谅解，被害人自愿和解的，可以从宽处理等。这次修改刑事诉讼法，就是将认罪认罚从宽原则在总则中明确出来，为具体程序规定中的认罪认罚从宽各项程序措施提供基本依据。同时，对认罪认罚案件，在强制措施、量刑建议、审判程序、办案期限等方面，作了一系列完善性的规定。

其次，认罪认罚从宽制度包括“认罪”和“认罚”两个方面的内容。所谓认罪，是指犯罪嫌疑人、被告人自愿如实供述自己的罪行，承认指控的犯罪事实。犯罪嫌疑人、被告人认罪，必须是一种积极主动的认罪，也就是说，必须自己如实供述自己的罪行，或者对侦查机关已经掌握并指出的犯罪事实，明确主动表示承认。对于实践中不供述自己的罪行，既不承认也不否认侦查机关已经掌握并指出其犯罪事实的，一般不宜认定为构成认罪认罚从宽制度中的“认罪”。所谓“认罚”，是指明确表示愿意接受司法机关给予的刑罚等处罚。在以往的司法实践中，也存在犯罪嫌疑人、被告人的“认罚”，也就是悔罪、愿意接受处罚。认罪认罚从宽制度的“认罚”有所不同，一般是指犯罪嫌疑人、被告人对司法机关根据其犯罪事实、情节，认罪、悔罪，赔偿或者和解等情况所给出的刑罚表示明确接受，特别是接受人民检察院提出的包括主刑、附加刑以及是否适用缓刑等的具体的量刑建议。根据新修改的刑事诉讼法，人民检察院甚至可以就具体量刑建议与犯罪嫌疑人及其辩护人进行“协商”，也就是在提出量刑建议时，要听取犯罪嫌疑人及其辩护人、值班律师等的意见。在听取意见过程中，犯罪嫌疑人及其辩护人、值班律师不仅可以表示是否接受，还可以根据案件情况要求人民检察院适当调整具体的量刑建议。刑事诉讼法第一百七十四条规定，犯罪嫌疑人自愿认罪，同意量刑建议和程序适用的，应当在辩护人或者值班律师在场的情况下签署认罪认罚具结书，同时规定了犯罪嫌疑人是盲、聋、哑人，或者是尚未完全丧失辨认或者控制自己行为能力的精神病人的；未成年犯罪嫌疑人的法定代理人、辩护人对未成年人认罪认罚有异议的；以及其他不需要签署认罪认罚具结书的情形。对于具有这些情形，犯罪嫌疑人、被告人虽然不需要签署认罪认罚具结书，但由于其真诚认罪认罚，仍然需要依法适用认罪认罚从宽的有关规定。

再次，对于认罪认罚的犯罪嫌疑人、被告人，可以依法从宽处理。这里的从宽处理，一方面是指在实体上的从宽。从实体法的规定来说，自首、坦白等都具有认罪的性质，因此，对于具有这些情节的，都应当根据刑法的规定，确定是否需要从宽处罚以及从宽的具体幅度。由于犯罪嫌疑人、被告人认罪认罚，特别是在人民检察院提出量刑建议后，同意人民检察院的量刑建议的，由于其认罪认罚的情节更为突出，在遵循罪责刑相适应原则的基础上，对其从宽的幅度可以比一般的自首、坦白更大一些，以表示对其认罪认罚的鼓励。

从宽还包括程序上的从宽，也就是对认罪认罚的犯罪嫌疑人、被告人适用轻缓的强制措施，作出轻缓的程序性处理，或者适用更为便利的诉讼程序。比如，根据刑事诉讼法第八十一条的规定，批准或者决定逮捕，应当将犯罪嫌疑人、被告人涉嫌犯罪的性质、情节，认罪认罚等情况，作为是否可能发生社会危险性的考虑因素。对于认罪认罚情节突出，没有社会危险性的罪犯，就可以采取取保候审、监视居住措施。在程序处理上，可以依法采取撤销案件、不起诉等处理；人民检察院可以向人民法院提出使用缓刑的建议等；人民法院可以适用速裁程序审理案件，提高诉讼效率，避免给当事人形成讼累。

在实践中适用认罪认罚从宽制度，需要注意以下几个方面的问题：

一是，要适用认罪认罚从宽制度，必须有“认罪”和“认罚”两个方面的态度和行为。有认罪或者认罚一个方面的因素，是可以根据刑法和刑事诉讼法规定从宽处罚的，但不构成本条规定的认罪认罚从宽原则中的“认罪认罚”。比如，有的犯罪嫌疑人、被告人在被侦查机关抓获后，不供认自己的罪行，但也不否认侦查机关指出的犯罪事实；有的犯罪嫌疑人、被告人主动投案自首，如实交代自己的罪行，也愿意接受处罚，但是对检察机关提出的具体的量刑建议不置可否。这些情况都不构成这里规定的认罪认罚。但是司法机关仍然要根据具体情况，对其自首、坦白、自愿悔罪等情节予以确认，并根据刑法的有关规定从轻、减轻甚至免除处罚。

二是，本条规定在总则中，是关于认罪认罚从宽制度的总括性、统领性规定，认罪认罚从宽制度还包括一系列具体程序规定。比如，侦查机关、人民检察院在询问犯罪嫌疑人，人民法院在开庭审判时，要告知犯罪嫌疑人、被告人关于认罪认罚从宽处理的法律规定；侦查机关、人民检察院要将犯罪嫌疑人认罪认罚情况记录在案，并随案移送；人民检察院在审查起诉阶段就案件处理听取意见，犯罪嫌疑人认罪认罚的要签署具结书；人民检察院应当提出量刑建议，人民法院一般应当采纳量刑建议；人民法院应当审查认罪认罚的自愿性和具结书的真实性合法性等。公安机关、人民检察院、人民法院在适用认罪认罚从宽制度处理案件时，不仅要在处理上注意正确把握“从宽”的问题，还要注意在具体的程序实用上遵守刑事诉讼法的规定，以规范认罪认罚的使用，切实保护当事人的合法权益，使案件得到公正高效的处理。

三是，适用认罪认罚从宽制度仍然要遵循刑法、刑事诉讼法的基本原则。不可否认，在适用认罪认罚从宽制度办理刑事案件过程中，司法机关和犯罪嫌疑人、被告人及其辩护人对认定案件事实和量刑上会有一些“协商”，这是借鉴了英美法系国家辩诉交易制度的一些积极因素。但从本质上来说，我国的认罪认罚从宽制度与辩诉交易制度存在本质的区别。刑事诉讼法规定，人民法院、人民检察院和公安机关办理刑事案件，必须以事实为依据，以法律为准绳。刑事诉讼要坚持以证据作为认定事实的基础，依照法律规定收集、固定、审查和认定证据。刑法要求在定罪和量刑上要坚持对任何人犯罪，在适用法律上一律平等，不允许任何人有法律之上的特权；坚持罪责刑相适应，根据犯罪的事实、性质、情节、后果，依照法律规定提出量刑建议，准确裁量刑罚，确保刑罚轻重与犯罪分子所犯罪行和应当承担的刑事责任相适应。

人民法院、人民检察院和公安机关在刑事诉讼过程中，一方面需要确保认罪认罚制度的实施，在诉讼过程中依法告知当事人认罪认罚的法律规定，使其了解到认罪认罚可以从宽处罚这一法律精神，鼓励其认罪认罚，并将其认罪认罚的情况记录在案，并随案移送。对于已经认罪认罚的犯罪嫌疑人、被告人，要在充分考虑其认罪认罚情况的基础上，结合其犯罪的事实、情节等，依法采取宽缓的强制措施，适用简易程序、速裁程序等更便利其诉讼的程序，提出从宽处理的量刑建议，依照从宽量刑等。另一方面，也要严格以事实为依据，以法律为准绳，对于犯罪嫌疑人、被告人认罪认罚的，公安机关、人民检察院、人民法院仍然要按照事实清楚、证据确实充分的要求，收集、固定、审查和使用证据，特别是人民法院在审判过程中，无论是适用普通程序、简易程序还是速裁程序，都还要对认罪认罚的自愿性和认罪认罚具结书的真实性、合法性进行审查，防止出现在事实不清、证据不足的情况下草草结案，犯罪嫌疑人、被告人借承认较轻犯罪逃避对其较重犯罪的追究等情形，避免放纵犯罪。所以，认罪认罚从宽一方面是在事实清楚、证据确实充分的基础上的从宽，不是就案件的事实认定进行“交易”，不是和稀泥，另一方面还是要在法律规定的范围内从宽，也就是从轻、减轻或者免除处罚，而不是就量刑“讨价还价”，无边退让。只有这样，才能真正实现既充分保障犯罪嫌疑人、被告人诉讼权利，又提高诉讼效率、合理配置资源，既保障了无罪的人不受追究，又使有罪的人得到公正惩罚，真正实现司法公正和司法效率的统一，维护法治的威严和司法的权威。

相关规定

《中华人民共和国刑事诉讼法》第 36 条、第 120 条、第 162 条、第 172－174 条、第 176 条、第 177 条、第 182 条、第 190 条、第 201 条、第 222－226 条

二、将第十八条改为第十九条，第二款修改为：“人民检察院在对诉讼活动实行法律监督中发现的司法工作人员利用职权实施的非法拘禁、刑讯逼供、非法搜查等侵犯公民权利、损害司法公正的犯罪，可以由人民检察院立案侦查。对于公安机关管辖的国家机关工作人员利

用职权实施的重大犯罪案件，需要由人民检察院直接受理的时候，经省级以上人民检察院决定，可以由人民检察院立案侦查。”

本条是对刑事诉讼法原第十八条公安机关、人民检察院和人民法院案件管辖分工规定的修改。

修改前的刑事诉讼法第十八条第二款规定：“贪污贿赂犯罪，国家工作人员的渎职犯罪，国家机关工作人员利用职权实施的非法拘禁、刑讯逼供、报复陷害、非法搜查的侵犯公民人身权利的犯罪以及侵犯公民民主权利的犯罪，由人民检察院立案侦查。对于国家机关工作人员利用职权实施的其他重大的犯罪案件，需要由人民检察院直接受理的时候，经省级以上人民检察院决定，可以由人民检察院立案侦查。”

本次修改刑事诉讼法对该条第二款作了修改，调整了人民检察院立案侦查案件的范围，一是，删去了人民检察院对贪污贿赂等案件行使立案侦查权的规定，保留人民检察院在对诉讼活动实行法律监督中发现的司法工作人员利用职权实施的侵犯公民权利、损害司法公正的犯罪的立案侦查权。二是，将原规定的“对于国家机关工作人员利用职权实施的其他重大的犯罪案件”，需要由人民检察院直接受理的时候，经省级以上人民检察院决定，可以由人民检察院立案侦查，明确为“公安机关管辖的国家机关工作人员利用职权实施的重大犯罪案件”。以上修改主要是为了完善与监察法的衔接。为深化国家监察体制改革，加强对所有行使公权力的公职人员的监督，实现国家监察全覆盖，深入开展反腐败工作，推进国家治理体系和治理能力现代化，2018 年 3 月

20日第十三届全国人民代表大会第一次会议通过了《中华人民共和国监察法》。根据监察法的规定，监察委员会对涉嫌贪污贿赂、失职渎职等职务违法和职务犯罪进行调查。考虑到国家监察体制改革并不是要取消检察机关的侦查权，检察机关还是国家法律监督机关，因此需要统筹考虑，做好与监察法的衔接，对刑事诉讼法涉及人民检察院侦查职权行使的有关规定作出相应调整。具体来说，监察法第十一条第二项规定，监察委员会对涉嫌贪污贿赂、滥用职权、玩忽职守、权力寻租、利益输送、徇私舞弊以及浪费国家资财等职务违法和职务犯罪进行调查。这七类犯罪主要属于腐败型犯罪。同时，根据监察法第十五条的规定，监察委员会的监察对象是该条规定的行使公权力的公职人员和有关人员，包括：（1）中国共产党机关、人民代表大会及其常务委员会机关、人民政府、监察委员会、人民法院、人民检察院、中国人民政治协商会议各级委员会机关、民主党派机关和工商业联合会机关的公务员，以及参照《中华人民共和国公务员法》管理的人员，即公务员和参照公务员法管理的人员；（2）法律、法规授权或者受国家机关依法委托管理公共事务的组织中从事公务的人员；（3）国有企业管理人员；（4）公办的教育、科研、文化、医疗卫生、体育等单位中从事管理的人员；（5）基层群众性自治组织中从事管理的人员；（6）其他依法履行公职的人员。上述人员实施的上述七类贪污贿赂、失职渎职等犯罪，此前多属于刑事诉讼法原第十八条规定的由人民检察院立案侦查的案件。监察法通过施行后，贪污贿赂犯罪和国家工作人员一般的失职渎职犯罪，应当由监察委员会进行调查，人民检察院不再行使立案侦查权。但人民检察院是否还需要保留对在法律监督中发现的司法工作人员利用职权实施的部分职务犯罪案件的立案侦查权，既涉及保障国家监察体制改革的顺利进行，也涉及人民检察院法律监督职责的行使。为与监察法的以上规定相衔接，2018 年修改刑事诉讼法，对人民检察院立案侦查的案件范围作了调整，修改后的人民检察院立案侦查的案件包括：（1）对诉讼活动实行法律监督中发现的司法工作人员利用职权实施的非法拘禁、刑讯逼供、非法搜查等侵犯公民权利、损害司法公正的犯罪。（2）公安机关管辖的国家机关工作人员利用职权实施的重大犯罪案件，需要由人民检察院直接受理的时候，经省级以上人民检察院决定，可以由人民检察院立案侦查。

修改后的刑事诉讼法第十九条规定："刑事案件的侦查由公安机关进行，法律另有规定的除外。

人民检察院在对诉讼活动实行法律监督中发现的司法工作人员利用职权实施的非法拘禁、刑讯逼供、非法搜查等侵犯公民权利、损害司法公正的犯罪，可以由人民检察院立案侦查。对于公安机关管辖的国家机关工作人员利用职权实施的重大犯罪案件，需要由人民检察院直接受理的时候，经省级以上人民检察院决定，可以由人民检察院立案侦查。

自诉案件，由人民法院直接受理。"

条文主旨

本条是关于公安机关、人民检察院和人民法院案件管辖分工的规定。

立法背景

在 1996 年修改刑事诉讼法时，本条对于检察机关立案侦查的案件范围进行了重大调整。1979 年刑事诉讼法规定，贪污罪、侵犯公民民主权利罪、渎职罪以及人民检察院认为需要自己直接受理的其他案件，由人民检察院立案侦查。在实践中，检察机关自行侦查案件的范围过宽，尤其是“认为需要自己直接受理的其他案件”的规定，表述比较笼统，缺乏客观标准，容易发生歧义。立法的原意是指某些个别案件，如地方政府负责人利用职权走私案等，但实践中各地理解不一，有的地方检察机关行使侦查权的范围掌握得较宽。因此，在 1996 年修改刑事诉讼法时，根据公、检、法三机关分工负责、互相制约的原则，对人民检察院的自侦案件的范围进行了修改和调整，并进一步予以明确。从司法实践看，本条的规定，基本符合当时惩治犯罪和保障公民权利的需要。因此，2012 年修改刑事诉讼法，本条没有变动。

条文解读

本条是关于公安机关、人民检察院和人民法院案件管辖分工的规定。

本条分为三款。第一款是关于刑事案件的侦查，由公安机关进行的规定。对刑事案件进行侦查是公安机关的重要职责，因此，除法律另有规定的以外，所有刑事案件的侦查工作，都应由公安机关负责。其中“法律另有规定的”，主要是指本条第二款、本法第四条、第三百零八条的规定和监察法的有关规定。

第二款是关于人民检察院自侦案件范围的规定。根据本款的规定，人民检察院立案侦查的案件主要是两大类：

1. 检察机关在对诉讼活动实行法律监督中发现的司法工作人员利用职权实施的非法拘禁、刑讯逼供、非法搜查等侵犯公民权利、损害司法公正的犯罪。检察机关是国家法律监督机关，依法对诉讼活动实行法律监督是检察机关的重要职责。这里的司法工作人员，根据刑法第九十四条的规定，是指有侦查、检察、审判、监管职责的工作人员。这里的诉讼活动包括侦查、审判、执行的全过程。从实践看，主要在侦查阶段可能涉及的罪名包括：非法拘禁罪（刑法第二百三十八条）、非法搜查罪（刑法第二百四十五条）、刑讯逼供罪（刑法第二百四十七条）、暴力取证罪（刑法第二百四十七条）等，其中非法拘禁、刑讯逼供、非法搜查是修改前就明确规定的罪名。审判阶段可能涉及的罪名包括：徇私枉法罪（刑法第三百九十九条第一款）、民事、行政枉法裁判罪（刑法第三百九十九条第二款）等，涵盖了刑事诉讼、民事诉讼、行政诉讼。对于监管、执行过程中可能涉及的罪名包括：虐待被监管人罪（刑法第二百四十八条）、执行判决、裁定失职罪（刑法第三百九十九条第三款）、执行判决、裁定滥用职权罪（刑法第三百九十九条第三款）、私放在押人员罪（刑法第四百条）、失职致使在押人员脱逃罪（刑法第四百条第二款）、徇私舞弊减刑、假释、暂予监外执行罪（刑法第四百零一条）等。此外，发生在司法活动中的司法工作人员玩忽职守罪、滥用职权罪（刑法第三百九十七条）也属于本条所说的“对诉讼活动实行法律监督中”发现的司法工作人员利用职权实施的侵犯公民权利、损害司法公正的犯罪。这些犯罪有的单纯是由于执法不严格、司法不规范、违反法定程序或者适用法律错误等原因造成的，虽然具有一定的腐败属性，但主要与人民检察院实行法律监督职权密切相关。总的来看，这些犯罪不是典型的“腐败型”犯罪，对这些在诉讼监督中发现的司法人员不严格执法、违背司法公正、侵犯当事人权利的犯罪，由检察机关行使侦查权，不仅有利于检察机关有效履行法律监督职能，维护司法公正和保障诉讼正常进行，也有利于监察机关集中精力“反腐败”，保证深化国家监察体制改革目标的实现，符合监察机关和检察机关的定位。

2. 对于公安机关管辖的国家机关工作人员利用职权实施的重大犯罪案件，需要由人民检察院直接受理的时候，经省级以上人民检察院决定，可以由人民检察院立案侦查。这一规定也是检察机关行使监督权的体现，有利于加强检察机关对公安机关立案侦查活动的监督，当公安机关应当立案拒不立案或者虽然立案但怠于侦查时，检察机关可以依法立案侦查。2012 年刑事诉讼法第十八条中规定，“对于国家机关工作人员利用职权实施的其他重大的犯罪案件，需要由人民检察院直接受理的时候，经省级以上人民检察院决定，可以由人民检察院立案侦查”。2018 年修改刑事诉讼法时，根据监察体制改革的精神作了文字修改，将案件范围明确为“公安机关管辖的国家机关工作人员利用职权实施的重大犯罪案件”。这样规定，一是与修改前人民检察院的“机动侦查权”的案件范围是一致的，即公安机关管辖的国家机关工作人员利用职务实施的重大犯罪案件，如国家机关工作人员利用职务实施的杀人、强奸等重大犯罪案件。其中“重大犯罪案件”指的是个案，而且是公安机关不便立案侦查，由人民检察院立案侦查更为适宜的个别案件，二是要经省（自治区、直辖市）人民检察院或者最高人民检察院决定，才可以由人民检察院立案侦查。

需要注意的是，本款规定的两类案件“可以由人民检察院立案侦查”，不排除监察机关直接调查的可能。另外，检察机关在查办这些可能与“腐败型”犯罪有牵连的案件时，如果发现涉嫌“腐败型”职务犯罪线索的，应当及时将“腐败型”职务犯罪线索移送监察机关。

第三款是关于自诉案件，由人民法院直接受理的规定。这里所说的自诉案件，是指本法第二百一十条规定的三类案件，即告诉才处理的案件；被害人有证据证明的轻微刑事案件；被害人有证据证明对被告人侵犯自己人身、财产权利的行为应当依法追究刑事责任，而公安机关或者人民检察院不予追究被告人刑事责任的案件。根据本款规定，对于自诉案件，由人民法院直接受理。

相关规定

《中华人民共和国刑事诉讼法》第 4 条、第 210 条、第 308 条；《中华人民共和国监察法》第 11 条、第 15 条；《最高人民法院、最高人民检察院、公安部、国家安全部、司法部、全国人大常委会法制工作委员会关于实施刑事诉讼法若干问题的规定》1－3；《最高人民法院关于适用〈中华人民共和国刑事诉讼法〉的解释》第 1 条；《人民检察院刑事诉讼规则（试行）》第 8 条、第 9 条、第 11 条、第 12 条；《最高人民检察院关于新疆生产建设兵团各级人民检察院案件管辖权的规定》；《公安机关办理刑事案件程序规定》第 14 条、第 21 条、第 28 条、第 29 条；《最高人民法院、最高人民检察院、公安部、司法部、海关总署关于走私犯罪侦查机关办理走私犯罪案件适用刑事诉讼程序若干问题的通知》一～三、十一；《中国人民解放军总政治部、军事法院、军事检察院关于〈中华人民共和国刑法〉第十章所列刑事案件管辖范围的通知》

三、将第三十二条改为第三十三条，增加一款，作为第三款："被开除公职和被吊销律师、公证员执业证书的人，不得担任辩护人，但系犯罪嫌疑人、被告人的监护人、近亲属的除外。"

本条是关于犯罪嫌疑人、被告人可以委托哪些人作为辩护人的规定。

修改前的刑事诉讼法第三十二条规定："犯罪嫌疑人、被告人除自己行使辩护权以外，还可以委托一至二人作为辩护人。下列的人可以被委托为辩护人：

（一）律师；

（二）人民团体或者犯罪嫌疑人、被告人所在单位推荐的人；

（三）犯罪嫌疑人、被告人的监护人、亲友。

正在被执行刑罚或者依法被剥夺、限制人身自由的人，不得担任辩护人。"

本次修改刑事诉讼法对该条增加了"被开除公职和被吊销律师、公证员执业证书的人，不得担任被告人、犯罪嫌疑人的辩护人，但系犯罪嫌疑人、被告人的监护人、近亲属的除外"的规定，作为该条第三款。

本条对犯罪嫌疑人、被告人自行辩护和委托辩护作了规定，并明确规定哪些人可以接受委托担任辩护人、哪些人不得担任辩护人。《中共中央关于全面推进依法治国若干重大问题的决定》提出，对因违法违纪被开除公职的司法人员、吊销执业证书的律师和公证员，终身禁止从事法律职业。为落实中央文件要求、与相关法律法规相衔接，此次修改刑事诉讼法，增加了被开除公职和被吊销律师、公证员执业证书的人，不得担任被告人、犯罪嫌疑人的辩护人的规定。

修改后的刑事诉讼法第三十三条规定："犯罪嫌疑人、被告人除自己行使辩护权以外，还可以委托一至二人作为辩护人。下列的人可以被委托为辩护人：

（一）律师；

（二）人民团体或者犯罪嫌疑人、被告人所在单位推荐的人；

（三）犯罪嫌疑人、被告人的监护人、亲友。

正在被执行刑罚或者依法被剥夺、限制人身自由的人，不得担任辩护人。

被开除公职和被吊销律师、公证员执业证书的人，不得担任辩护人，但系犯罪嫌疑人、被告人的监护人、近亲属的除外。"

条文主旨

本条是关于犯罪嫌疑人、被告人可以委托哪些人作为辩护人的规定。

立法背景

被告人有权获得辩护是宪法赋予的一项诉讼权利，辩护制度则是刑事诉讼法的一项重要制度，对于保证案件得到公正准确的处理，维护犯罪嫌疑人、被告人的诉讼权利和其他合法权益，具有十分重要的意义。犯罪嫌疑人、被告人享有辩护权，既包括他自己进行辩护，也包括委托辩护人为其进行辩护。本条对犯罪嫌疑人、被告人自行辩护和委托辩护作了规定，并明确规定哪些人可以接受委托担任辩护人、哪些人不得担任辩护人。1979 年刑事诉讼法就对被告人委托辩护人作了规定。1996 年修改刑事诉讼法时，对本条的规定作了修改完善。主要修改的内容，一是根据法律服务市场的实际情况，将原来规定的“经人民法院许可的公民”可以担任辩护人的规定删去；二是增加规定正在被执行刑罚或者依法被剥夺、限制人身自由的人，不得担任辩护人；三是增加犯罪嫌疑人、被告人的亲友可以担任辩护人；四是在称谓上增加了“犯罪嫌疑人”的表述。2012 年修改刑事诉讼法时，对本条的规定未作修改。近年来，实践中出现一些被吊销律师执业证书的人员，继续以各种名义从事法律服务活动，扰乱法律服务的秩序，损害当事人合法权益，损害法律权威，应当依法予以禁止。同时，随着司法体制改革不断深入推进，国家逐步建立统一的法律职业资格准入制度，被吊销公证员执业证书的人员，也不宜再从事律师等职业。同时，担任辩护人的人员应当模范遵守法律，对于因违法违纪被开除公职的人员，也不宜再去担任辩护人，对此，本次修改刑事诉讼法，在第三十三条中增加了一款上述人员不得担任辩护人的规定。另外，考虑到如果上述人员是犯罪嫌疑人、被告人的监护人、近亲属的，而犯罪嫌疑人、被告人愿意委托其作为辩护人的，也是可以的，法律又对此作了例外的规定。

条文解读

本条共分三款，规定了四层意思：

1. 犯罪嫌疑人、被告人除有权自行辩护外，还有权委托法律规定的其他人为自己辩护，这种委托权是辩护权中一个不可分割的部分。

2. 明确了犯罪嫌疑人、被告人可以委托的辩护人的人数，即每个犯罪嫌疑人、被告人只能委托一人或二人担任辩护人。在共同犯罪案件中，不同的犯罪嫌疑人、被告人可以分别聘请一人或二人作为自己的辩护人。这样规定，主要是加强可操作性，防止司法实践中有的司法机关限制犯罪嫌疑人、被告人充分行使辩护权只许请一个辩护人的情况，也避免出现有的犯罪嫌疑人、被告人委托比较多的辩护人，给刑事诉讼活动造成困难的问题。“一至二人”是根据保障犯罪嫌疑人、被告人充分行使辩护权，保障刑事诉讼活动顺利进行的实际需要确定的。

3. 规定了犯罪嫌疑人、被告人可以聘请以下三种人担任辩护人：（1）律师，是指依法取得律师执业证书，接受委托或者指定，为当事人提供法律服务的执业人员；（2）人民团体或者犯罪嫌疑人、被告人所在单位推荐的人；（3）犯罪嫌疑人、被告人的监护人、亲友。“监护人”是指承担对未成年人、精神病人的人身、财产以及其他合法权利进行监督、保护职责的人，如未成年人的父母、精神病患者的配偶等。“亲友”的含义比较广泛，是指犯罪嫌疑人、被告人的亲属和朋友，这里的亲属不仅指近亲属，也包括其他亲属。规定“亲友”可以作为辩护人，主要是考虑到这些人与委托人有一定关系，是犯罪嫌疑人、被告人信赖的人。

4. 规定了不得担任辩护人的两种情形。（1）正在被执行刑罚或者依法被剥夺、限制人身自由的人，不得担任辩护人；（2）被开除公职和被吊销律师、公证员执业证书的人，不得担任辩护人，但系犯罪嫌疑人、被告人的监护人、近亲属的除外。其中“正在被执行刑罚”的人，是指经人民法院的生效判决判处死刑缓期执行的和被判处无期徒刑、有期徒刑、拘役、管制、剥夺政治权利的人以及判处罚金未缴纳的人。“依法被剥夺、限制人身自由的人”，是指依照法律对其采取拘留、逮捕、监视居住、取保候审的刑事强制措施和依照法律被治安拘留、强制隔离戒毒等人身自由被剥夺或者受到限制的人。需要指出的是，这里规定的是“正在”被执行刑罚或者被剥夺、限制人身自由的人，曾经被判处刑罚或者治安拘留等处罚已执行完毕，或者采取刑事强制措施已被解除的不在此限。“被开除公职的人”是指因各种违法违纪行为，开除所担任公职的人。“被吊销律师、公证员执业证书的人”是指因违反律师法、公证法等规定，被主管部门吊销律师执业证书、公证员执业证书的人。

相关规定

《中华人民共和国宪法》第130条；《中华人民共和国律师法》第2条第1款、第41条；《人民检察院刑事诉讼规则（试行）》第38－40条；《最高人民法院、最高人民检察院、公安部、国家安全部、司法部关于依法保障律师执业权利的规定》第2-48条；《最高人民法院、最高人民检察院、公安部、国家安全部、司法部、全国人大常委会法制工作委员会关于实施刑事诉讼法若干问题的规定》二；《最高人民法院关于适用〈中华人民共和国刑事诉讼法〉的解释》第35-38条

四、增加一条，作为第三十六条："法律援助机构可以在人民法院、看守所等场所派驻值班律师。犯罪嫌疑人、被告人没有委托辩护人，法律援助机构没有指派律师为其提供辩护的，由值班律师为犯罪嫌疑人、被告人提供法律咨询、程序选择建议、申请变更强制措施、对案件处理提出意见等法律帮助。

"人民法院、人民检察院、看守所应当告知犯罪嫌疑人、被告人有权约见值班律师，并为犯罪嫌疑人、被告人约见值班律师提供便利。"

条文主旨

本条是关于值班律师的规定。

立法背景

刑事诉讼既要保证准确、及时地查明犯罪事实，正确应用法律，惩罚犯罪分子，也要保障无罪的人不受刑事追究，尊重和保障人权，保护包括犯罪嫌疑人、被告人在内的公民的人身权利、财产权利、民主权利和其他权利。依法保障犯罪嫌疑人、被告人包括辩护权在内的诉讼权利，是保证案件公正准确处理，实现刑

事诉讼法确定的任务宗旨的一个重要方面。特别是在刑事诉讼的开始阶段，能够为犯罪嫌疑人提供必要的法律帮助，使他们正确理解自己涉嫌犯罪的性质和有关法律规定，知悉相应的法律后果，缓解恐惧、焦虑、对抗等不良情绪，理性对待刑事追诉，不仅有利于保护犯罪嫌疑人、被告人的合法权益，也有利于促使犯罪嫌疑人配合司法机关的诉讼活动，甚至认罪悔罪，从而获得从宽处理。另一方面，也可以规范人民法院、人民检察院、公安机关的诉讼活动，保障准确及时查明犯罪事实，保障司法公正，提高诉讼效率，实现惩治犯罪和保障人权、公正和效率的统一。对此，刑事诉讼法做了一系列具体规定。比如，刑事诉讼法规定，人民法院、人民检察院和公安机关应当保障犯罪嫌疑人、被告人和其他诉讼参与人依法享有的辩护权和其他诉讼权利。犯罪嫌疑人、被告人可以委托律师为自己辩护。除了委托辩护之外，国家也建立法律援助制度，对于符合条件的犯罪嫌疑人、被告人，指定律师为其提供辩护。这些制度，对于维护犯罪嫌疑人、被告人的诉讼权利和各项权利，保障案件的公正处理，具有重大的意义。

在历次修改完善刑事诉讼法过程中，一直注重不断扩大犯罪嫌疑人、被告人获得辩护的范围。比如，2012 年修改刑事诉讼法，将犯罪嫌疑人聘请律师提供辩护的诉讼阶段从审查起诉阶段提前到侦查阶段等。但是由于各方面原因制约，实践中律师参与刑事诉讼的比例尚不够高，无法保障所有案件的犯罪嫌疑人、被告人从诉讼开始均能获得律师辩护。为了提高刑事诉讼中律师的参与，不断深化的司法体制改革在这方面采取了一系列的举措，值班律师制度就是其中一项重要内容。2014 年，中央深化体制改革领导小组正式将“在法院、看守所设置法律援助值班律师办公室”列为司法体制改革的重要内容，将法律援助值班律师制度纳入国家司法体制改革的整体框架之中。此后，最高人民法院、最高人民检察院、公安部、国家安全部、司法部于2016年11月印发的《关于在部分地区开展刑事案件认罪认罚从宽制度试点工作的办法》、2017年8月印发的《关于开展法律援助值班律师工作的意见》都明确规定了值班律师制度。上述《意见》和授权决定均明确规定，办理认罪认罚案件，应当保障犯罪嫌疑人、被告人获得有效法律帮助，确保其了解认罪认罚的性质和法律后果，自愿认罪认罚。法律援助机构可以根据人民法院、看守所实际工作需要，通过设立法律援助工作站派驻值班律师、及时安排值班律师等形式提供法律帮助。人民法院、看守所应当为值班律师开展工作提供便利工作场所和必要办公设施，简化会见程序，保障值班律师依法履行职责。犯罪嫌疑人、被告人自愿认罪认罚，没有辩护人的，人民法院、人民检察院、公安机关应当通知值班律师为其提供法律咨询、程序选择、申请变更强制措施等法律帮助。人民法院、人民检察院、公安机关应当告知犯罪嫌疑人、被告人申请法律援助的权利。符合应当通知辩护条件的，依法通知法律援助机构指派律师为其提供辩护。除此之外，根据《关于开展法律援助值班律师工作的意见》，法律援助值班律师还可以引导和帮助犯罪嫌疑人、刑事被告人及其近亲属申请法律援助，转交申请材料；对刑讯逼供、非法取证情形代理申诉、控告等。

值班律师制度也借鉴了域外的一些成功经验做法。为了给犯罪嫌疑人提供法律帮助，英国、日本、澳大利亚、加拿大等很多国家也建立值班律师制度。值班律师的职责，一般是为犯罪嫌疑人、被告人免费提供必要而最低限度的法律帮助。律师值班的方式包括在羁押场所派驻法律援助律师或者公职律师值班，或者为羁押场所提供律师名单和联系电话，以随时为被逮捕并被羁押的犯罪嫌疑人提供法律咨询服务，或者为出庭受审但没有律师为其提供辩护的被告人提供法律咨询服务等。

在 2018 年研究修改刑事诉讼法过程中，各方面提出，为了充分发挥值班律师在刑事诉讼中的职能作用，依法保障犯罪嫌疑人、被告人诉讼权利，促进司法公正，与以审判为中心的刑事诉讼制度改革、认罪认罚从宽制度改革试点等中央司法改革文件衔接配套，建议将各地工作实践中形成的行之有效的经验做法上升为制度规范，在全国推行。2018 年修改刑事诉讼法，总结实践经验，并合理借鉴外国的做法，增加了值班律师的规定。

条文解读

本条共两款。第一款是在人民法院、看守所等场所派驻值班律师以及值班律师职责的规定。本款规定可以从以下几个方面理解：

一是，值班律师的派驻，由法律援助机构负责。根据最高人民法院、最高人民检察院、公安部、国家安全部、司法部《关于开展法律援助值班律师工作的意见》的规定，可以担任值班律师的包括社会律师和法律援助值班律师，由法律援助机构综合社会律师和法律援助机构律师政治素质、职业道德水准、业务能力、执业年限等确定人选，建立法律援助值班律师名册。有条件的地方可以组建法律援助值班律师库。值班法律援助机构要将值班律师名册或者信息送交或者告知人民法院、人民检察院、公安机关及看守所，以便于在犯罪嫌疑人、被告人需要法律帮助时可以及时通知值班律师。

二是，派驻值班律师的场所包括人民法院、看守所等场所。一般来说，看守所作为关押犯罪嫌疑人的场所，人民法院作为开庭审判的场所，是需要值班律师的。人民检察院等部门在进行刑事诉讼过程中，有的案件也需要值班律师参与，比如，在审查起诉案件中犯罪嫌疑人认罪认罚的，在签署具结书时，如果犯罪嫌疑人没有委托辩护人，就需要值班律师在场。对于在哪些场所派驻值班律师，可由法律援助机构与人民法院、人民检察院、公安机关、看守所根据诉讼的需要确定，本款规定了“等场所”，有利于有关部门在具体工作中把握。

三是，“派驻”和“值班”的形式是多样的，可以根据具体情况确定，比如，可以在人民法院、看守所等设立法律援助工作站或者值班律师办公室，每天或定期派值班律师到场工作，也可以建立值班律师通讯录，在犯罪嫌疑人、被告人需要服务时及时安排值班律师提供服务。本款规定“可以”派驻，是考虑到各地律师资源分配不均衡，有的地区有充足的律师资源，能满足派驻律师每天值班的要求，但也有的地方由于律师资源不足，无法派值班律师每天到场所现场值班，且有的西部地区由于人口稀少，刑事案件数量较少，并不是每天都有犯罪嫌疑人、被告人需要提供法律帮助。因此，具体如何派驻、如何值班，可以由法律援助机构根据人民法院、看守所法律援助工作站法律咨询需求量和当地律师资源状况合理安排，值班律师可以相对固定专人或者轮流值班，也就是“派驻”，以便于在犯罪嫌疑人提出约见值班律师的要求时及时安排；在律师资源短缺地区，可以探索采取现场值班和电话、网络值班结合的方式。

四是，值班律师为犯罪嫌疑人提供法律帮助的条件是犯罪嫌疑人、被告人没有委托辩护人，或者法律援助机构没有指派律师为其提供辩护的。一般来说，法律援助值班律师是一种“急诊律师”，主要是在犯罪嫌疑人、被告人没有辩护人的情况下，作为委托或者指定辩护人的补充，尽快为其提供必要的法律帮助，弥补犯罪嫌疑人、被告人没有辩护人的缺陷。由于辩护律师提供的服务范围更为广泛和完备，而且相对于值班律师的临时帮助，其辩护服务包括整个诉讼过程，对于犯罪嫌疑人、被告人已经委托了辩护人的，或者因为符合法律援助条件法律援助机构已经指定律师为其提供辩护的，就可以不再由值班律师为其提供法律帮助了。

五是，值班律师的职责，是为犯罪嫌疑人、被告人提供法律咨询、程序选择建议、申请变更强制措施、对案件处理提出意见等法律帮助。提供法律咨询，包括介绍刑法和刑事诉讼法等法律规定，使其正确理解自己涉嫌犯罪的性质和法律后果，知道有关的诉讼程序。程序选择建议，是指对于采取何种诉讼程序处理案件，在向犯罪嫌疑人、被告人说明程序的法律规定和法律结果的基础上，向犯罪嫌疑人、被告人提出选择意见。比如，根据本法规定的认罪认罚从宽制度，对于犯罪嫌疑人认罪认罚的案件，有的是可以采取速裁程序进行审理的，这样既可以尽快结束诉讼，也可以使被告人获得尽量对其有利的处理结果。在人民检察院、人民法院提出适用速裁程序审理时，律师就可以建议犯罪嫌疑人、被告人同意适用速裁程序。“申请变更强制措施”，即犯罪嫌疑人被采取强制措施的，值班律师可以为其向有关司法机关申请予以变更，如犯罪嫌疑人被拘留、逮捕的，值班律师可以申请将拘留、逮捕变更为取保候审、监视居住，犯罪嫌疑人被监视居住的，值班律师可以申请将监视居住变更为取保候审等。“对案件处理提出意见”包括对犯罪嫌疑人、被告人如何进行刑事诉讼，在诉讼中如何供述等程序问题提出意见，也包括对是否构成犯罪，是否有自首、立功、坦白等情节，人民检察院的量刑建议中的主刑、附加刑以及是否适用缓刑等问题，为犯罪嫌疑人、被告人向人民法院、人民检察院、公安机关提出处理意见。

第二款是关于人民法院、人民检察院、看守所应当告知犯罪嫌疑人、被告人有权约见值班律师，以及为犯罪嫌疑人、被告人约见值班律师提供便利的规定。在刑事诉讼中，值班律师是帮助犯罪嫌疑人、被告人获得法律帮助，有效应对刑事诉讼的一个重要途径。但由于缺乏法律知识等原因，犯罪嫌疑人、被告人可能不知道其可以请求值班律师提供法律帮助的法律规定。因此刑事诉讼法规定人民法院、人民检察院、看守所负有告知的职责，并规定要为他们约见值班律师提供便利。所谓的“提供便利”，包括在犯罪嫌疑人、被告人提出约见值班律师的要求时，及时为他们提供值班律师名册、联系方式；及时将犯罪嫌疑人、被告人的约见要求转告值班律师等；在人民法院、看守所等场所内为约见提供必要的场地、设施。

相关规定

《中华人民共和国刑事诉讼法》第173条、第174条；《最高人民法院、最高人民检察院、公安部、国家安全部、司法部关于开展法律援助值班律师工作的意见》；《最高人民法院、司法部关于开展刑事案件律师辩护全覆盖试点工作的办法》

五、将第三十七条改为第三十九条，第三款修改为："危害国家安全犯罪、恐怖活动犯罪案件，在侦查期间辩护律师会见在押的犯罪嫌疑人，应当经侦查机关许可。上述案件，侦查机关应当事先通知看守所。"

本条是对刑事诉讼法原第三十七条关于侦查期间辩护律师会见特定案件的在押犯罪嫌疑人需经侦查机关许可规定的修改。

修改前的刑事诉讼法第三十七条第三款规定："危害国家安全犯罪、恐怖活动犯罪、特别重大贿赂犯罪案件，在侦查期间辩护律师会见在押的犯罪嫌疑人，应当经侦查机关许可。上述案件，侦查机关应当事先通知看守所。"

本次修改刑事诉讼法对该条第三款作了一处修改，将"危害国家安全犯罪、恐怖活动犯罪、特别重大贿赂犯罪案件"，在侦查期间辩护律师会见在押的犯罪嫌疑人，应当经侦查机关许可的案件范围，修改为"危害国家安全犯罪、恐怖活动犯罪案件"，删去了"特别重大贿赂犯罪案件"。这一修改，主要是为了与监察法的规定，以及这次修改刑事诉讼法对人民检察院立案侦查的案件范围作出调整相衔接。根据 2018 年 3 月第十三届全国人民代表大会第一次会议通过的监察法的规定，监察委员会对涉嫌贪污贿赂、失职渎职等职务违法和职务犯罪进行调查。对贪污贿赂犯罪的调查程序适用监察法的规定。与之相衔接，2018 年 10 月全国人大常委会修改刑事诉讼法，删去了人民检察院对贪污贿赂等案件行使立案侦查权的规定，因此，在刑事诉讼中，不再有人民检察院对贿赂犯罪案件进行侦查的情形。刑事诉讼法其他条文的相关规定也需要作出相应修改。

修改后的刑事诉讼法第三十九条规定:“辩护律师可以同在押的犯罪嫌疑人、被告人会见和通信。其他辩护人经人民法院、人民检察院许可,也可以同在押的犯罪嫌疑人、被告人会见和通信。

辩护律师持律师执业证书、律师事务所证明和委托书或者法律援助公函要求会见在押的犯罪嫌疑人、被告人的,看守所应当及时安排会见,至迟不得超过四十八小时。

危害国家安全犯罪、恐怖活动犯罪案件,在侦查期间辩护律师会见在押的犯罪嫌疑人,应当经侦查机关许可。上述案件,侦查机关应当事先通知看守所。

辩护律师会见在押的犯罪嫌疑人、被告人,可以了解案件有关情况,提供法律咨询等;自案件移送审查起诉之日起,可以向犯罪嫌疑人、被告人核实有关证据。辩护律师会见犯罪嫌疑人、被告人时不被监听。

辩护律师同被监视居住的犯罪嫌疑人、被告人会见、通信,适用第一款、第三款、第四款的规定。”

条文主旨

本条是关于辩护人同在押的犯罪嫌疑人、被告人会见和通信的规定。

立法背景

辩护人会见在押的犯罪嫌疑人、被告人,是辩护人履行职责的需要。通过会见在押的犯罪嫌疑人、被告人,辩护人可以为犯罪嫌疑人提供法律帮助,了解案情,并根据案情和案件的证据情况等准备辩护意见，同时，辩护人也可以了解犯罪嫌疑人、被告人对案件的辩护意见和其诉讼权利是否存在受到侵犯的情况等。因此，辩护人会见在押的犯罪嫌疑人、被告人，是辩护人履行其职责的重要的基础性的工作，对于提高辩护质量和保证案件的公正处理，都具有重要的意义。1979 年的刑事诉讼法就对辩护人在审判阶段会见在押的被告人作了规定。1996 年修改刑事诉讼法时，由于修改后的刑事诉讼法将委托辩护人的时间提前到审查起诉阶段，并规定犯罪嫌疑人在侦查阶段可以聘请律师为其提供法律帮助。相应地，1996 年刑事诉讼法在第三十六条中增加规定，辩护人在审查起诉阶段也可以同在押的犯罪嫌疑人会见和通信。在第九十六条中增加规定，受委托的律师可以会见在押的犯罪嫌疑人，向犯罪嫌疑人了解有关案件情况。律师会见在押的犯罪嫌疑人，侦查机关根据案件情况和需要可以派员在场。涉及国家秘密的案件，律师会见在押的犯罪嫌疑人，应当经侦查机关批准。

2007 年修订的律师法在第三十三条中对律师会见犯罪嫌疑人、被告人作了规定，规定犯罪嫌疑人被侦查机关第一次讯问或者采取强制措施之日起，受委托的律师凭律师执业证书、律师事务所证明和委托书或者法律援助公函，有权会见犯罪嫌疑人、被告人并了解有关案件情况。律师会见犯罪嫌疑人、被告人，不被监听。

2012 年修改刑事诉讼法，对辩护人同在押的犯罪嫌疑人、被告人会见和通信的规定作了三个方面的修改完善。一是，由于修改后的刑事诉讼法已将犯罪嫌疑人在侦查期间可以聘请律师提供法律帮助改为可以委托律师作为辩护人，因此，对于辩护人在侦查、审查起诉和审判阶段同在押的犯罪嫌疑人、被告人会见和通信的问题，统一在本条中作了规定。二是，妥善处理好同修订后的律师法的相关规定的衔接问题。在研究起草和征求意见的过程中，经同有关方面反复研究认为，在刑事诉讼法中应当吸收律师法的相关规定，但对于极少数案件，从维护国家安全、公共安全的实际情况考虑，律师在侦查阶段会见犯罪嫌疑人，事先经侦查机关许可是必要的。因此，修改后的刑事诉讼法吸收了律师法关于律师凭律师执业证书、律师事务所证明和委托书或者法律援助公函，有权会见犯罪嫌疑人、被告人和辩护律师会见犯罪嫌疑人、被告人时不被监听的规定，并将1996年刑事诉讼法第九十六条关于涉及国家秘密的案件，律师会见在押的犯罪嫌疑人，应当经侦查机关批准的规定修改为，危害国家安全犯罪、恐怖活动犯罪、特别重大贿赂犯罪案件，在侦查期间辩护律师会见在押的犯罪嫌疑人，应当经侦查机关许可。三是，进一步完善了辩护人同在押的犯罪嫌疑人、被告人会见的程序性规定。1996年刑事诉讼法第九十六条规定，涉及国家秘密的案件，律师会见在押的犯罪嫌疑人，应当经侦查机关批准，律师会见在押的犯罪嫌疑人，侦查机关根据案件情况和需要可以派员在场，根据上述规定，律师会见在押的犯罪嫌疑人，需要由侦查机关予以安排。2012年修改刑事诉讼法，规定律师会见在押的犯罪嫌疑人、被告人，由看守所直接安排；对于律师会见需经许可的案件，侦查机关应当事先通知看守所。为了防止看守所拖延安排时间，还规定看守所安排会见，至迟不得超过四十八小时。同时，对辩护律师会见在押的犯罪嫌疑人、被告人时的职责作了具体规定，增加规定自案件移送审查起诉之日起，辩护律师可以向犯罪嫌疑人、被告人核实有关证据。

条文解读

本条是关于辩护人同在押的犯罪嫌疑人、被告人会见和通信的规定。

本条共分五款。第一款是关于辩护律师和其他辩护人同在押的犯罪嫌疑人、被告人会见和通信的一般性规定。根据本款规定，辩护律师可以同在押的犯罪嫌疑人、被告人会见和通信。其他辩护人经人民法院、人民检察院许可，也可以同在押的犯罪嫌疑人、被告人会见和通信。规定辩护人可以与在押的犯罪嫌疑人、被告人会见和通信，其目的是方便辩护人听取犯罪嫌疑人对案件的陈述和辩解，了解有关案件情况，听取犯罪嫌疑人对案件应当如何辩护的意见，同时，辩护人也可以对犯罪嫌疑人提供法律咨询和进行法治教育等。根据本款规定，辩护律师与其他辩护人在行使这些权利时有一点明确的区别，就是辩护律师接受犯罪嫌疑人、被告人的委托或者接受法律援助机构的指派后，除本条第三款规定的危害国家安全犯罪、恐怖活动犯罪，辩护律师在侦查期间会见在押的犯罪嫌疑人需经侦查机关许可外，对于其他犯罪案件和在审查起诉、审判阶段，辩护律师同在押的犯罪嫌疑人、被告人会见和通信均不需要经过许可，而其他辩护人同在押的犯罪嫌疑人、被告人会见和通信则需要经过人民法院、人民检察院的许可。具体来说，其他辩护人在审查起诉阶段同在押的犯罪嫌疑人会见和通信，应当经人民检察院许可；在审判阶段同在押的被告人会见和通信，应当经人民法院许可。作这个区分，主要是考虑根据律师法的规定，律师是依法取得律师执业证书，接受委托或者指定，为当事人提供法律服务的执业人员，接受司法行政部门的监督、指导，且一般与本案无其他利害关系，而其他辩护人则可能是犯罪嫌疑人的监护人、近亲属，是否能同在押的犯罪嫌疑人、被告人会见和通信，需要由人民法院、人民检察院根据案情和辩护人的情况决定。许可与否的标准，一般地讲主要是看案件的情况，对于案件中同案犯都已归案，证据清楚、确实，犯罪嫌疑人也供认不讳的，应当让其他辩护人行使上述权利。只有对于让辩护人会见犯罪嫌疑人可能造成串供或者其他同案犯逃跑等情况的，才有必要限制，但这种限制不是都一律禁止，也可以是推迟会见、通信的时间。只要对诉讼程序的正常进行没有妨碍的，人民法院、人民检察院就应当予以许可。

第二款是关于辩护律师同在押的犯罪嫌疑人、被告人会见的要求和安排程序的规定。关于这一程序，本款共规定了三个方面的内容：（1）辩护律师会见在押的犯罪嫌疑人、被告人，应当向看守所提出会见的要求。看守所是专门的刑事羁押机关，负责羁押被拘留、逮捕的犯罪嫌疑人、被告人。（2）辩护律师要求会见的，应当办理相应的会见手续，出示有关证件，主要是律师执业证书、律师事务所证明和委托书或者法律援助公函。其中对于当事人委托的辩护律师，需要出示的是“委托书”，即犯罪嫌疑人、被告人或者其监护人、近亲属出具的委托律师作为辩护人的委托文件；对于法律援助机构指派的辩护律师，需要出示的是由法律援助机构出具的“法律援助公函”。（3）看守所应当及时安排会见，至迟不得超过四十八小时。一般来说，辩护律师提出会见要求后，除了因侦查人员正在讯问、没有会见场所等特殊情况外，看守所应当立即安排会见，不得故意拖延安排，而且不论在哪种情况下，都应当在四十八小时以内安排。

第三款是关于特定案件辩护律师会见在押的犯罪嫌疑人需经侦查机关许可的规定。本款规定的辩护律师会见需经侦查许可的案件包括两类：（1）危害国家安全犯罪。主要是指刑法分则第一章规定的危害国家安全罪和刑法分则其他章节中规定的危害国家安全的犯罪，如泄露国家重要秘密的犯罪等。（2）恐怖活动犯罪。根据反恐怖主义法第三条的规定，恐怖活动是指恐怖主义性质的下列行为：①组织、策划、准备实施、实施造成或者意图造成人员伤亡、重大财产损失、公共设施损坏、社会秩序混乱等严重社会危害的活动的；②宣扬恐怖主义，煽动实施恐怖活动，或者非法持有宣扬恐怖主义的物品，强制他人在公共场所穿戴宣扬恐怖主义的服饰、标志的；③组织、领导、参加恐怖活动组织的；④为恐怖活动组织、恐怖活动人员、实施恐怖活动或者恐怖活动培训提供信息、资金、物资、劳务、技术、场所等支持、协助、便利的；⑤其他恐怖活动。恐怖活动犯罪主要是指实施上述活动，构成犯罪的行为，包括组织、领导和参加恐怖活动组织罪，帮助恐怖活动罪，准备实施恐怖活动罪，宣扬恐怖主义、极端主义、煽动实施恐怖活动罪，利用极端主义破坏法律实施罪，强制穿戴宣扬恐怖主义、极端主义服饰、标志罪，非法持有宣扬恐怖主义、极端主义物品罪，投放虚假危险物质罪，编造、故意传播虚假恐怖信息罪，以及以制造社会恐慌、危害公共安全或者胁迫国家机关、国际组织为目的而实施的放火、爆炸、投放危险物质、破坏交通工具、破坏电力设备、劫持航空器等恐怖活动犯罪。根据本款规定，对于上述案件，在侦查期间辩护律师会见在押的犯罪嫌疑人，应当经侦查机关许可。侦查机关应当根据案情和侦查工作的进展情况，对辩护律师提出会见要求的，既可以立即许可会见，也可以经过一段时间后再许可会见，在特殊情况下也可以不许可会见。本款还同时规定，上述案件，侦查机关应当事先通知看守所。这样规定，主要是因为看守所不是负责案件侦查的部门，对于案件是否属于上述两类犯罪案件不一定清楚。根据这一规定，侦查机关在拘留、逮捕上述两类案件的犯罪嫌疑人后，应当在送交看守所羁押的同时将这一情况通知看守所，在侦查过程中发现犯罪嫌疑人还涉嫌上述两类案件时，也应当及时通知看守所。看守所接到通知后，对于上述两类案件，在辩护律师要求会见时，如果辩护律师没有得到侦查机关的许可，看守所不得安排会见。

第四款是关于辩护律师同在押的犯罪嫌疑人、被告人会见时的职责及会见不被监听的规定。关于辩护律师在会见时的职责，根据本款规定，辩护律师在会见在押的犯罪嫌疑人、被告人时可以行使以下职责：（1）了解案件有关情况，主要是听取犯罪嫌疑人、被告人对案件的陈述和辩解，判断其案件的性质和情节，从而确定辩护意见的主要方向；（2）提供法律咨询，主要是指帮助犯罪嫌疑人了解有关法律规定，向犯罪嫌疑人解释有关法律问题，让其了解有关法律规定，讲解有关法律程序，告知其享有的各项诉讼权利等。（3）提供其他适当的法律帮助，如了解犯罪嫌疑人、被告人是否有其诉讼权利和其他合法权益受到侵害的情形，是否需要代理申诉、控告，以及对犯罪嫌疑人进行法治教育，教育犯罪嫌疑人如实供述，争取得到从轻处理等。（4）自案件移送审查起诉之日起，可以向犯罪嫌疑人、被告人核实有关证据。修改后的刑事诉讼法第四十条规定，辩护律师自人民检察院对案件审查起诉之日起，可以查阅、摘抄、复制本案的案卷材料。为了更好地准备辩护，包括向人民检察院提出辩护意见和在法庭上行使辩护职能，进行质证等，辩护律师均需要对其查阅、摘抄、复制的有关证据材料及自行调查收集的有关证据材料向犯罪嫌疑人、被告人进行核实，以确定证据材料的可靠性。之所以规定辩护律师从审查起诉阶段才可以向犯罪嫌疑人、被告人核实有关证据，主要是考虑这时案件已经侦查终结，案件事实已经查清，主要证据已经固定，辩护律师核实证据不致影响侦查活动的正常进行。除了辩护律师在会见时的职责以外，本款还吸收修订后的律师法第三十三条的规定，明确辩护律师会见犯罪嫌疑人、被告人时不被监听。这样规定主要是考虑，如果侦查机关在律师会见时可以听到其谈话内容，就会使犯罪嫌疑人、被告人顾虑重重，不敢对律师讲案件的真实情况。为保障辩护权的充分行使，应当使辩护律师与犯罪嫌疑人、被告人之间的谈话在保密的状态下进行，其谈话内容不能为第三方知悉。根据本款规定，辩护律师会见犯罪嫌疑人、被告人时不被监听，包括有关机关不得派员在场，不得通过任何方式监听律师会见时的谈话内容，也不得对律师会见进行秘密录音。需要注意的是，本款规定并不禁止有关机关基于安全上的考虑，对律师会见犯罪嫌疑人、被告人的过程进行必要的监视，但这种监视不能影响律师与犯罪嫌疑人、被告人谈话内容的保密性。

第五款是关于辩护律师同被监视居住的犯罪嫌疑人、被告人会见和通信的规定。1996 年刑事诉讼法只对辩护律师会见在押的犯罪嫌疑人、被告人作了规定，对于未被羁押的犯罪嫌疑人、被告人，由于其人身自由未受到限制，辩护律师可以随时与其会见。2012 年修改刑事诉讼法，适当调整了监视居住措施的定位，对监视居住的监督管理更加严格，如规定，被监视居住的犯罪嫌疑人、被告人未经执行机关批准不得会见他人或者通信；还规定，执行机关在侦查期间，可以对被监视居住的犯罪嫌疑人的通信进行监控。因此，有必要对辩护律师如何同被监视居住的犯罪嫌疑人、被告人会见和通信作出明确规定。根据本款规定，辩护律师同被监视居住的犯罪嫌疑人、被告人会见、通信，适用第一款、第三款、第四款的规定。也就是说，辩护律师可以同被监视居住的犯罪嫌疑人、被告人会见和通信；除危害国家安全犯罪、恐怖活动犯罪案件，在侦查期间辩护律师会见被监视居住的犯罪嫌疑人，应当经侦查机关许可以外，辩护律师会见被监视居住的犯罪嫌疑人、被告人不需经有关机关许可或者批准；辩护律师会见被监视居住的犯罪嫌疑人、被告人，可以了解有关案件情况，提供法律咨询等；自案件移送审查起诉之日起，可以向犯罪嫌疑人、被告人核实有关证据。辩护律师会见被监视居住的犯罪嫌疑人、被告人时不被监听。

相关规定

《中华人民共和国律师法》第 33 条；《中华人民共和国反恐怖主义法》第 3 条；《最高人民法院、最高人民检察院、公安部、国家安全部、司法部、全国人大常委会法制工作委员会关于实施刑事诉讼法若干问题的规定》7；《最高人民法院关于适用〈中华人民共和国刑事诉讼法〉的解释》第 48 条；《公安机关办理刑事案件程序规定》第 48－52 条

六、将第七十三条改为第七十五条，第一款修改为：“监视居住应当在犯罪嫌疑人、被告人的住处执行；无固定住处的，可以在指定的居所执行。对于涉嫌危害国家安全犯罪、恐怖活动犯罪，在住处执行可能有碍侦查的，经上一级公安机关批准，也可以在指定的居所执行。但是，不得在羁押场所、专门的办案场所执行。”

本条是对刑事诉讼法原第七十三条指定居所监视居住有关规定的修改。

修改前的刑事诉讼法第七十三条第一款规定：“监视居住应当在犯罪嫌疑人、被告人的住处执行；无固定住处的，可以在指定的居所执行。对于涉嫌危害国家安全犯罪、恐怖活动犯罪、特别重大贿赂犯罪，在住处执行可能有碍侦查的，经上一级人民检察院或者公安机关批准，也可以在指定的居所执行。但是，不得在羁押场所、专门的办案场所执行。”

本次修改刑事诉讼法对该条第一款作了修改，删去了“对特别重大贿赂犯罪”，经“上一级人民检察院”批准，可以在指定居所监视居住的内容。这一修改，主要是为了与监察法的规定，以及这次修改刑事诉讼法对人民检察院立案侦查的案件范围作出调整相衔接。根据 2018 年 3 月第十三届全国人民代表大会第一次会议通过的监察法的规定，监察委员会对涉嫌贪污贿赂、失职渎职等职务违法和职务犯罪进行调查。对贪污贿赂犯罪的调查程序适用监察法的规定。与之相衔接，2018 年 10 月全国人大常委会修改刑事诉讼法，删去了人民检察院对贪污贿赂等案件行使立案侦查权的规定，因此，在刑事诉讼中，不再有人民检察院对贿赂犯罪案件进行侦查的情形。刑事诉讼法其他条文的相关规定也需要作出相应修改。

修改后的刑事诉讼法第七十五条规定：“监视居住应当在犯罪嫌疑人、被告人的住处执行；无固定住处的，可以在指定的居所执行。对于涉嫌危害国家安全犯罪、恐怖活动犯罪，在住处执行可能有碍侦查的，经上一级公安机关批准，也可以在指定的居所执行。但是，不得在羁押场所、专门的办案场所执行。

指定居所监视居住的，除无法通知的以外，应当在执行监视居住后二十四小时以内，通知被监视居住人的家属。

被监视居住的犯罪嫌疑人、被告人委托辩护人，适用本法第三十四条的规定。

人民检察院对指定居所监视居住的决定和执行是否合法实行监督。”

条文主旨

本条是关于监视居住的执行场所、通知家属、委托辩护人、法律监督的规定。

立法背景

1996年刑事诉讼法第五十七条在被监视居住人应当遵守的规定中规定，被监视居住的犯罪嫌疑人、被告人未经执行机关批准不得离开住处，无固定住所的，未经批准不得离开指定的居所。根据这一规定，只能对无固定住所的犯罪嫌疑人、被告人采取指定居所监视居住的措施；同时，法律没有对指定居所监视居住的执行处所、通知家属、委托律师等作出具体的规定。实践中办案机关较少采用监视居住措施，有的情况下采取将犯罪嫌疑人、被告人指定在羁押场所、专门的办案场所监视居住的办法，规避有关监视居住的规定，实际上将犯罪嫌疑人、被告人变相羁押，不利于当事人合法权利的保护。2012 年刑事诉讼法修改时，对指定居所监视居住的适用案件范围、执行处所、通知家属、委托律师以及人民检察院的监督等作了规定。

条文解读

本条是关于监视居住的执行场所、通知家属、委托辩护人、法律监督的规定。本条分为四款。

第一款是关于监视居住执行场所的规定。根据本款的规定，监视居住主要有两种执行场所：在犯罪嫌疑人、被告人的住处执行和在指定的居所执行。对于被监视居住的犯罪嫌疑人、被告人，一般应当在其住处执行。这里规定的“住处”，是指犯罪嫌疑人、被告人在办案机关所在地的市、县内学习、生活、工作的合法住所。对于指定居所执行监视居住的，本款规定限于两种情形：一是没有固定住所的，也就是犯罪嫌疑人、被告人在办案机关所在地的市、县内没有合法住所的；二是涉嫌危害国家安全犯罪、恐怖活动犯罪，在住处执行可能有碍侦查的，经上一级公安机关批准的情形。

对于上述第二种情形的指定居所监视居住，应当符合以下条件：(1) 符合监视居住的适用条件，即本法第七十四条规定的符合逮捕条件，且有下列情形之一：患有严重疾病、生活不能自理的；怀孕或者正在哺乳自己婴儿的妇女；系生活不能自理的人的唯一扶养人；因为案件的特殊情况或者办理案件的需要，采取监视居住措施更为适宜的；羁押期限届满，案件尚未办结，需要采取监视居住的。对于符合逮捕条件但不具有上述情形之一，应当采取逮捕措施的，不得以指定居所监视居住代替逮捕。(2) 涉嫌危害国家安全犯罪、恐怖活动犯罪这两类犯罪。危害国家安全犯罪和恐怖活动犯罪对国家安全和社会稳定，公民人身、财产安全具有重大危害，这两类犯罪中有的犯罪嫌疑人、被告人具有顽固的犯罪动机和冲动，从其组织、策划到实施与一般犯罪有很大的区别，采取一般的监视居住措施，很难防止其继续实施犯罪和破坏刑事诉讼的进行。(3) 在住处执行可能有碍侦查。是指需要采取监视居住措施进行更深入侦查，但是在住处执行可能会导致犯罪嫌疑人面临人身危险的，或者在住处执行可能引起同案犯警觉，导致同案犯潜逃或者转移、隐匿、销毁罪证的等情形。应当注意的是，对这两类案件的犯罪嫌疑人适用指定居所监视居住是监视居住的例外性规定，如果这些案件可以在住处执行监视居住的，应当首先考虑在住处执行。(4) 应当经过严格的批准手续。根据本条规定，这两类案件的指定居所监视居住，要经上一级公安机关批准。对于不符合上述条件的这两类案件，不能采取指定居所监视居住措施。另外，无论对于因为无固定住所还是对于因为两类特殊案件而采取指定居所监视居住的，本法都明确规定不得在看守所、行政拘留所、留置室等羁押场所、专门的办案场所或者公安机关、检察机关的其他工作场所执行。这样规定，是为了防止办案机关将指定居所监视居住弄成变相的羁押，规避本法关于拘留、逮捕犯罪嫌疑人、被告人应当及时送看守所关押，讯问必须在看守所进行等方面的规定，防止刑讯逼供等非法取证行为，保障犯罪嫌疑人、被告人的诉讼权利和其他合法权益。

第二款是关于指定居所监视居住后通知家属的规定。1996年刑事诉讼法对指定居所监视居住后通知家属的问题未作规定。随着民主法治建设的不断推进和侦查机关打击犯罪能力的不断提高，应当对采取强制措施后通知家属作出规定。根据本条规定，对于指定居所监视居住的，除无法通知的以外，应当在执行监视居住后二十四小时以内，通知被监视居住人的家属。这里规定的“无法通知”，是指犯罪嫌疑人没有家属，犯罪嫌疑人、被告人身份、家庭住址、通讯方式无法查找或者根据其提供的联系方式联系不上，以及因为自然灾害等不可抗拒的事由造成通讯、交通中断等无法通知的情形。

应当注意的是，根据本法第一百六十条的规定，犯罪嫌疑人不讲真实姓名、住址，身份不明的，应当对其身份进行调查，并且不得停止对其犯罪行为的侦查取证。对于犯罪事实清楚，证据确实、充分，确实无法查明其身份的，也可以按其自报的姓名起诉、审判。因此，对于身份、住址不明的犯罪嫌疑人、被告人，应当首先调查其身份，不能不经调查就直接以“无法通知”为由不通知家属。无法通知的情形消失以后，也应当立即通知其家属。这些修改，都体现了中国民主法治和人权保障的进步，是对犯罪嫌疑人、被告人合法权利的进一步保护。

第三款是关于指定居所监视居住的犯罪嫌疑人、被告人委托辩护人的规定。本法第三十四条对犯罪嫌疑人、被告人委托辩护人的权利，以及办案机关告知犯罪嫌疑人、被告人有权委托辩护人的义务等作了规定。被指定居所监视居住的犯罪嫌疑人、被告人可以根据本条规定委托辩护人，也可以由其近亲属代为委托辩护人。办案机关也应当根据本法第三十四条的规定告知犯罪嫌疑人、被告人委托辩护人的权利。犯罪嫌疑人、被告人在被监视居住期间要求委托辩护人的，人民法院、人民检察院、公安机关应当及时转达其要求。

第四款是人民检察院对指定居所监视居住的合法性实行法律监督的规定。根据宪法的规定，检察机关是国家的法律监督机关，依照法律规定独立行使检察权，不受行政机关、社会团体和个人的干涉。人民检察院对刑事诉讼实行法律监督，是我国重要的司法制度，是法律赋予人民检察院的一项重要的职权。为确保指定居所监视居住措施的依法执行，2012 年修改刑事诉讼法，增加规定人民检察院对指定居所监视居住的决定和执行是否合法实行监督。

相关规定

《最高人民法院、最高人民检察院、公安部、国家安全部、司法部、全国人大常委会法制工作委员会关于实施刑事诉讼法若干问题的规定》15；《最高人民法院关于适用〈中华人民共和国刑事诉讼法〉的解释》第 125、126 条；《人民检察院刑事诉讼规则（试行）》第 113－120 条；《最高人民检察院、公安部关于适用刑事强制措施有关问题的规定》第 10－12 条；《公安机关办理刑事案件程序规定》第 107－110 条、第 374 条

七、将第七十九条改为第八十一条，增加一款，作为第二款："批准或者决定逮捕，应当将犯罪嫌疑人、被告人涉嫌犯罪的性质、情节，认罪认罚等情况，作为是否可能发生社会危险性的考虑因素。"

本条是对刑事诉讼法原第七十九条关于逮捕条件的规定的修改。

修改前的刑事诉讼法第七十九条规定："对有证据证明有犯罪事实，可能判处徒刑以上刑罚的犯罪嫌疑人、被告人，采取取保候审尚不足以防止发生下列社会危险性的，应当予以逮捕：

（一）可能实施新的犯罪的；

（二）有危害国家安全、公共安全或者社会秩序的现实危险的；

（三）可能毁灭、伪造证据，干扰证人作证或者串供的；

（四）可能对被害人、举报人、控告人实施打击报复的；

（五）企图自杀或者逃跑的。

对有证据证明有犯罪事实，可能判处十年有期徒刑以上刑罚的，或者有证据证明有犯罪事实，可能判处徒刑以上刑罚，曾经故意犯罪或者身份不明的，应当予以逮捕。

被取保候审、监视居住的犯罪嫌疑人、被告人违反取保候审、监视居住规定，情节严重的，可以予以逮捕。"

本次修改刑事诉讼法对该条作了一处修改，增加规定了"批准或者决定逮捕，应当将犯罪嫌疑人、被告人涉嫌犯罪的性质、情节，认罪认罚等情况，作为是否可能发生社会危险性的考虑因素"。这样修改是完善刑事案件认罪认罚从宽制度的需要。2016

年，最高人民法院、最高人民检察院、公安部、国家安全部、司法部公布了《关于在部分地区开展刑事案件认罪认罚从宽制度试点工作的办法》，其中第六条规定，人民法院、人民检察院、公安机关应当将犯罪嫌疑人、被告人认罪认罚作为其是否具有社会危害性的重要考虑因素，对于没有社会危险性的犯罪嫌疑人、被告人，应当取保候审、监视居住。2018 年修改刑事诉讼法时将这一内容吸收进了刑事诉讼法，作了相应修改，在逮捕的条件中作出规定。实践中，人民法院、人民检察院在批准或者决定逮捕时，应当将犯罪嫌疑人、被告人涉嫌犯罪的性质、情节，认罪认罚等情况，作为是否可能发生社会危险性的考虑因素；对于不致发生社会危险性的犯罪嫌疑人、被告人，可以取保候审或者监视居住。

修改后的刑事诉讼法第八十一条规定：“对有证据证明有犯罪事实，可能判处徒刑以上刑罚的犯罪嫌疑人、被告人，采取取保候审尚不足以防止发生下列社会危险性的，应当予以逮捕：

（一）可能实施新的犯罪的；

（二）有危害国家安全、公共安全或者社会秩序的现实危险的；

（三）可能毁灭、伪造证据，干扰证人作证或者串供的；

（四）可能对被害人、举报人、控告人实施打击报复的；

（五）企图自杀或者逃跑的。

批准或者决定逮捕，应当将犯罪嫌疑人、被告人涉嫌犯罪的性质、情节，认罪认罚等情况，作为是否可能发生社会危险性的考虑因素。

对有证据证明有犯罪事实，可能判处十年有期徒刑以上刑罚的，或者有证据证明有犯罪事实，可能判处徒刑以上刑罚，曾经故意犯罪或者身份不明的，应当予以逮捕。

被取保候审、监视居住的犯罪嫌疑人、被告人违反取保候审、监视居住规定，情节严重的，可以予以逮捕。”

条文主旨

本条是关于逮捕条件的规定。

立法背景

对于逮捕条件，1979 年刑事诉讼法规定，对主要犯罪事实已经查清，可能判处徒刑以上刑罚的人犯，采取取保候审、监视居住等方法，尚不足以防止发生社会危害性，而有逮捕必要的，应即依法逮捕。1996 年修改刑事诉讼法时，考虑到司法实践中普遍反映“主要犯罪事实已经查清”条件过于严格，在拘留的较短期限内常常无法查清主要犯罪事实，特别是对一些疑难、复杂案件很难做到，公安机关为了解决办案时间不够的问题，只好采取收容审查措施，由公安机关自己决定和执行，缺乏必要的制约，存在超范围、超时限、管理混乱的问题，出现了一些侵犯公民合法权益的现象。为了适应打击犯罪和切实保护公民合法权益的需要，在取消收容审查制度的同时，将刑事诉讼法规定的逮捕条件修改为：对有证据证明有犯罪事实，可能判处徒刑以上刑罚的犯罪嫌疑人、被告人，采取取保候审、监视居住等方法，尚不足以防止发生社会危险性，而有逮捕必要的，应即依法逮捕。

1996年刑事诉讼法修改后，为了更好地执行审查批准逮捕的规定，最高人民检察院等部门对逮捕条件作了进一步具体的操作规定。但实践中，也有一些部门反映，法律对“社会危险性”包括哪些情况、是否有程度限制，如何理解“有逮捕必要”等规定较模糊，在具体案件中容易出现认识分歧。有的检察机关对逮捕条件掌握过严，甚至按照审查起诉条件把握逮捕条件，导致对一些本该逮捕的犯罪嫌疑人、被告人不批捕，有的公安机关为侦查需要，或者对犯罪嫌疑人采取监视居住措施变相羁押，或者采取拘留后延长拘留提请批准逮捕期限的办法，以拘代侦。有的公安机关不愿采取取保候审、监视居住措施，也推高了逮捕和羁押的比例，甚至对一些罪行较轻或者社会危险性很小的犯罪嫌疑人也适用逮捕措施，出现应该判处的刑期短于羁押期限，法院不得不关多久判多久的情形。为有利于司法机关准确掌握逮捕条件，发挥逮捕措施在追究犯罪中的作用，防止错误逮捕，加强对公民人身权利的切实保护，2012年修改刑事诉讼法，对逮捕条件中社会危险性的情形作了进一步明确规定。

2014年4月24日第十二届全国人民代表大会常务委员会第八次会议通过了《中华人民共和国刑事诉讼法》第七十九条第三款的解释，对于刑事诉讼法第七十九条第三款关于违反取保候审、监视居住规定情节严重可以逮捕的规定，是否适用于可能判处徒刑以下刑罚的犯罪嫌疑人、被告人的问题，作出了规定：根据刑事诉讼法第七十九条第三款的规定，对于被取保候审、监视居住的可能判处徒刑以下刑罚的犯罪嫌疑人、被告人，违反取保候审、监视居住规定，严重影响诉讼活动正常进行的，可以予以逮捕。

条文解读

本条是关于逮捕条件的规定。本条分为三款。

第一款是对一般逮捕条件的规定。根据本款的规定，逮捕应同时具备三个条件，才应依法逮捕：

第一，证据要件，即“有证据证明有犯罪事实”。这里所说的“有证据证明有犯罪事实”，一般是指同时具备下列情形：(1) 有证据证明发生了犯罪事实；(2) 有证据证明犯罪事实是犯罪嫌疑人实施的。“有证据证明有犯罪事实”，并不要求查清全部犯罪事实。其中“犯罪事实”既可以是单一犯罪行为的事实，也可以是数个犯罪行为中任何一个犯罪行为的事实。这就是说，只要有本法第五十条规定的物证、书证、证人证言、被害人陈述、犯罪嫌疑人的供述和辩解、鉴定意见、勘验、检查笔录、视听资料、电子数据等证据中的任何一种证据能证明犯罪嫌疑人、被告人实施了犯罪行为，就达到了逮捕的证据要件，并不要求侦查人员把犯罪的所有证据都必须先拿到手，对主要犯罪事实都查清，达到“事实清楚，证据确实、充分”的程度。

第二，罪行要件，即对犯罪嫌疑人、被告人所实施的犯罪行为有可能判处徒刑以上刑罚。刑罚的轻重，反映了犯罪嫌疑人、被告人的主观恶性、社会危险性，也与其逃避或者妨碍诉讼的可能性之间存在很大的正相关关系。以刑罚为条件可以有效衡量犯罪嫌疑人、被告人妨碍诉讼、逃避刑罚执行的可能性。一般来说，将较轻的犯罪排除在羁押范围以外，对于法定刑较低或者可能判处较轻刑罚的犯罪，不采取羁押措施，有利于限制羁押措施的过多适用，也不会妨碍刑事诉讼活动的顺利进行。这就要求羁押措施要遵循比例性原则，即是否羁押以及羁押时间必须与所追究的犯罪行为的严重程度相适应。在羁押条件设计时，这一原则体现在对被适用者可能判处的刑罚的要求上，羁押并不针对所有的犯罪嫌疑人、被告人，而必须是可能判处一定刑罚和刑期的罪犯。如果所犯罪行可能连徒刑都判不了，即表明所犯罪行的社会危害性较小，就无必要逮捕。因此本条规定了可能判处徒刑以上刑罚的要件。

第三，社会危险性要件。这里所说的社会危险性，是指犯罪嫌疑人、被告人实施对社会造成危害的行为的可能。本款明确规定了五种社会危险性的情形：

（1）可能实施新的犯罪。羁押作为一种预防性措施，能保护公民免受很有可能发生的重大犯罪的侵害，因此也确有必要。对于可能实施新的犯罪，一是从其已经实施的犯罪所体现的主观恶性和犯罪习性进行考察，比如，根据是否是惯犯、流窜犯等已经养成习性的罪犯，是否曾经被判处过刑罚，是否属于累犯，被指控的犯罪是否属于过失犯罪等各方面的因素确定。另一方面，如果有一定的证据证明犯罪嫌疑人、被告人已经开始策划、预备实施某种犯罪的，也可以认定为可能实施新的犯罪。

（2）有危害国家安全、公共安全或者社会秩序的现实危险的。危害国家安全、公共安全或者社会秩序的行为，涉及国家的安全或者不特定多数人的人身、财产安全以及社会秩序和稳定等，对于具有这种现实危险的犯罪嫌疑人、被告人，在采取强制措施时，应当慎重考虑。如果有一定的证据或者迹象表明犯罪嫌疑人、被告人正在积极策划、组织或者进行准备，很有可能实施这类犯罪行为，为了维护国家安全和稳定，维护公共安全和社会秩序，就需要根据本条规定采取逮捕措施。对于只是有危害国家安全、公共安全或者社会秩序的想法或者观念，有较为充分的证据能够表明不会实施危害社会危险的行为的，也可以不予逮捕。

（3）可能毁灭、伪造、隐匿证据，干扰证人作证或者串供的。即采取积极行动毁灭、隐匿证据，包括销毁已经存在的证据，或者将证据转移隐藏，制造假的证据或者对证据进行伪造、变造等改变证据本来特征和信息；利用自己未被羁押的便利条件与其他同案犯建立攻守同盟、统一口径；以口头、书面或者以暴力、威胁、恫吓、引诱、收买证人等形式对共同被告人、证人或者鉴定人施加不当影响，阻挠证人作证或者使证人不如实作证，或者指使、威胁、贿赂他人采取这些方式阻挠证人作证或者使证人不如实作证，从而危及对事实真相的查明，使刑事侦查和审判等诉讼活动难以进行的。

（4）可能对被害人、举报人、控告人实施打击报复的。接受举报、控告等，是刑事诉讼中发现犯罪、查获犯罪的一个重要方面，举报人、控告人，包括被害人都是刑事诉讼中的重要证人，保护这些人不受打击报复，不仅有利于鼓励群众同犯罪作斗争，也有利于及时发现案件的真相。这里的打击报复，包括采取暴力方法进行的伤害或者意图伤害行为，也包括对被害人、举报人、控告人进行的威胁、恐吓，对其人格、名誉进行的诋毁、攻击，或者利用职权等进行的刁难、要挟、迫害等。

（5）企图自杀或者逃跑的。在刑事诉讼中，为了保障诉讼的顺利进行，保障法院的判决得到执行，犯罪嫌疑人、被告人到案、接受讯问和审判是必要条件之一。犯罪嫌疑人、被告人在被追诉以后自杀、逃脱或者隐藏，本身已经说明不采取控制措施，刑事追诉就可能会因为其逃避行为而受阻。因此，对于企图自杀或者逃跑的犯罪嫌疑人、被告人，可以采取逮捕措施。

根据本款规定对犯罪嫌疑人、被告人采取逮捕措施，需要对证据要件、罪行要件、社会危险性要件，结合案件和犯罪嫌疑人、被告人的具体情况，作出综合权衡和认定，并不是只要具有其中一项或者两项要件就采取逮捕措施。比如，对于一些罪行虽然比较严重，但主观恶性不大，有悔罪表现，具备有效监护条件或者社会帮教措施的；初次犯罪、过失犯罪的；犯罪预备、中止、未遂的；犯罪后能够如实交代罪行，认识自己行为的危害性、违法性，积极退赃，尽力减少和赔偿损失，得到被害人谅解的等客观情节，能够表明犯罪嫌疑人、被告人不会发生社会危险性的，虽然符合罪行要件和证据要件，也可以不采取逮捕措施。

第二款是批准或者决定逮捕时评估社会危险性和考虑因素的规定。本条第一款第一项至第五项主要是从应予防止发生的社会危险性情形的角度对逮捕条件作出了规定。本款则是将犯罪嫌疑人、被告人已经实施的犯罪事实的客观情况，以及犯罪后认罪认罚的情况等，明确作为评估是否发生社会危险性的考虑因素。社会危险性是确定是否逮捕的重要条件，评估是否存在社会危险性，即评估是否可能造成新的社会危害、是否会妨碍诉讼的顺利进行，如前款规定的实施新的犯罪、毁灭、伪造证据等情况，应当考虑犯罪嫌疑人、被告人已经实施的犯罪情况及犯罪后的态度，是否认罪认罚等。根据本款规定，批准或者决定逮捕，应当将犯罪嫌疑人、被告人涉嫌犯罪的性质、情节，认罪认罚等情况，作为是否可能发生社会危险性的考虑因素。这里规定的犯罪的性质、情节即是对犯罪嫌疑人、被告人已经实施的犯罪情况的客观判断，犯罪的性质主要是指是什么类型的犯罪、侵犯何种客体，以及可能适用的罪名等情况，犯罪的情节包括犯罪本身的情节轻重以及是否具有相关法定或酌定量刑情节的情况，如是否具有自首情节、有无立功，犯罪嫌疑人的一贯表现等。认罪认罚的情况，包括犯罪嫌疑人是否自愿认罪，能否如实供述自己的罪行，是否同意量刑建议和程序适用、愿意接受处罚等。根据本款规定，批准或者决定逮捕时，在考虑犯罪嫌疑人、被告人涉嫌犯罪的性质、情节，认罪认罚等情况后，对于不致发生社会危险性的犯罪嫌疑人、被告人，可以取保候审或者监视居住。

第三款是对犯罪嫌疑人、被告人可以径行逮捕的特殊规定。为了保护国家、社会、公共安全，保障诉讼的顺利进行，对于犯罪嫌疑人、被告人涉嫌犯罪重大，或者有证据表明其曾经犯罪，实施过危害国家、社会安全，干扰诉讼顺利进行的行为的，或者身份不明不采取逮捕措施逃跑后无法查找的，就需要采取切实措施防止其妨碍诉讼，危害社会。本款规定的应当逮捕，主要包括三种情况：一是有证据证明有犯罪事实，可能判处十年有期徒刑以上刑罚的情况。根据我国刑法的规定，判处十年有期徒刑以上刑罚的都是严重的犯罪，有必要对这些犯罪嫌疑人、被告人予以逮捕。二是有证据证明有犯罪事实，可能判处徒刑以上刑罚，曾经故意犯罪的犯罪嫌疑人、被告人。从刑法上来说，再犯一般都表明罪犯具有较强烈的反社会心理属性和较大的社会危险性，曾经故意犯罪的情况本身就已经表明了这种社会危险性的存在。三是有证据证明有犯罪事实，可能判处徒刑以上刑罚，身份不明的犯罪嫌疑人、被告人。在实践中，很多身份不明的犯罪嫌疑人、被告人，本身就是因为强烈的逃避追究的心理驱使而拒绝向办案机关承认自己的真实身份、住址等信息，导致身份无法查明，可能判处徒刑以上刑罚这种较重的刑罚的事实，更有可能强化犯罪嫌疑人、被告人的这种心理，因此有必要对这类犯罪嫌疑人、被告人予以羁押。

第四款是对违反取保候审、监视居住规定的犯罪嫌疑人、被告人采取逮捕措施的条件规定。这一规定，是与本法第七十一条、第七十七条的规定相衔接的规定。根据本款规定，被取保候审、监视居住的犯罪嫌疑人、被告人违反了本法第七十一条、第七十七条的规定，就表明犯罪嫌疑人、被告人具有本条第一款规定的社会危险性。如果存在本条第一款规定的五种社会危险性情形，给司法机关的诉讼活动造成了干扰或者增加了困难，或者严重妨碍了审判活动的正常进行，就属于“情节严重”，应当对其予以逮捕，如果违反规定情节较轻，可以继续对其取保候审或者监视居住。对于应当予以逮捕的，可以根据本法的规定采取先予拘留措施，并按照规定的程序提请审查批准逮捕，在人民检察院批准后执行逮捕。

2014 年 4 月 24 日，第十二届全国人民代表大会常务委员会第八次会议通过了《中华人民共和国刑事诉讼法》第七十九条第三款的解释，对本款即本次修改前刑事诉讼法第七十九条第三款关于违反取保候审、监视居住规定情节严重可以逮捕的规定，是否适用于可能判处徒刑以下刑罚的犯罪嫌疑人、被告人的问题，作出了规定：对于被取保候审、监视居住的可能判处徒刑以下刑罚的犯罪嫌疑人、被告人，违反取保候审、监视居住规定，严重影响诉讼活动正常进行的，可以予以逮捕。这主要是考虑，犯罪嫌疑人、被告人可能被判处徒刑以下刑罚的，由于犯罪情节较为轻微，一般不会发生社会危害性，依法可以取保候审、监视居住。但如果在取保候审、监视居住期间有逃跑、干扰证人作证、毁灭、伪造证据或者串供等违反取保候审、监视居住规定的行为，妨碍刑事诉讼的正常进行，甚至可能引发新的犯罪，是典型的具有社会危险性的情形，应当通过采取逮捕措施加以制止或者防范其再次发生。因此，对被取保候审、监视居住人违反取保候审、监视居住规定，严重影响诉讼活动正常进行，可以予以逮捕的规定，既适用于可能判处徒刑以上刑罚被取保候审、监视居住的犯罪嫌疑人、被告人，也适用于可能判处徒刑以下刑罚被取保候审、监视居住的犯罪嫌疑人、被告人。

相关规定

《最高人民法院、最高人民检察院、公安部、国家安全部、司法部、全国人大常委会法制工作委员会关于实施刑事诉讼法若干问题的规定》23；《最高人民法院关于适用〈中华人民共和国刑事诉讼法〉的解释》第 128－130 条；《关于在检察工作中贯彻宽严相济刑事司法政策的若干意见》12、13；《人民检察院刑事诉讼规则（试行）》第 139－143 条；《最高人民检察院、公安部关于逮捕社会危险性条件若干问题的规定（试行）》第 2－10 条；《公安机关办理刑事案件程序规定》第 129－132 条

八、将第一百零六条改为第一百零八条，第一项修改为：“（一）‘侦查’是指公安机关、人民检察院对于刑事案件，依照法律进行的收集证据、查明案情的工作和有关的强制性措施”。

本条是对刑事诉讼法原第一百零六条第一项关于“侦查”的含意规定的修改。

修改前的刑事诉讼法第一百零六条第一项规定：“（一）‘侦查’是指公安机关、人民检察院在办理案件过程中，依照法律进行的专门调查工作和有关的强制性措施”。

本次修改刑事诉讼法对该条作了一处修改：将第一项中“侦查”是指“公安机关、人民检察院在办理案件过程中，依照法律进行的专门调查工作和有关的强制性措施”修改为“公安机关、人民检察院对于刑事案件，依照法律进行的收集证据、查明案情的工作和有关的强制性措施”。这样修改，主要是为了与2018年3月20日第十三届全国人民代表大会第一次会议通过的《中华人民共和国监察法》相衔接，将公安机关、人民检察院的“侦查”与监察法规定的监察机关的“调查职权”相区别，避免混淆。监察法第三章规定了监察机关的监察权限，第十八条第一款中规定“监察机关行使监督、调查职权，有权依法向有关单位和个人了解情况，收集、调取证据。”为了区别于监察机关的“调查职权”，刑事诉讼法对“侦查”的含意进行了修改，删除了原来规定的“专门调查工作”的表述。同时，将“在办理案件过程中”修改为“对于刑事案件”，强调公安机关、人民检察院的侦查活动是在刑事诉讼中进行的，与监察机关对职务违法和职务犯罪案件进行的调查活动相区别。

修改后的刑事诉讼法第一百零八条规定："本法下列用语的含意是：

（一）'侦查'是指公安机关、人民检察院对于刑事案件，依照法律进行的收集证据、查明案情的工作和有关的强制性措施；

（二）'当事人'是指被害人、自诉人、犯罪嫌疑人、被告人、附带民事诉讼的原告人和被告人；

（三）'法定代理人'是指被代理人的父母、养父母、监护人和负有保护责任的机关、团体的代表；

（四）'诉讼参与人'是指当事人、法定代理人、诉讼代理人、辩护人、证人、鉴定人和翻译人员；

（五）'诉讼代理人'是指公诉案件的被害人及其法定代理人或者近亲属、自诉案件的自诉人及其法定代理人委托代为参加诉讼的人和附带民事诉讼的当事人及其法定代理人委托代为参加诉讼的人；

（六）'近亲属'是指夫、妻、父、母、子、女、同胞兄弟姊妹。"

条文主旨

本条是关于"侦查""当事人""法定代理人""诉讼参与人""诉讼代理人""近亲属"等法律用语的含意的规定。

立法背景

在刑事诉讼法乃至各个法律领域，都已经形成了一系列较为固定的法律用语，这些法律用语都有固定的含意。对这些法律用语的含意作出明确的解释性规定，有利于避免在使用中产生歧义，有利于对刑事诉讼法的正确理解和执行。1979 年刑事诉讼法第五十八条规定：“本法下列用语的含意是：（一）‘侦查’是指公安机关、人民检察院在办理案件过程中，依照法律进行的专门调查工作和有关的强制性措施；（二）‘当事人’是指自诉人、被告人、附带民事诉讼的原告人和被告人；（三）‘法定代理人’是指被代理人的父母、养父母、监护人和负有保护责任的机关、团体的代表；（四）‘诉讼参与人’是指当事人、被害人、法定代理人、辩护人、证人、鉴定人和翻译人员；（五）‘近亲属’是指夫、妻、父、母、子、女、同胞兄弟姊妹。”当时的法律将被害人归入“诉讼参与人”。1996 年修改刑事诉讼法时增加了“诉讼代理人”含意的规定，同时将被害人列为“当事人”，体现了对被害人诉讼地位的认识变化，强化了被害人的权利保护。2012 修改刑事诉讼法时对本条的规定未作修改。2018 年修改刑事诉讼法时对本条中“侦查”的含意作了修改。

条文解读

本条的主要内容是解释“侦查”“当事人”“法定代理人”“诉讼参与人”“诉讼代理人”“近亲属”等法律用语的含意。

1. “侦查”的含意。“侦查”是刑事公诉案件诉讼程序的一个阶段，是公安机关、人民检察院对于刑事案件，依法采取措施，收集证据、查明案件事实、查获犯罪嫌疑人、采取有关的强制措施的一系列活动。根据本条规定，“侦查”可以分为收集证据、查明案情和有关强制性措施两类活动。“侦查”中的“收集证据、查明案情”，是指侦查机关为了还原案件事实而采取的各种侦查工作，如讯问犯罪嫌疑人、询问证人、勘验、检查、查询、鉴定、采取技术侦查措施等活动。上述工作的目的有两个，一是了解案情，弄清案件的真实情况；二是收集有罪或者无罪以及犯罪情节轻重的证据。“有关的强制性措施”是指侦查机关为收集证据、查明犯罪事实和查获犯罪人而采取的限制、剥夺人身自由或者对人身、财物进行强制的措施，如拘传、取保候审、监视居住、拘留和逮捕五种限制或者剥夺人身自由的强制措施，通缉在逃的犯罪嫌疑人，以及搜查、扣押、冻结作为证据的财物、文件等。

2. “当事人”的含意。“当事人”是与案件的结果有着直接利害关系的人。根据本条规定，当事人主要有被害人、自诉人、犯罪嫌疑人、被告人、附带民事诉讼的原告人和被告人。“被害人”是指人身、财产或者其他合法权益受到犯罪行为直接侵害的单位或者个人。是否赋予被害人以当事人的法律地位，各国刑事诉讼法的做法不一。我国1979年刑事诉讼法没有将公诉案件的被害人作为当事人，为了加强保护被害人的合法权益的力度，1996年修改刑事诉讼法时，将被害人规定为当事人。“自诉人”是指自诉案件中的原告人。“犯罪嫌疑人”是指在侦查、审查起诉阶段，被认为涉嫌犯罪，并被公安机关以及人民检察院立案侦查和由人民检察院审查起诉的人。“被告人”是指在公诉案件和自诉案件中被指控犯有某种罪行而起诉到人民法院，要求追究其刑事责任的人。“附带民事诉讼的原告人”是指因犯罪行为遭受物质损失，在刑事诉讼过程中提出赔偿请求的人，一般是被害人或者被害人的法定代理人或者近亲属。“附带民事诉讼的被告人”是指对犯罪行为造成的物质损失依法负有赔偿责任而被他人提起附带民事诉讼的人，一般与刑事案件的被告人是同一的。

3. “法定代理人”的含意。“法定代理人”是指依照法律规定对无行为能力人或者限制行为能力人负有保护义务的人。根据本条规定，法定代理人主要有被代理人的父母、养父母、监护人和负有保护责任的机关、团体的代表。其中的“监护人”是指除父母、养父母以外，对未成年人、精神病人及其他无行为能力人的人身、财产及其他合法权益，依照法律规定有责任进行保护的人。

4. “诉讼参与人”的含意。“诉讼参与人”是指除公安、检察等专门国家机关以外的，依法参与刑事诉讼活动，在刑事诉讼中享有一定诉讼权利、负有一定诉讼义务的人。诉讼参与人通过参加诉讼活动，行使诉讼权利、承担诉讼义务，对刑事诉讼的进程和结局发挥着不同程度的影响和作用，以保证刑事诉讼活动的顺利进行。诉讼参与人包括当事人、法定代理人、诉讼代理人、辩护人、证人、鉴定人和翻译人员。

5. “诉讼代理人”的含意。“诉讼代理人”是指公诉案件的被害人及其法定代理人或者近亲属、自诉案件的自诉人及其法定代理人委托代为参加诉讼的人和附带民事诉讼的当事人及其法定代理人委托代为参加诉讼的人。本法第二百九十九条规定，在犯罪嫌疑人、被告人逃匿、死亡案件违法所得的没收程序中，犯罪嫌疑人、被告人的近亲属以及其他与涉案财产有利害关系的人，也可以委托诉讼代理人参加诉讼。

6. “近亲属”的含意。“近亲属”的范围在不同的法律中不尽一致。根据本条规定，刑事诉讼法中的近亲属是指夫、妻、父、母、子、女、同胞兄弟姊妹。

在该条的理解适用中，还需要注意以下问题：

本条第一项对于“侦查”主体只列举了“公安机关、人民检察院”，但是本法第四条规定“国家安全机关依照法律规定，办理危害国家安全的刑事案件，行使与公安机关相同的职权”，第三百零八条规定“军队保卫部门对军队内部发生的刑事案件行使侦查权。中国海警局履行海上维权执法职责，对海上发生的刑事案件行使侦查权。对罪犯在监狱内犯罪的案件由监狱进行侦查。军队保卫部门、中国海警局、监狱办理刑事案件，适用本法的有关规定。”根据上述规定，国家安全机关、中国海警局、军队保卫部门、监狱等对于刑事案件，收集证据、查明案件事实、查获犯罪嫌疑人、采取有关的强制性措施等活动，也属于本条规定的“侦查”范畴。

相关规定

《中华人民共和国刑事诉讼法》第4条、第308条

九、将第一百一十八条改为第一百二十条，第二款修改为：“侦查人员在讯问犯罪嫌疑人的时候，应当告知犯罪嫌疑人享有的诉讼权利，如实供述自己罪行可以从宽处理和认罪认罚的法律规定。”

本条是对刑事诉讼法原第一百一十八条第二款关于侦查人员讯问犯罪嫌疑人时的告知义务规定的修改。

修改前的刑事诉讼法第一百一十八条第二款规定：“侦查人员在讯问犯罪嫌疑人的时候，应当告知犯罪嫌疑人如实供述自己

罪行可以从宽处理的法律规定。”

本次修改刑事诉讼法对该条作了一处修改：将第二款中“应当告知犯罪嫌疑人如实供述自己罪行可以从宽处理的法律规定”，修改为“应当告知犯罪嫌疑人享有的诉讼权利，如实供述自己罪行可以从宽处理和认罪认罚的法律规定”。即增加规定侦查人员在讯问犯罪嫌疑人的时候，“告知犯罪嫌疑人享有的诉讼权利”和告知“认罪认罚的法律规定”两项要求。

这样修改，主要是与本次刑事诉讼法修改完善认罪认罚从宽制度和增加速裁程序相衔接。2018 年修改刑事诉讼法的重要内容之一是完善刑事案件认罪认罚从宽制度和增加速裁程序，认罪认罚从宽制度是刑事诉讼法进一步落实宽严相济刑事政策，完善刑事诉讼程序，合理配置司法资源，提高刑事案件质量与效率的一项重要制度创新，充分发挥这一制度的作用需要刑事诉讼法其他条文的支撑和落实，本条即是内容之一。增加规定侦查人员告知犯罪嫌疑人享有的诉讼权利和认罪认罚的法律规定，主要基于以下几点考虑：一是有利于提高侦查机关的办案效率，如果在侦查阶段，告知犯罪嫌疑人有关认罪认罚的法律规定，让其放弃抵赖和侥幸心理，认罪认罚争取从宽处理，可以大大提高收集证据、查明案情的效率，节省侦查时间和精力。二是有利于维护犯罪嫌疑人的合法权利，对于犯罪嫌疑人而言，认罪认罚从宽是一项法律赋予的“优惠政策”，在刑事诉讼程序中，越早认罪认罚，享受从宽处理的可能性就越大，在侦查刚开始阶段由侦察人员告知其认罪认罚的法律规定，可以让犯罪嫌疑人自主做出选择，衡量是认罪认罚争取从宽处理，还是继续拒绝认罪认罚。三是告知犯罪嫌疑人享有的诉讼权利和如实供述自己罪行可以从宽处理和认罪认罚的法律规定，也为之后在诉讼中适用相关程序建立基础。修改后的刑事诉讼法第一百六十二条规定，公安机关侦查终结的案件，“犯罪嫌疑人自愿认罪的，应当记录在案，随案移送，并在起诉意见书中写明有关情况”。第二百二十二条规定，被告人认罪认罚是适用速裁程序的必要条件之一。侦查人员在讯问时告知犯罪嫌疑人认罪认罚的法律规定，也为之后顺利适用认罪认罚从宽制度和速裁程序，提供前提和基础。

修改后的刑事诉讼法第一百二十条规定：“侦查人员在讯问犯罪嫌疑人的时候，应当首先讯问犯罪嫌疑人是否有犯罪行为，让他陈述有罪的情节或者无罪的辩解，然后向他提出问题。犯罪嫌疑人对侦查人员的提问，应当如实回答。但是对与本案无关的问题，有拒绝回答的权利。

侦查人员在讯问犯罪嫌疑人的时候，应当告知犯罪嫌疑人享有的诉讼权利，如实供述自己罪行可以从宽处理和认罪认罚的法律规定。”

条文主旨

本条是关于侦查人员如何讯问犯罪嫌疑人的规定。

立法背景

讯问犯罪嫌疑人是重要的侦查措施，是取得犯罪嫌疑人口供的重要方法，犯罪嫌疑人供述的笔录将作为证据在诉讼中使用。因此，规范讯问的程序十分必要。为了防止侦查人员在讯问时主观片面，先入为主，有必要对讯问方法等作出原则性规定。同时也需要明确犯罪嫌疑人应当如实回答讯问的义务，以利于侦查人员及时、客观查明案件事实。但是对于与案件无关的问题，犯罪嫌疑人也有权拒绝回答，以保护当事人的正当权利。

1979 年刑事诉讼法第六十四条规定："侦查人员在讯问被告人的时候，应当首先讯问被告人是否有犯罪行为，让他陈述有罪的情节或者无罪的辩解，然后向他提出问题。被告人对侦查人员的提问，应当如实回答。但是对与本案无关的问题，有拒绝回答的权利。"当时的法律规定了讯问的基本程序和"被告人"的义务、权利。1996 年修改刑事诉讼法，将"被告人"修改为"犯罪嫌疑人"，表述更为科学、准确。2012 年修改刑事诉讼法，在本条中增加了第二款，规定侦查人员在讯问时应当告知犯罪嫌疑人如实供述可以从宽处理的法律规定。这样修改，主要是因为 2011 年刑法修正案（八）在刑法第六十七条中增加规定："犯罪嫌疑人虽不具有前两款规定的自首情节，但是如实供述自己罪行的，可以从轻处罚；因其如实供述自己罪行，避免特别严重后果发生的，可以减轻处罚。"在本条中相应规定这一告知义务，是为了使犯罪嫌疑人更加清楚如果如实供述将可以依法得到被从宽处理的后果。2018 年修改刑事诉讼法，再次对本条作了修改。

条文解读

本条共分两款。第一款规定，侦查人员在讯问犯罪嫌疑人的时候，首先应当讯问犯罪嫌疑人是否有犯罪行为，既让他陈述有罪的情节，也要听他作无罪的辩解，以防止主观片面，先入为主。然后根据犯罪嫌疑人供述的情况提出问题。这些问题应当与认定案件事实有关系。为了保证讯问的顺利进行，侦查人员在讯问前应当做好充分准备，熟悉案卷材料，认真做好讯问提纲，做到心中有数。讯问中应当紧紧围绕案件事实提出问题，并在讯问中教育犯罪嫌疑人如实供述。犯罪嫌疑人对于侦查人员提出的问题应当如实回答，既不能夸大，也不能缩小；既不能隐瞒，也不能无中生有，或者避重就轻。为了使侦查人员集中精力查明案情，以及维护犯罪嫌疑人和其他公民的合法权益，本条又规定，讯问与本案无关的问题，犯罪嫌疑人有权拒绝回答。所谓“与本案无关的问题”，是指与犯罪嫌疑人、案件事实、情节、证据等没有牵连关系的问题。这里需要注意的是，侦查人员在讯问犯罪嫌疑人时，不能使用任何方法强迫犯罪嫌疑人证实自己有罪。讯问应当按照法定程序制作成笔录。

第二款规定，侦查人员在讯问犯罪嫌疑人的时候，应当告知犯罪嫌疑人享有的诉讼权利，如实供述自己罪行可以从宽处理和认罪认罚的法律规定。2011 年刑法修正案（八）在刑法第六十七条中增加规定：“犯罪嫌疑人虽不具有前两款规定的自首情节，但是如实供述自己罪行的，可以从轻处罚；因其如实供述自己罪行，避免特别严重后果发生的，可以减轻处罚。”2012 年修改刑事诉讼法增加规定侦查人员在讯问时应当告知犯罪嫌疑人如实供述可以从宽处理的法律规定。2016 年，全国人民代表大会常务委员会通过《关于授权最高人民法院、最高人民检察院在部分地区开展刑事案件认罪认罚从宽制度试点工作的决定》，根据决定要求，最高人民法院、最高人民检察院、公安部、国家安全部、司法部发布《关于在部分地区开展刑事案件认罪认罚从宽制度试点工作的办法》，认罪认罚从宽制度开始试点，试点办法第八条中规定，在侦查过程中，侦查机关应当告知犯罪嫌疑人享有的诉讼权利和认罪认罚可能导致的法律后果。试点过程中，由侦查机关主动告知犯罪嫌疑人有关认罪认罚的法律规定，对于提高认罪认罚制度适用比例效果较好，同时告知犯罪嫌疑人的诉讼权利，有利于其知悉和正确行使权利内容。因此，2018 年修改刑事诉讼法将试点办法的内容、试点实践经验进行总结提炼，增加规定了侦查人员在讯问犯罪嫌疑人的时候，“告知犯罪嫌疑人享有的诉讼权利”和告知“认罪认罚的法律规定”两项要求。这也是刑事诉讼法完善认罪认罚从宽制度的相应要求，法律之所以规定侦查人员的告知义务，是为了使犯罪嫌疑人更加清楚如实回答、认罪认罚将会依法被从宽处理。

本款规定的“犯罪嫌疑人享有的诉讼权利”，根据刑事诉讼法的规定，主要包括有权委托律师辩护、阅读侦查讯问笔录、使用本民族的语言文字、拒绝回答与本案无关的问题、申请法律援助、申请回避、申请变更强制措施等权利。“如实供述自己罪行可以从宽处理和认罪认罚的法律规定”，主要是指刑法第六十七条关于自首、坦白从宽的规定，刑法第六十八条关于立功的规定，以及修改后的刑事诉讼法第十五条、第一百六十二条、第一百七十二条、第一百七十三条、第一百七十四条、第一百七十六条、第一百九十条、第二百零一条、第二百二十二条等规定的关于认罪认罚从宽制度和诉讼程序的规定。

在该条第二款的理解适用中，还需要注意以下几个方面的问题：

第一，对于侦查人员而言，在讯问时告知罪嫌疑人享有的诉讼权利，如实供述自己罪行可以从宽处理和认罪认罚的法律规定，是必须履行的法定义务。如果侦查人员在讯问时，没有履行告知义务，即违反了法律规定。

第二，对于犯罪嫌疑人而言，在侦查人员告知认罪认罚的法律规定后，有选择是否认罪认罚的权利。如果其认罪认罚，即可以按照本法的有关规定，履行相应的程序之后，获得从宽处理；如果其拒绝认罪认罚，不影响侦查和诉讼程序正常进行，且不会因此被加重处罚。

相关规定

《中华人民共和国刑法》第67条、第68条；《中华人民共和国刑事诉讼法》第15条、第162条、第172－174条、第176条、第190条、第201条、第222条；《人民检察院刑事诉讼规则（试行）》第197－202条；《公安机关办理刑事案件程序规定》第197－204条

十、将第一百四十八条改为第一百五十条，第二款修改为：“人民检察院在立案后，对于利用职权实施的严重侵犯公民人身权利的重大犯罪案件，根据侦查犯罪的需要，经过严格的批准手续，可以采取技术侦查措施，按照规定交有关机关执行。”

本条是对刑事诉讼法原第一百四十八条关于采取技术侦查措施的案件范围、程序及执行主体规定的修改。

修改前的刑事诉讼法第一百四十八条第二款规定：“人民检察院在立案后，对于重大的贪污、贿赂犯罪案件以及利用职权实施的严重侵犯公民人身权利的重大犯罪案件，根据侦查犯罪的需

要，经过严格的批准手续，可以采取技术侦查措施，按照规定交有关机关执行。”

本次修改刑事诉讼法对该条作了一处修改，删去了人民检察院对“重大的贪污、贿赂犯罪案件”可以采取技术侦查措施的规定。这一修改，主要是为了与监察法的规定，以及这次修改刑事诉讼法对人民检察院立案侦查的案件范围作出调整相衔接。根据2018年3月第十三届全国人民代表大会第一次会议通过的监察法的规定，监察委员会对涉嫌贪污贿赂等职务违法和职务犯罪进行调查。对贪污贿赂犯罪的调查程序适用监察法的规定。同时，监察法第二十八条第一款规定，监察机关调查涉嫌重大贪污贿赂等职务犯罪，根据需要，经过严格的批准手续，可以采取技术调查措施，按照规定交有关机关执行。为与监察法的规定相衔接，2018年10月全国人大常委会修改刑事诉讼法，删去了人民检察院对贪污贿赂等案件行使立案侦查权的规定，因此，在刑事诉讼中，不再有人民检察院对贿赂犯罪案件进行侦查的情形。刑事诉讼法其他条文的相关规定也需要作出相应修改。

修改后的刑事诉讼法第一百五十条规定：“公安机关在立案后，对于危害国家安全犯罪、恐怖活动犯罪、黑社会性质的组织犯罪、重大毒品犯罪或者其他严重危害社会的犯罪案件，根据侦查犯罪的需要，经过严格的批准手续，可以采取技术侦查措施。

人民检察院在立案后，对于利用职权实施的严重侵犯公民人身权利的重大犯罪案件，根据侦查犯罪的需要，经过严格的批准手续，可以采取技术侦查措施，按照规定交

有关机关执行。

追捕被通缉或者批准、决定逮捕的在逃的犯罪嫌疑人、被告人，经过批准，可以采取追捕所必需的技术侦查措施。”

条文主旨

本条是关于采取技术侦查措施的案件范围、程序及执行主体的规定。

立法背景

技术侦查措施一节是2012年刑事诉讼法修改新增加的规定。为打击严重犯罪，采取相应的技术侦查措施，是各国的通行做法，也是追究犯罪的需要。我国1993年制定的国家安全法、1995年制定的人民警察法都规定，侦查机关因侦查犯罪的需要，根据国家有关规定，经过严格的批准手续，可以采取技术侦查措施。但刑事诉讼法对于技术侦查措施没有作出规定。实践中，侦查机关在办案过程中采取技术侦查措施，主要以上述规定为法律依据。但对采取技术侦查措施取得的证据能否直接作为定案的依据在法庭上出示并接受质证等问题不够明确，实践中存在不同的认识。考虑到技术侦查措施是侦破案件的重要侦查手段，特别是工业化、信息化社会发展过程中，这一手段对惩罚犯罪，维护社会公共利益具有越来越重要的作用，在法律中加以规定是必要的。同时，技术侦查措施在执行过程中可能涉及公民个人隐私和公共利益，必须在法律中予以明确的规范，加以必要的限制。一方面，要完善侦查措施，赋予侦查机关必要的侦查手段，加强打击犯罪的力度；另一方面，也要强化对侦查措施的规范、制约和监督，防止滥用这一侦查措施。因此，2012 年刑事诉讼法修改增加了技术侦查措施一节，主要规定了以下几方面的内容：一是规定对危害国家安全犯罪、恐怖活动犯罪、黑社会性质的组织犯罪、重大毒品犯罪或者其他严重危害社会的犯罪案件以及重大的贪污、贿赂犯罪案件，利用职权实施的严重侵犯公民人身权利的重大犯罪案件，根据侦查犯罪的需要，经过严格的批准手续，可以采取技术侦查措施。二是规定公安机关可以决定由特定人员隐匿身份实施侦查，可以依照规定实施控制下交付。三是明确采取技术侦查措施、隐匿身份实施侦查、控制下交付所收集的材料在刑事诉讼中可以作为证据使用。我国宪法规定中华人民共和国公民有言论、出版、集会、结社、游行、示威的自由；公民的住宅不受侵犯。禁止非法搜查或者非法侵入公民的住宅；公民的通信自由和通信秘密受法律的保护。除因国家安全或者追查刑事犯罪的需要，由公安机关或者检察机关依照法律规定的程序对通信进行检查外，任何组织或者个人不得以任何理由侵犯公民的通信自由和通信秘密。采取本节规定的技术侦查措施，不可避免地会涉及公民的上述权利，因此，在执行时必须特别慎重。为防止这一措施被滥用，2012 年刑事诉讼法修改在赋予侦查机关技术侦查手段的同时，还明确规定了技术侦查措施的适用范围、期限、保密要求等内容。上述规定，都是侦查机关采取技术侦查措施必须遵守的严格规范。实践中采取技术侦查措施，应当根据上述规定的要求，依照有关具体规定严格执行。这同我国宪法关于保护公民人身自由、通信自由等基本权利，维护国家机关、社会组织的正常活动秩序的规定是完全一致的。

本节规定的技术侦查措施，是指侦查机关为侦查犯罪需要，根据国家有关规定，采取的一种特殊侦查措施。通常包括电子侦听、电话监听、电子监控、秘密拍照或者秘密录像、秘密获取某些物证、邮件检查等专门技术手段。随着科学技术的发展，技术侦查手段也会不断地发展变化，因此本节未具体列明技术侦查措施的种类与名称。

条文解读

本条是关于采取技术侦查措施的案件范围、程序及执行主体的规定。

本条共分三款。第一款是关于公安机关采取技术侦查措施的案件范围及程序的规定。本款规定包括以下五个方面的内容：第一，公安机关在刑事诉讼中采取技术侦查措施必须是在立案以后。这里的“立案”，是指根据本法第一百零九条的规定，发现犯罪事实或者犯罪嫌疑人，按照管辖范围立案侦查。第二，公安机关可以采取技术侦查措施的案件范围是危害国家安全犯罪、恐怖活动犯罪、黑社会性质的组织犯罪、重大毒品犯罪或者其他严重危害社会的犯罪案件。这里规定的“其他严重危害社会的犯罪”应该是该犯罪行为严重危及社会安全、危及大众民生。实践中，具体哪些犯罪属于“其他严重危害社会的犯罪”，需要有关部门作出进一步的规范和明确，在实际执行中不能随意扩大使用。第三，公安机关对上述案件是否采取技术侦查措施要“根据侦查犯罪的需要”，也就是说，虽然本条规定了公安机关对上述犯罪案件可以采取技术侦查措施，但并不意味着公安机关只要办理上述犯罪案件都采取技术侦查措施，而是要根据侦查犯罪的需要。采取技术侦查措施是打击犯罪的需要，同时也涉及公民、组织的基本权利。因此，采取技术侦查措施一定是在使用常规的侦查手段无法达到侦查目的时所采取的手段。这是采取技术侦查措施的一个重要条件。第四，要经过严格的批准手续。“经过严格的批准手续”也是人民警察法第十六条、反间谍法第十二条、国家情报法第十五条的表述。刑事诉讼法修改过程中有意见建议明确具体的审批程序，由于实际情况较为复杂，针对不同的适用对象、不同的犯罪情况采取的技术侦查措施种类是不同的，要经过的批准程序也不尽相同，所以法律上采取了目前的原则表述的方法。“经过严格的批准手续”，包括两层意思：一是对制定审批程序的要求。有关部门依法制定采取技术侦查措施的审批程序，必须体现“严格”的要求。即对各种技术侦查措施在什么情况下、什么范围内、经过什么样的程序批准才能使用，应有严格和明确的规定，使侦查机关及其工作人员在工作中有所遵循，防止滥用。二是对批准采取技术侦查措施的要求。采取技术侦查措施必须依照规定履行严格的批准手续。实践中，有权批准使用这一措施的人，在批准与否上一定要严格掌握，在接到要求采取技术侦查措施的申请报告后，要认真审查，严格把关。首先，要审查是否属于本款规定的可以采取技术侦查措施的案件范围，其次，也是更为重要的，要审查采取技术侦查措施对侦查这一案件是否是必需的，对既可以采取技术侦查措施，又可以通过其他的侦查途径解决问题的，应当采取其他的侦查途径解决。第五，本款规定的技术侦查措施的执行机关是公安机关。

第二款是关于检察机关可以采取技术侦查措施的案件范围及程序的规定。本款规定包括以下五个方面的内容：第一，人民检察院采取技术侦查措施必须是在立案以后。具体内容在第一款中已经讲过，这里不再赘述。第二，人民检察院可以采取技术侦查措施的案件范围是利用职权实施的严重侵犯公民人身权利的重大犯罪案件。这里规定的“利用职权实施的严重侵犯公民人身权利的重大犯罪案件”，是指本法第十九条规定的人民检察院直接立案侦查的案件中“利用职权实施的严重侵犯公民人身权利的重大犯罪案件”，即人民检察院在对诉讼活动实行法律监督中发现的司法工作人员利用职权实施的非法拘禁、刑讯逼供、非法搜查等侵犯公民权利、损害司法公正的犯罪中“严重侵犯公民人身权利的重大犯罪”。第三，人民检察院对上述案件是否采取技术侦查措施要“根据侦查犯罪的需要”。第四，要经过严格的批准手续。具体内容在第一款中已经讲过，这里不再赘述。第五，对本款规定的案件采取技术侦查措施，要按照规定交有关机关执行，检察机关不能自己执行。

第三款是关于追捕在逃的犯罪嫌疑人、被告人采取技术侦查措施的程序的规定。根据追捕在逃的犯罪嫌疑人、被告人的需要，本款没有对犯罪种类作出限定，由于追捕在逃犯主要是确定在逃人位置，以便抓捕，与在侦查取证中采取技术侦查措施的情况不同，因此，只规定要经过批准。这里的“批准”主要是指侦查机关负责人批准。这一技术侦查措施的执行主体也是公安机关。

相关规定

《中华人民共和国人民警察法》第16条；《中华人民共和国反间谍法》第12条；《中华人民共和国国家情报法》第15条；

《中华人民共和国监察法》第 28 条；《人民检察院刑事诉讼规则（试行）》第 264 条；《公安机关办理刑事案件程序规定》第 254 条、第 255 条

十一、将第一百六十条改为第一百六十二条，增加一款，作为第二款："犯罪嫌疑人自愿认罪的，应当记录在案，随案移送，并在起诉意见书中写明有关情况。"

本条是关于认罪案件侦查终结的规定。

修改前的刑事诉讼法第一百六十条规定："公安机关侦查终结的案件，应当做到犯罪事实清楚，证据确实、充分，并且写出起诉意见书，连同案卷材料、证据一并移送同级人民检察院审查决定；同时将案件移送情况告知犯罪嫌疑人及其辩护律师。"

2018 年修改刑事诉讼法的一个重要内容是完善刑事案件认罪认罚从宽制度。为保障犯罪嫌疑人认罪认罚的自愿性、真实性、合法性，进一步完善认罪认罚的程序性规定，在公安机关侦查终结中专门增加一款规定，犯罪嫌疑人自愿认罪的，应当记录在案，随案移送，并在起诉意见书中写明有关情况。这样规定，目的就是要求公安机关在侦查阶段的案卷材料和起诉意见书中如实反映犯罪嫌疑人是否自愿如实供述自己的犯罪事实，以便于人民检察院、人民法院在后续的诉讼阶段，及时掌握犯罪嫌疑人认罪的情况，考虑是否适用认罪认罚的程序规定并予以处理。审议中有的常委委员提出，本条只规定了将认罪情况记录在案，但是没有规定将认罚的情况记录在案，认罚的情况也应当记录在案。考虑到犯罪嫌疑人在侦查阶段主要还是应当自愿如实供述自己的

犯罪事实及所犯罪行，至于是否认罚，包括是否同意指控的罪名及刑罚建议，应当是在人民检察院审查起诉阶段，因此本款未作修改。

修改后的刑事诉讼法第一百六十二条规定：“公安机关侦查终结的案件，应当做到犯罪事实清楚，证据确实、充分，并且写出起诉意见书，连同案卷材料、证据一并移送同级人民检察院审查决定；同时将案件移送情况告知犯罪嫌疑人及其辩护律师。

犯罪嫌疑人自愿认罪的，应当记录在案，随案移送，并在起诉意见书中写明有关情况。”

条文主旨

本条是关于侦查终结的规定。

立法背景

1979 年刑事诉讼法第九十三条第二款规定：“公安机关侦查的案件，侦查终结后，应当写出起诉意见书或者免予起诉意见书，连同案卷材料、证据一并移送同级人民检察院审查决定。”1996 年修改刑事诉讼法时，对本款作了三处修改：一是，将本款单独规定为一条。二是，增加了对公安机关侦查终结的案件的标准的规定，即对侦查终结的案件“应当做到犯罪事实清楚，证据确实、充分”。原刑事诉讼法对公安机关侦查终结移送人民检察院审查起诉的案件的标准没有作出规定，各地公安机关在掌握上也不尽相同，在司法实践中出现了一些问题。有的过于追求全部犯罪事实都要查清，全部证据都要掌握，以至于造成案件久拖不决，无法就已经查清的犯罪事实进入下一诉讼程序，甚至对犯罪嫌疑人超期羁押；有的在犯罪事实不很清楚，案件证据不确实、充分的情况下移送人民检察院，造成多次退回补充侦查，甚至在证据不确实、充分的情况下审查并提起公诉，没有很好保障犯罪嫌疑人的权利。为了解决上述问题，增加了公安机关侦查终结案件的标准的规定，这是案件是否能够侦查终结，移送起诉的法定标准，以提高公安机关侦查案件的质量和效率。三是，删去了“免予起诉意见书”的规定。免予起诉，是检察机关对依照刑法规定不需要判处刑罚或者免除刑罚的犯罪分子，定罪但不予起诉的一项制度。1996 年修改刑事诉讼法时，考虑到不经法院审判程序就定有罪，不符合法制的原则；实践中，对有些无罪的人决定免予起诉，侵害了当事人的合法权利；对有些依法应当判刑的，却给予免予起诉也不合适。因此，法律适当扩大了不起诉的范围，对犯罪情节轻微，依照刑法规定不需要判处刑罚或者免除刑罚的，人民检察院可以不起诉，不再使用免予起诉。同时规定，未经人民法院依法判决，对任何人都不得确定有罪。1996 年修改后的刑事诉讼法第一百二十九条规定：“公安机关侦查终结的案件，应当做到犯罪事实清楚，证据确实、充分，并且写出起诉意见书，连同案卷材料、证据一并移送同级人民检察院审查决定。”2012 年修改刑事诉讼法时对本条进一步作了修改，对公安机关侦查终结的案件，增加了在将案件移送审查起诉时，应当“同时将案件移送情况告知犯罪嫌疑人及其辩护律师”的规定。这样修改主要是考虑到刑事诉讼法没有规定移送起诉时应当告知犯罪嫌疑人及其辩护律师，实践中犯罪嫌疑人及其辩护律师往往不能及时知道案件已被移送审查起诉。另外，虽然辩护律师在侦查阶段就可以为犯罪嫌疑人提供法律帮助，但只有在人民检察院对案件移送审查起诉之日起，辩护律师才能查阅、摘抄、复制本案的案卷材料，增加规定在移送审查起诉时应当将案件的移送情况同时“告知犯罪嫌疑人及其辩护律师”，有利于辩护律师更好地履行职责，更加充分地维护犯罪嫌疑人的合法权益。

条文解读

本条共分两款。第一款是关于公安机关侦查终结的案件应当如何处理的规定。

侦查终结，是指侦查机关对已经立案的刑事案件经过侦查，在案件事实已经查清，取得了确实、充分证据的基础上，依法结束侦查，并对案件作出处理或者提出处理意见的一种诉讼活动。侦查终结是侦查阶段对已经开展的各种侦查活动和侦查工作进行审核和总结的最后一道程序，也是一个必经阶段，它是对侦查活动的终了和总结，标志着侦查活动的结束。侦查终结标志着公安机关侦查活动的结束，侦查终结作出的决定，直接关系到能否准确、及时地惩罚犯罪，保障无罪的人不受刑事追究。正确及时的侦查终结，可以为人民检察院准确提起公诉，人民法院正确进行审判奠定基础，为保护公民合法权益提供可靠的根据和保障。因此，实践中必须严格遵守法定程序，慎重对待侦查终结工作。本条规定的“公安机关侦查终结的案件”是指公安机关对案件经过一系列的侦查活动后，认为案件事实已经清楚，证据已经确实、充分，依照法律规定，能够认定犯罪嫌疑人确有罪行，应当追究刑事责任，决定终止侦查，将案件移送人民检察院审查起诉。

根据本条规定，公安机关侦查终结的案件，应当具备以下条件：第一，犯罪事实清楚。侦查终结的首要条件是“犯罪事实清楚”，就是已经查明犯罪行为是否存在，犯罪行为是否为犯罪嫌疑人实施，实施犯罪行为的时间、地点、手段、动机、目的、情节、手段和危害结果以及其他情节，是否存在法定从重、从轻、减轻、免除处罚情节以及是否有其他共同犯罪人员等情况。

第二，证据确定、充分。即公安机关侦查终结的案件，对犯罪嫌疑人依法应当追究刑事责任的，必须做到犯罪事实清楚，证据确实、充分。所谓“证据确实、充分”，是指证明案件真实情况的事实经过查证属实，并足以证明犯罪事实。根据本法第五十五条规定，证据确实、充分，应当符合以下条件：（1）定罪量刑的事实都有证据证明；（2）据以定案的证据均经法定程序查证属实；（3）综合全案证据，对所认定事实已排除合理怀疑。这是对证据确实、充分的解释，同样适用于本条的规定。

第三，应当写出起诉意见书，连同案卷材料、证据一并移送同级人民检察院审查决定。所谓“起诉意见书”，是指公安机关对案件侦查终结移送人民检察院处理的法律文书。起诉意见书必须忠实于事实真相，对于在起诉意见书中故意隐瞒事实真相的，应当追究法律责任。在起诉意见书中应当写清犯罪嫌疑人的基本情况、案件认定的犯罪事实、处理的意见和理由以及所依据的法律条款，对于共同犯罪的，应写明每个犯罪嫌疑人在共同犯罪中的地位、作用、具体罪责和认罪态度等。“案卷材料、证据”包括举报、揭发、控告材料，讯问笔录，询问笔录，勘验、检查、辨认笔录，鉴定意见以及物证、书证、视听资料、电子数据等。公安机关侦查终结的案件应当将上述案卷材料、证据移送同级有管辖权的人民检察院，而不能越级移送。公安机关在侦查终结的审查过程中，如果发现有应当排除的证据的，应当依法予以排除，不得作为起诉意见的依据。

第四，将案件移送情况告知犯罪嫌疑人及其辩护律师。公安机关侦查终结的案件，公安机关在将案件移送同级人民检察院审查起诉的同时，应当将案件移送情况告知犯罪嫌疑人及其辩护律师。公安机关应当严格按照法律的规定履行告知义务，只有这样才有利于辩护律师更好地了解案件的进展情况，积极地履行辩护职责，保护犯罪嫌疑人的合法权益，

第二款是关于自愿认罪案件在侦查终结时的特殊规定。

根据本款规定，对于犯罪嫌疑人自愿认罪的案件，公安机关除依照本条第一款的规定办理，还需要进行以下工作：第一，将犯罪嫌疑人自愿认罪的情况记录在案。所谓“犯罪嫌疑人自愿认罪”，是指犯罪嫌疑人自愿如实供述自己的犯罪事实。对于犯罪嫌疑人自愿认罪的案件，公安机关的侦查人员应当将犯罪嫌疑人认罪的有关情况详细记录下来。第二，随案移送。公安机关对于需要移送起诉的案件，应当在案件移送人民检察院起诉时，将犯罪嫌疑人自愿认罪的有关情况和材料随案移送给有管辖权的同级人民检察院。第三，在起诉意见书中写明有关情况。公安机关在案件侦查终结后，对于需要移送起诉的案件，应当在起诉意见书中写明犯罪嫌疑人认罪的有关情况。

相关规定

《中华人民共和国刑事诉讼法》第 15 条、第 55 条、第 163 条；《公安机关办理刑事案件程序规定》第 55 条、第 64 - 66 条、

第274－283条；《最高人民检察院、公安部关于规范刑事案件“另案处理”适用的指导意见》第2－19条

十二、增加一条，作为第一百七十条：“人民检察院对于监察机关移送起诉的案件，依照本法和监察法的有关规定进行审查。人民检察院经审查，认为需要补充核实的，应当退回监察机关补充调查，必要时可以自行补充侦查。

“对于监察机关移送起诉的已采取留置措施的案件，人民检察院应当对犯罪嫌疑人先行拘留，留置措施自动解除。人民检察院应当在拘留后的十日以内作出是否逮捕、取保候审或者监视居住的决定。在特殊情况下，决定的时间可以延长一日至四日。人民检察院决定采取强制措施的期间不计入审查起诉期限。”

条文主旨

本条是关于人民检察院对于监察机关移送起诉案件的处理的规定。

立法背景

2018年10月26日第十三届全国人民代表大会常务委员会第六次会议通过的关于修改刑事诉讼法的决定新增加了本条规定。主要是为了与监察法规定的监察机关对于职务犯罪案件的调查处置程序相衔接。习近平总书记强调，要通过改革创新，整合反腐败职能，在法治和制度上形成既相互衔接、又相互制衡的机制，监察机关查处的案件移交检察机关，由检察机关负责批捕、审查

起诉、提起公诉，由法院进行审判。本条规定的主要目的是保证检察机关对监察机关移送起诉的案件依法、及时开展审查起诉工作，采取有关的强制性措施，确保监察机关与检察机关在办理职务犯罪案件过程中有序衔接、相互制约。

监察法第十一条中规定，监察委员会依照本法和有关法律规定履行监督、调查、处置职责，对涉嫌贪污贿赂、滥用职权、玩忽职守、权力寻租、利益输送、徇私舞弊以及浪费国家资财等职务违法和职务犯罪进行调查。第四十五条中规定，监察机关根据监督、调查结果，对涉嫌职务犯罪的，监察机关经调查认为犯罪事实清楚，证据确实、充分的，制作起诉意见书，连同案卷材料、证据一并移送人民检察院依法审查、提起公诉。第四十七条中规定，对监察机关移送的案件，人民检察院依照刑事诉讼法对被调查人采取强制措施。人民检察院经审查，认为犯罪事实已经查清，证据确实、充分，依法应当追究刑事责任的，应当作出起诉决定。人民检察院经审查，认为需要补充核实的，应当退回监察机关补充调查，必要时可以自行补充侦查。对于补充调查的案件，应当在一个月内补充调查完毕。补充调查以二次为限。

监察法实施后，监察委员会移送审查起诉的贪污贿赂、滥用职权、玩忽职守、权力寻租、利益输送、徇私舞弊以及浪费国家资财等职务犯罪案件，是人民检察院一个重要的案件来源。为了做好与监察法的衔接，2018 年修改刑事诉讼法对人民检察院对监察委员会移送审查起诉案件的审查起诉程序和退回监察机关补充调查、必要时的自行补充侦查程序等作出了衔接性的规定，同时规定了对监察委员会已经采取留置措施的犯罪嫌疑人应当采取先行拘留措施以及决定采取有关的强制性措施的程序。

条文解读

本条共分两款。根据第一款规定，对于监察机关移送起诉的案件，人民检察院要依照刑事诉讼法和监察法的有关规定进行审查。人民检察院进行审查，可以参照本法第一百七十一条、第一百七十二条、第一百七十三条、第一百七十四条和第一百七十六条等规定，主要审查监察机关移送起诉的案件犯罪事实、情节是否清楚，证据是否确实、充分，犯罪性质和罪名的认定是否正确；有无遗漏罪行和其他应当追究刑事责任的人；是否属于不应追究刑事责任的情形等。这里的犯罪事实已经查清，是指犯罪的主要事实已经查清，实践中因为各种原因，一些个别细节无法查清或没有必要查清，且不影响定罪量刑的，应当视为犯罪事实已经查清。对一人犯有数罪的，如果有一罪已经查清，而其他罪一时难以查清的，也可以就已经查清的罪提起公诉。证据确实、充分，是指用以证明案件事实的证据真实可靠，取得的证据足以证实调查认定的犯罪事实和情节。修改后的刑事诉讼法第五十五条第二款对证据确实、充分的条件作了明确规定："证据确实、充分，应当符合以下条件：（一）定罪量刑的事实都有证据证明；（二）据以定案的证据均经法定程序查证属实；（三）综合全案证据，对所认定事实已排除合理怀疑。"根据本法第一百七十三条的规定，人民检察院在审查案件过程中，应当讯问犯罪嫌疑人，听取辩护人或者值班律师、被害人及其诉讼代理人的意见，并记录在案。辩护人或者值班律师、被害人及其诉讼代理人提出书面意见的，应当附卷。

本款规定人民检察院审查监察机关移送起诉的案件，需要同时依照本法和监察法的有关规定进行审查，不能仅依照刑事诉讼法。如监察法第三十二条规定：“职务违法犯罪的涉案人员揭发有关被调查人职务违法犯罪行为，查证属实的，或者提供重要线索，有助于调查其他案件的，监察机关经领导人员集体研究，并报上一级监察机关批准，可以在移送人民检察院时提出从宽处罚的建议。”监察法第三十三条第一款规定：“监察机关依照本法规定收集的物证、书证、证人证言、被调查人供述和辩解、视听资料、电子数据等证据材料，在刑事诉讼中可以作为证据使用。”这些都是人民检察院审查案件的依据。此外，监察法第四十七条和本法第一百七十六条，对于人民检察院审查案件后的处理作了规定，即：人民检察院经审查，认为犯罪事实已经查清，证据确实、充分，依法应当追究刑事责任的，应当作出起诉决定。人民检察院对于有本法规定的不起诉的情形的，经上一级人民检察院批准，依法作出不起诉的决定，监察机关认为不起诉的决定有错误的，可以向上一级人民检察院提请复议。

对于部分案件，人民检察院经审查，认为需要补充核实的，应当退回监察机关补充调查，必要时可以自行补充侦查。监察法第四十七条中规定，人民检察院经审查，认为需要补充核实的，应当退回监察机关补充调查，必要时可以自行补充侦查。对于补充调查的案件，应当在一个月内补充调查完毕。补充调查以二次为限。对此，刑事诉讼法在本条中对监察法作了衔接性的规定，同时为了条文表述的简洁，没有完全重复监察法的规定。退回补充调查，是检察机关对监察机关进行监督制约的重要体现和制度措施。需要注意的是，退回补充调查与自行补充侦查，是有先后顺序的，考虑到监察机关移送的案件政治性强、比较敏感，检察机关审查后认为需要补充证据的，一般应当先退回监察机关进行补充调查；必要时，才由检察机关自行补充侦查。一般而言，检察机关认为监察机关移送的案件定罪量刑的基本犯罪事实已经查清，但具有下列情形之一的，可以自行补充侦查：一是证人证言、犯罪嫌疑人供述和辩解、被害人陈述的内容中主要情节一致，个别情节不一致且不影响定罪量刑的。二是书证、物证等证据材料需要补充鉴定的。三是其他由检察机关查证更为便利、更有效率、更有利于查清案件事实的情形。

本条第二款是对于监察委员会移送审查起诉的已经采取留置措施的犯罪嫌疑人，人民检察院如何采取强制性措施的规定。监察法第四十七条第一款规定，对于监察机关移送的案件，人民检察院依照《中华人民共和国刑事诉讼法》对被调查人采取强制措施。本款即是与监察法相衔接的规定。根据本款规定，对于监察机关移送起诉的已采取留置措施的案件，人民检察院应当对犯罪嫌疑人先行拘留，留置措施自动解除。关于监察机关采取留置措施的条件，监察法第二十二条中规定，“被调查人涉嫌贪污贿赂、失职渎职等严重职务违法或者职务犯罪，监察机关已经掌握其部分违法犯罪事实及证据，仍有重要问题需要进一步调查，并有下列情形之一的，经监察机关依法审批，可以将其留置在特定场所：（一）涉及案情重大、复杂的；（二）可能逃跑、自杀的；（三）可能串供或者伪造、隐匿、毁灭证据的；（四）可能有其他妨碍调查行为的。对涉嫌行贿犯罪或者共同职务犯罪的涉案人员，监察机关可以依照前款规定采取留置措施。”从上述规定可以看出，监察机关已经采取留置措施的案件，通常是重大复杂或者是有特殊情况的案件。对于监察机关已采取留置措施的案件，检察机关应当对犯罪嫌疑人先行拘留，拘留措施生效时，监察机关的留置措施自动解除，而不再需要经过一定的批准解除程序。这里的先行拘留是一种临时、过渡性质的强制措施，目的是将犯罪嫌疑人从监察调查程序转入刑事诉讼程序。值得注意的是，监察法通过之后，2018 年修改刑事诉讼法之前，为做好监察机关调查职务犯罪案件与检察机关审查起诉工作的衔接，对监察机关已经采取留置措施的案件，一般在监察机关移送案件之前对是否采取和采取何种强制措施进行审查，在移送之日作出决定并执行。实践中，监察机关对已经对被调查人采取留置措施的案件，在进入案件审理阶段后，监察机关一般书面商请检察机关派员提前介入，检察机关在收到提前介入书面通知后，指派检察官带队介入，并成立工作小组。工作小组通过审核案件材料，对证据标准、事实认定、案件定性及法律适用提出书面意见，对是否需要采取强制措施进行审查。在 2018 年修改刑事诉讼法之前，这一做法解决了留置措施和刑事强制措施的衔接问题，但是由于缺少法律赋予的审查适用强制措施的期限，监察机关正常的调查工作时间被压缩，人民检察院的审查适用强制措施程序也无法从法律上得到体现。因此，2018 年修改刑事诉讼法专门增加了人民检察院审查适用强制措施的期限的规定。

根据本款规定，人民检察院应当在拘留后的十日以内作出是否逮捕、取保候审或者监视居住的决定。在特殊情况下，决定的时间可以延长一日至四日。对于监察机关移送起诉的已采取留置措施的案件，人民检察院采取拘留措施后，应当根据刑事诉讼法的规定和案件的具体情况，在十日以内决定对犯罪嫌疑人应当采取的强制措施，包括逮捕、取保候审或者监视居住，并办理相应的手续。这个时限在一般情况下是必须遵守的。决定逮捕、取保候审或者监视居住后，先行拘留即告结束。考虑到有些案件重大、复杂，在十日以内难以作出决定等“特殊情况”，法律允许人民检察院将决定的时限再延长一日至四日。人民检察院决定采取强制措施的期间不计入审查起诉期限。这样规定是为了保障人民检察院有较为充分的时间决定对犯罪嫌疑人采取适当的强制措施，避免占用审查起诉期限。

相关规定

《中华人民共和国监察法》第 11 条、第 32 条、第 33 条、第 45 条、第 47 条；《中华人民共和国刑事诉讼法》第 171 – 174 条、第 176 条

十三、将第一百六十九条改为第一百七十二条，第一款修改为：“人民检察院对于监察机关、公安机关移送起诉的案件，应当在一个月以内作出决定，重大、复杂的案件，可以延长十五日；犯罪嫌疑人认罪认罚，符合速裁程序适用条件的，应当在十日以内作出决定，对可能判处的有期徒刑超过一年的，可以延长至十五日。”

本款是关于审查起诉的期限的一般规定。

修改前的刑事诉讼法第一百六十九条第一款规定：“人民检察院对于公安机关移送起诉的案件，应当在一个月以内作出决定，重大、复杂的案件，可以延长半个月。”

2018 年修改刑事诉讼法对本款作了三处修改：一是增加关

于监察机关移送案件审查起诉期限的规定。这是与监察体制改革配套和与监察法相衔接的修改。监察法第三条中规定，监察委员会是行使国家监察职能的专责机关，依照本法对所有行使公权力的公职人员进行监察，调查职务违法和职务犯罪。第四十五条第一款第四项规定，对涉嫌职务犯罪的，监察机关经调查认为犯罪事实清楚，证据确实、充分的，制作起诉意见书，移送人民检察院审查起诉。2018 年修改刑事诉讼法，增加规定监察委员会移送案件的审查起诉期限，既是落实监察体制改革成果的需要，也是与监察法相衔接的需要。二是对速裁案件审查起诉的期限作出专门规定。刑事诉讼法对第一审公诉案件规定了普通程序和简易程序两种审理程序，以适用普通程序为原则，以适用简易程序为例外。根据刑事诉讼法的规定，适用简易程序审理案件，不受送达期限、讯问被告人、询问证人、鉴定人、出示证据、法庭辩论程序规定的限制。作出这种规定，主要是为了对事实清楚、证据充分且被告人自愿认罪的案件，在保障权利、保证公正的前提下尽量做到程序从简，节约司法资源。当前，我国正处于经济结构调整、矛盾纠纷多发、刑事犯罪高发期，司法机关面临的“案多人少”、司法资源配置不合理等问题依然需要深化改革解决。为进一步推动刑事案件繁简分流，优化司法资源配置，2014 年 6 月，第十二届全国人大常委会第九次会议审议通过《关于授权最高人民法院、最高人民检察院在部分地区开展刑事案件速裁程序试点工作的决定》，授权最高人民法院、最高人民检察院在北京、天津、上海等地开展刑事案件速裁程序试点工作。对事实清楚，证据充分，被告人自愿认罪，当事人对适用法律没有争议的危险驾驶、交通肇事、盗窃等情节较轻，依法可能判处一年以下有期徒刑、拘役、管制的案件，或者依法单处罚金的案件，进一步简化刑事诉讼法规定的相关诉讼程序。2016 年 9 月，第十二届全国人大常委会第二十二次会议又审议通过《关于授权最高人民法院、最高人民检察院在部分地区开展刑事案件认罪认罚从宽制度试点工作的决定》，并明确在原速裁程序试点地区开展的试点工作，按照新的试点办法继续试行。试点授权于 2018 年 11 月期满。为落实全国人大常委会授权决定，2016 年 11 月 16 日，最高人民法院、最高人民检察院、公安部、国家安全部、司法部联合发布了《关于在部分地区开展刑事案件认罪认罚从宽制度试点工作的办法》。试点办法第十二条规定："对适用速裁程序的案件，人民检察院一般应当在受理后十日内作出是否提起公诉的决定；对可能判处的有期徒刑超过一年的，可以延长十五日。"近两年的试点实践证明，试点办法规定的十日和十五日的审查起诉期限基本能够满足实际需要，也充分体现和发挥了速裁程序的效率优势。2018 年修改刑事诉讼法将试点工作经验加以总结，增加规定了速裁程序，并根据各方面意见和实际工作需要，吸收了试点办法中对速裁程序审查起诉期限的规定。三是将本条中原"半个月"的表述修改为"十五日"。草案一审稿规定："人民检察院对于监察机关、公安机关移送起诉的案件，应当在一个月以内作出决定，重大、复杂的案件，可以延长半个月；犯罪嫌疑人认罪认罚，符合速裁程序适用条件的，应当在十日以内作出决定，对可能判处的有期徒刑超过一年的，可以延长至十五日。"草案审议和征求意见过程中，有的地方和社会公众提出，每个月的日数不同，"半个月"具体是多少天可能存在差异，且在同一条中既有"半个月"又有"十五日"的表述也不科学，建议统一按日规定。本条吸收了这一意见，将“半个月”的表述修改为“十五日”。

修改后的刑事诉讼法第一百七十二条规定：“人民检察院对于监察机关、公安机关移送起诉的案件，应当在一个月以内作出决定，重大、复杂的案件，可以延长十五日；犯罪嫌疑人认罪认罚，符合速裁程序适用条件的，应当在十日以内作出决定，对可能判处的有期徒刑超过一年的，可以延长至十五日。

人民检察院审查起诉的案件，改变管辖的，从改变后的人民检察院收到案件之日起计算审查起诉期限。”

条文主旨

本款是关于审查起诉的期限的规定。

立法背景

明确人民检察院审查起诉的期限，对于保障刑事诉讼活动的正常进行，提高诉讼效率，保护当事人合法权益，具有重要意义。1979 年刑事诉讼法对人民检察院审查起诉的期限就作了规定。该法第九十七条规定：“人民检察院对于公安机关移送起诉或者免予起诉的案件，应当在一个月以内作出决定，重大、复杂的案件，可以延长半个月。”1996 年修改刑事诉讼法对该条作了两处修改：一是删去了关于免予起诉案件审查起诉的期限的规定。免予起诉是检察机关对不需要判处刑罚或者免除刑罚的犯罪嫌疑人定罪但不予起诉的制度。1996 年修改刑事诉讼法时，考虑到不经法院审判程序就定有罪，不符合法治的原则；实践中，对有些无罪的人决定免予起诉，侵害了被告人的合法权利；对有些依法应当判刑的，却给予免予起诉也不合适。因此，取消了免予起诉制度，同时规定，对犯罪情节轻微，依照刑法规定不需要判处刑罚或者免除刑罚的，人民检察院可以不起诉，并相应删去了关于免予起诉案件审查起诉的期限规定。二是增加一款作为第二款，规定："人民检察院审查起诉的案件，改变管辖的，从改变后的人民检察院收到案件之日起计算审查起诉期限。"1984 年第六届全国人大常委会通过的关于刑事案件办案期限的补充规定对人民法院和人民检察院改变管辖案件的办案期限作了专门规定。该补充规定第六条规定："人民检察院和人民法院改变管辖的公诉案件，从改变后的办案机关收到案件之日起计算办案期限。"1996 年修改刑事诉讼法，将补充规定上述内容作为一款加以规定。2012 年修改刑事诉讼法对本条未作修改。

条文解读

本条共分两款。第一款是关于人民检察院审查起诉期限的一般规定。"应当在一个月以内作出决定"是指人民检察院对公安机关、监察机关移送起诉的案件，应当按照本法第一百七十一条规定的审查要求，在一个月以内审查完毕，并作出提起公诉或者不起诉的决定。"重大、复杂的案件，可以延长十五日"是指案情重大或者案件情况复杂，在一个月内不能办结的案件，可以延长十五日的审查期限。

第二款是关于对人民检察院审查起诉的案件改变管辖的，如何计算审查起诉期限的规定。本款是 1996 年修改刑事诉讼法时增加的规定。实践中，人民检察院对于公安机关、监察机关移送起诉的案件，通过审查阅卷、核实证据，在一个月以内基本上可以作出决定。重大、复杂的案件，延长半个月后一般也可以审查完毕作出决定。但是，对于审查起诉过程中依法改变管辖后的案件，如果让接收案件的检察机关仍按剩余的审查起诉期限办案，显然存在困难。为解决这一问题，1996 年修改刑事诉讼法时吸收了 1984 年第六届全国人大常委会通过的《关于刑事案件办案期限的补充规定》中第六条的规定，即“人民检察院和人民法院改变管辖的公诉案件，从改变后的办案机关收到案件之日起计算办案期限”的规定，以利于人民检察院有充分的时间审查案件。

改变管辖，主要是指人民检察院在审查起诉的过程中，发现案件不属于其管辖范围，或者案件需要依法调整管辖的情况。如果发生人民检察院将案件移送有关人民检察院重新审查起诉的情形，接收案件的人民检察院自收到案件之日起，按照第一款的规定计算办案期限，即应当在一个月以内作出决定，重大、复杂的案件，可以延长半个月。

实践中需注意的是，本条对速裁程序审查起诉期限作了明确规定，人民检察院在实际工作中，应严格执行本条规定，保证速裁程序高效运行。

相关规定

《中华人民共和国刑事诉讼法》第 19 – 26 条；《人民检察院刑事诉讼规则（试行）》第 386 条

十四、将第一百七十条改为第一百七十三条，修改为：“人民检察院审查案件，应当讯问犯罪嫌疑人，听取辩护人或者值班律师、被害人及其诉讼代理人的意见，并记录在案。辩护人或者值班律师、被害人及其诉讼代理人提出书面意见的，应当附卷。

“犯罪嫌疑人认罪认罚的，人民检察院应当告知其享有的诉讼权利和认罪认罚的法律规定，听取犯罪嫌疑人、辩护人或者值班律师、被害人及其诉讼代理人对下列事项的意见，并记录在案：

“（一）涉嫌的犯罪事实、罪名及适用的法律规定；

“（二）从轻、减轻或者免除处罚等从宽处罚的建议；

“（三）认罪认罚后案件审理适用的程序；

“（四）其他需要听取意见的事项。

“人民检察院依照前两款规定听取值班律师意见的，应当提前为值班律师了解案件有关情况提供必要的便利。”

条文主旨

本条是关于审查起诉时讯问和听取意见的规定。

立法背景

1979 年刑事诉讼法第九十八条规定：“人民检察院审查案件，应当讯问被告人。”1996 年修改刑事诉讼法时，对本条作了二处修改：一是，将“被告人”修改为“犯罪嫌疑人”，这样修改主要是考虑到刑事诉讼的不同阶段划分，将处于侦查阶段和审查起诉阶段表述的“被告人”改称为“犯罪嫌疑人”。对于还处于公安机关侦查、检察机关的审查阶段，有可能被认为不构成犯罪或不起诉，这个阶段将他们称之为“被告人”不够准确，称为“犯罪嫌疑人”较为合适；将处于审判阶段的“被告人”仍称为“被告人”，这个阶段经过公安机关侦查、检察机关的审查，被正式提起诉讼，接受人民法院的审判，成为审判席上真正的被告，称为“被告人”更加科学、准确，更能明确地显示出他们所处的诉讼的不同阶段。二是，增加了听取被害人和犯罪嫌疑人、被害人委托的人的意见。1996 年修改刑事诉讼法加强了被害人在诉讼过程中的诉讼地位和诉讼权利，将被害人明确规定为诉讼当事人。由于被害人是案件的直接受害者，对案件如何处理，关系到被害人的权益，所以 1996 年修改刑事诉讼法时增加规定，人民检察院审查案件，应听取被害人的意见。此外，也明确规定了被害人可以委托诉讼代理人参加刑事诉讼。由于受委托的人代表了被害人的利益，所以人民检察院审查案件，也应当听取他们的意见。这样修改，体现了在审查起诉阶段对当事人双方权利的保护和对审查起诉应当审慎的要求。在审查起诉案件过程中，讯问犯罪嫌疑人，听取辩护人、被害人及其诉讼代理人的意见，对于检察机关及时查明案件事实真相、依法作出正确处理非常重要，不仅有利于准确认定案件事实，依法维护犯罪嫌疑人的合法权益，也有利于监督侦查活动是否合法，保证案件质量。1996 年修改后的刑事诉讼法第一百三十九条规定：“人民检察院审查案件，应当讯问犯罪嫌疑人，听取被害人和犯罪嫌疑人、被害人委托的人的意见。”

2012 年修改刑事诉讼法时对本条又作了进一步的修改，一是，将听取“犯罪嫌疑人、被害人委托的人”的意见修改为听取“辩护人、被害人及其诉讼代理人”的意见，修改之后的表述更为准确。二是，增加了听取意见记录在案及书面意见附卷的规定。实践中，对辩护人、被害人及其诉讼代理人的意见的记载，做法不一，为更有利于保护犯罪嫌疑人、被害人的合法权益，2012 年修改刑事诉讼法时，明确规定人民检察院对于讯问犯罪嫌疑人，听取辩护人、被害人及其诉讼代理人的意见，应当记录在案。辩护人、被害人及其诉讼代理人提出书面意见的，应当附卷。

2016 年颁布的《关于在部分地区开展刑事案件认罪认罚从宽制度试点工作的办法》第五条规定：“办理认罪认罚案件，应当保障犯罪嫌疑人、被告人获得有效法律帮助，确保其了解认罪认罚的性质和法律后果，自愿认罪认罚。法律援助机构可以根据人民法院、看守所实际工作需要，通过设立法律援助工作站派驻值班律师、及时安排值班律师等形式提供法律帮助。人民法院、看守所应当为值班律师开展工作提供便利工作场所和必要办公设施，简化会见程序，保障值班律师依法履行职责。犯罪嫌疑人、被告人自愿认罪认罚，没有辩护人的，人民法院、人民检察院、公安机关应当通知值班律师为其提供法律咨询、程序选择、申请变更强制措施等法律帮助。”根据上述规定，试点地区有的在法院、看守所等场所建立了值班律师工作站，为认罪认罚犯罪嫌疑人、被告人提供法律咨询、程序选择、申请变更强制措施等法律帮助，对检察院的定罪量刑建议提出意见，在犯罪嫌疑人、被告人签署具结书时在场，保证了认罪认罚案件自愿性、真实性。但实践中也反映了一些问题：一是，看守所在会见程序、会见地点等方面存在不同程度的限制，给值班律师进出监区、提供法律帮助带来不便；二是，值班律师提供法律帮助存在主动性不强、流于形式等问题，很多值班律师放弃阅卷和会见的权利，只是为犯罪嫌疑人提供了法律咨询，但帮助申请变更强制措施、进行量刑协商的很少，控辩协商机制未能真正实现；三是，由于得到的法律帮助不够充分有效，犯罪嫌疑人、被告人供述自愿性、认罪真实性以及对认罪认罚后果的认知程度难以保障；四是，值班律师定位模糊、职责不清，有的地方律师会见设施不足，偏远地区律师资源不足等。在刑事诉讼法审议过程中，有的专家学者、部门建议实行值班律师“辩护人化”，建立值班律师全流程提供法律帮助工作机制，从审查起诉阶段起，允许值班律师阅卷，代表犯罪嫌疑人向检察院就量刑建议提出意见，到法庭审理阶段出庭辩护，保障被告人的合法权益。有的地方和部门提出，值班律师的职责就是在值班当日给当事人提供一些法律咨询和法律帮助，应区别于一般的律师辩护人，其职责不应界定为辩护。考虑到对值班律师的职责定位存在较大争议，2018 年修改刑事诉讼法，在总结实践经验的基础上，将试点办法规定的成熟做法纳入刑事诉讼法，即将值班律师的职责定位为提供法律帮助。为保障值班律师提供法律帮助的实质性和有效性，进一步加强对当事人的权利保障，对本条作了四处修改：一是，增加规定人民检察院审查案件，如果犯罪嫌疑人没有辩护人的，应当听取值班律师的意见，值班律师提出书面意见的，应当附卷。二是，增加规定犯罪嫌疑人认罪认罚的，人民检察院应当告知其享有的诉讼权利和认罪认罚的法律规定。三是，对认罪认罚案件人民检察院听取犯罪嫌疑人、辩护人或者值班律师、被害人及其诉讼代理人意见的情形作了具体明确的规定，同时还规定应当记录在案。四是，增加人民检察院听取值班律师意见的，应当提前为值班律师了解案件提供必要的便利的规定。

条文解读

本条共分三款。第一款是关于一般案件审查起诉讯问和听取意见的规定。

根据本款的规定，人民检察院审查案件，应当按照以下要求进行：第一，讯问犯罪嫌疑人。“讯问犯罪嫌疑人”应当参照侦查中讯问犯罪嫌疑人的规定，讯问犯罪嫌疑人是否有犯罪行为，让其陈述有罪的情节或无罪的辩解，讯问时，检察人员不得少于二人，讯问应当按照法定程序制成笔录。

第二，听取辩护人或者值班律师、被害人及其诉讼代理人的意见。其中，“听取辩护人或者值班律师、被害人及其诉讼代理人的意见”，主要包含两层意思，一是听取辩护人或者值班律师、被害人及其诉讼代理人对案件处理情况的意见，如对案件事实的认定的意见，包括辩护人或者值班律师就犯罪嫌疑人是否有罪以及罪行轻重、是否有从轻、减轻处罚的情节的意见，被害人对自己受侵害情况的意见、附带民事诉讼的提起、赔偿的要求等实体性意见。二是听取关于侦查活动是否合法等程序性的意见，包括对侦查活动中有无违法情况、采取强制措施是否合法、是否需要补充侦查调取新证据等发表的意见。

第三，有关情况应当记录在案，对有书面意见的应当附卷。人民检察院对于讯问犯罪嫌疑人，听取辩护人或者值班律师、被害人及其诉讼代理人的意见的有关情况，都必须详细记录在案。对于辩护人或者值班律师、被害人及其诉讼代理人对案件情况提出书面意见的，应当随案附卷。这样规定进一步完善了审查起诉的程序，有利于统一司法实践，为保护犯罪嫌疑人、被害人的合法权益提供切实的程序保障。

第二款是关于认罪认罚案件审查起诉时告知义务及听取意见的规定。

对于犯罪嫌疑人认罪认罚案件，人民检察院在审查时，还应当做到以下要求：第一，告知犯罪嫌疑人享有的诉讼权利和认罪认罚的法律规定。这里的“诉讼权利”是指刑事诉讼法和其他法律规定的，犯罪嫌疑人在刑事诉讼中享有的程序性的权利，如有权委托辩护人，符合条件的可以向法律援助机构申请提供辩护，约见值班律师为其提供法律咨询、申请变更强制措施、对案件处理提出意见等法律帮助的权利，申请回避的权利等。“认罪认罚的法律规定”是指刑法和刑事诉讼法有关认罪认罚从宽处理及其他实体性和程序性的规定，如对有关犯罪的刑罚，从轻、减轻、免除刑罚，自首和立功等；犯罪嫌疑人如实供述自己的罪行，承认指控的犯罪事实，愿意接受处罚的，可以依法从宽处理；认罪认罚的要签署具结书；适用简易程序或速裁程序等。明确人民检察院的职责，有利于更好地保护犯罪嫌疑人的合法权益，维护司法公正。

第二，明确有关事项必须听取犯罪嫌疑人、辩护人或者值班律师、被害人及其诉讼代理人的意见，并记录在案。为保证认罪认罚案件的自愿性、真实性，法律明确要求以下事项，人民检察院在审查起诉阶段必须听取犯罪嫌疑人、辩护人或者值班律师、被害人及其诉讼代理人的意见，并把有关意见记录在案。具体包括以下四项：一是，涉嫌的犯罪事实、罪名及适用的法律规定。

这里所说的“涉嫌的犯罪事实”是指公安机关、监察机关等移送起诉后，经人民检察院审查拟向人民法院提起公诉的犯罪事实，既可以是单一犯罪行为的事实，也可以是数个犯罪行为中任何一个犯罪行为的事实，但必须已经达到“犯罪事实已经查清，证据确实、充分”的程度。“罪名”是指根据刑法及有关司法解释的规定，人民检察院拟指控的具体犯罪的名称。“适用的法律规定”是指根据刑法和刑事诉讼法的规定，人民检察院拟向人民法院提出的对犯罪嫌疑人适用的具体量刑建议及适用的审判程序的建议等。涉嫌的犯罪事实、罪名及适用的法律规定，会直接影响到犯罪嫌疑人要承担的法律后果，所以有必要听取犯罪嫌疑人、辩护人或者值班律师、被害人及其诉讼代理人的意见。

二是，从轻、减轻或者免除处罚等从宽处罚的建议。所谓“从轻”处罚，是指在法定刑的幅度内，适用相对较轻的刑种或者处以较短的刑期，从轻处罚的情形是刑法明确规定的，如刑法总则规定的未成年人犯罪、预备犯、未遂犯，共同犯罪中的从犯，犯罪后有自首、立功情节的等。“减轻”处罚，是指在法定最低刑以下判处刑罚，减轻处罚的情形也是刑法明确规定的，如刑法总则规定的未成年人犯罪、预备犯、未遂犯、中止犯，共同犯罪中的从犯、胁从犯，犯罪后有自首、立功情节，防卫过当的等。“免除处罚”，是指对犯罪的人确定其有罪，但免除其刑罚处罚，免除处罚的情形也是刑法明确规定的，如刑法总则规定的又聋又哑的人或者盲人犯罪，防卫过当，预备犯、中止犯、从犯，犯罪后有自首、立功情节的等。人民检察院对于从轻、减轻或者免除处罚等从宽处罚的建议，也涉及犯罪嫌疑人承担的法律后果，需要听取犯罪嫌疑人、辩护人或者值班律师、被害人及其诉讼代理人的意见。

三是，认罪认罚后案件审理适用的程序。由于认罪认罚案件是犯罪嫌疑人自愿认罪，对指控的犯罪事实也没有异议，并且已经接受了人民检察院提出的量刑建议，因此，法庭审理程序一般都比较简化，并区别案件不同情况分别适用普通程序、简易程序或者速裁程序。对于可能判处无期徒刑或者死刑的案件，或者由中级人民法院、高级人民法院、最高人民法院审理的其他第一审案件，即使是犯罪嫌疑人认罪认罚的，也不能适用速裁程序或者简易程序。根据本法的规定，认罪认罚案件简易程序或者速裁程序的适用需要征得犯罪嫌疑人的同意，因此，必须听取犯罪嫌疑人、辩护人或者值班律师、被害人及其诉讼代理人的意见。

四是，其他需要听取意见的事项。这是一个兜底条款，包括人民检察院在审查案件时，需要听取犯罪嫌疑人、辩护人或者值班律师、被害人及其诉讼代理人的意见的其他情形。对此既可以由最高人民检察院作出司法解释，也可以由检察官在办理具体案件过程中自行决定。

第三款是关于人民检察院应当为值班律师了解案情提供便利的规定。

根据本款规定，人民检察院依照规定需要听取值班律师意见的，应当提前为值班律师了解案件有关情况提供必要的便利。根据本法第三十六条的规定，值班律师需要为犯罪嫌疑人提供法律咨询、程序选择建议、申请变更强制措施、对案件处理提出意见等法律帮助。这样规定主要考虑到，值班律师不是犯罪嫌疑人委托或受法律援助机构指派为犯罪嫌疑人提供辩护的律师，在担任值班律师时，可能并不了解特定案件的情况，无法提出意见。为了便于值班律师参与诉讼，发挥有效作用，切实保障犯罪嫌疑人的合法权益，人民检察院有必要提前为值班律师了解案件有关情况提供必要的便利，这些便利包括允许值班律师阅卷、会见犯罪嫌疑人、向值班律师介绍案件有关情况及证据材料等。

相关规定

《中华人民共和国刑事诉讼法》第15条、第36条；《人民检察院刑事诉讼规则（试行）》第364－376条

十五、增加一条，作为第一百七十四条：“犯罪嫌疑人自愿认罪，同意量刑建议和程序适用的，应当在辩护人或者值班律师在场的情况下签署认罪认罚具结书。

“犯罪嫌疑人认罪认罚，有下列情形之一的，不需要签署认罪认罚具结书：

“（一）犯罪嫌疑人是盲、聋、哑人，或者是尚未完全丧失辨认或者控制自己行为能力的精神病人的；

“（二）未成年犯罪嫌疑人的法定代理人、辩护人对未成年人认罪认罚有异议的；

“（三）其他不需要签署认罪认罚具结书的情形。”

条文主旨

本条是关于签署认罪认罚具结书的规定。

立法背景

本条是2018年修改刑事诉讼法时新增加的规定。2016年全

国人大常委会授权在北京等部分地区开展刑事案件认罪认罚从宽制度试点工作。为促进认罪认罚从宽制度的具体落实，最高人民法院、最高人民检察院、公安部、国家安全部、司法部颁布了《关于在部分地区开展刑事案件认罪认罚从宽制度试点工作的办法》，该办法规定，犯罪嫌疑人、被告人自愿如实供述自己的罪行，对指控的犯罪事实没有异议，同意量刑建议，签署具结书的，可以依法从宽处理。这一规定将签署具结书作为犯罪嫌疑人、被告人是否可以得到从宽处理的必要条件之一。具结是我国司法领域的一项传统制度，旧时主要是指对官署提出表示负责保证的文件，也就是对自己的行为愿意承担法律责任的承诺，具结与写保证书具有类似的作用。具结在我国古代被广泛运用于民间纠纷案件的处理。具结制度在司法实践中一直延续至今，现行的刑法、刑事诉讼法、民法、行政诉讼法等许多法律条文中，均有"具结悔过"的规定，如刑法第三十七条规定，对于犯罪情节轻微不需要判处刑罚的，可以免予刑事处罚，但是可以根据案件的不同情况，予以训诫或者责令具结悔过。刑事诉讼法第七十一条第三款规定，被取保候审的犯罪嫌疑人、被告人违反规定，已交纳保证金的，没收部分或者全部保证金，并且区别情形，责令犯罪嫌疑人、被告人具结悔过，重新交纳保证金、提出保证人，或者监视居住、予以逮捕。

将签署具结书作为适用认罪认罚从宽制度的条件之一，其主要目的在于确保犯罪嫌疑人系自愿认罪认罚，此时具结书起到的是保证作用，具结人通过签署具结书表明自己是在自愿的情况下作出认罪认罚的意思表示。这样规定既给予犯罪嫌疑人、被告人真诚悔过的机会，也保证具结人是在自愿的基础上认罪认罚。为确保具结书签署的真实性、合法性，该办法还进一步规定，犯罪嫌疑人自愿认罪，同意量刑建议和程序适用的，应当在辩护人或者值班律师在场的情况下签署具结书，同时还规定了不适用认罪认罚制度的情形。认罪认罚制度中律师参与是必不可少的，一方面，律师可以向犯罪嫌疑人介绍有关刑事政策和法律规定，让其了解有关法律责任规定，讲解有关法律程序，告知其享有的各项诉讼权利等，使犯罪嫌疑人能够了解选择认罪认罚的利弊得失，认识到认罪认罚的性质和法律后果，作出正确的选择；另一方面，签署具结书时律师在场能够保证办案活动依法进行，防止办案人员给予犯罪嫌疑人不必要压力，确保犯罪嫌疑人认罪认罚的自愿性，从而维护犯罪嫌疑人的合法权益，促进司法公正。

2018 年修改刑事诉讼法，规定认罪认罚制度时，虽然在总则中没有将签署具结书作为认罪认罚从宽处理的必要条件之一，但在具体适用认罪认罚时明确规定，除几种特殊情况外，应当签署认罪认罚具结书，并根据有的常委委员、地方、部门、院校和社会公众的建议，将“辩护人”改为“辩护人或者值班律师”。同时将试点办法中不适用认罪认罚的情形改为不需要签署认罪认罚具结书的情形，这样修改主要是考虑到，盲聋哑人、尚未完全丧失辨认或者控制自己行为能力的精神病人和未成年犯罪嫌疑人等，虽然在认识能力上存在不同程度的不足，但仍然具备一定的识别是非善恶的能力，如果本人犯罪后能够认罪认罚，也应当依法予以从宽处理，但不需要签署认罪认罚具结书。

条文解读

本条共分两款。第一款是关于签署认罪认罚具结书的规定。

认罪认罚具结书是犯罪嫌疑人自愿如实供述犯罪事实，承认自己的罪行，对指控的犯罪事实没有异议，愿意接受处罚而签署的法律文书。根据本款规定，签署认罪认罚具结书必须具备以下条件：第一，犯罪嫌疑人必须是自愿认罪的。认罪认罚制度是建立在犯罪嫌疑人自愿基础上的，自愿认罪也就是犯罪嫌疑人是自愿如实供述自己的犯罪事实，承认自己所犯罪行，对检察机关指控的犯罪事实没有异议，并且自愿接受法庭的审判，这些意思表示都是自愿的而不是出于被胁迫等因素。

第二，犯罪嫌疑人同意量刑建议和程序适用。这里的“量刑建议”是指人民检察院在刑事诉讼中根据犯罪嫌疑人的犯罪事实、情节和社会危害程度，就犯罪嫌疑人应当判处的刑罚拟向法院提出的意见和建议。刑事诉讼法第一百七十六条第二款规定，犯罪嫌疑人认罪认罚的，人民检察院应当就主刑、附加刑、是否适用缓刑等提出量刑建议。同时，第二百零一条还规定，对于认罪认罚案件，人民法院依法作出判决时，除法律规定的五种情形外，一般应当采纳人民检察院指控的罪名和量刑建议；人民法院经审理认为量刑建议明显不当，或者被告人、辩护人对量刑建议提出异议的，人民检察院可以调整量刑建议；人民检察院不调整量刑建议或者调整量刑建议后仍然明显不当的，人民法院应当依法作出判决。“程序适用”一般是指速裁程序或者简易程序的适用，如果不宜适用速裁程序或者简易程序的，应当适用普通程序。犯罪嫌疑人既同意人民检察院提出的量刑建议，也同意人民检察院提出的速裁程序、简易程序等程序适用的，才能签署具结书。

第三，犯罪嫌疑人应当在辩护人或者值班律师在场的情况下签署认罪认罚具结书。这里的“辩护人”既包括律师，也包括受犯罪嫌疑人委托担任辩护人的其他人员。关于“值班律师”，本法第三十六条规定，法律援助机构可以在人民法院、看守所等场所派驻值班律师。犯罪嫌疑人、被告人没有委托辩护人，法律援助机构没有指派律师为其提供辩护的，由值班律师为犯罪嫌疑人、被告人提供法律咨询、程序选择建议、申请变更强制措施、对案件处理提出意见等法律帮助。根据这一规定，值班律师是指根据法律规定，被安排在人民法院、看守所等场所轮班值班，免费为没有辩护人的犯罪嫌疑人、被告人提供法律帮助的律师。值班律师的工作方式可以是多样化的，既可以在人民法院、看守所等场所内值班，也可以通过电话、网络值班；既可以与犯罪嫌疑人、被告人会见提供法律帮助，也可以通过电话、视频等方式提供法律帮助。人民法院、看守所等场所应当为值班律师的工作提供便利条件。为了保证犯罪嫌疑人签署认罪认罚具结书的自愿性、真实性、合法性，法律要求，在审查起诉阶段，人民检察院与犯罪嫌疑人签署认罪认罚具结书时，必须要有犯罪嫌疑人的辩护人在场，如果犯罪嫌疑人没有辩护人的，法律援助机构应当为其提供值班律师，由律师值班在场，见证具结书的签署全过程并签字确认。

司法实践中，一份完整的认罪认罚具结书分上、下两联。上联一般包括以下内容：（1）犯罪嫌疑人的身份信息，包括犯罪嫌疑人的姓名、性别、民族、出生日期、身份证号码等。（2）权利告知条款，即告知犯罪嫌疑人认罪认罚制度的相关规定，确保犯罪嫌疑人是在了解并能够理解其享有的诉讼权利的基础上做出自愿认罪、同意量刑建议、同意适用简化程序的决定。（3）

认罪认罚的内容，即写明犯罪嫌疑人所承认的具体犯罪事实，所接受的检察机关提出的具体量刑建议，以及案件所适用的程序类型等。（4）自愿签署声明。即犯罪嫌疑人声明其已阅读并理解该具结书的全部内容，签署该具结书的行为系属自愿。如本人在知情和自愿的情况下签署，未受到任何暴力、威胁或者任何其他形式的非法影响，亦未受任何可能损害本人理解力和判断力的毒品、药物或酒精物质的影响等，表示具结书的内容真实、准确、完整。（5）律师声明。即律师要明确表示犯罪嫌疑人系属自愿签署具结书。（6）签字。犯罪嫌疑人、律师对具结书有关内容确认后签字。具结书上联由办案机关归入案卷。下联即确认犯罪嫌疑人已自愿具结且办案单位已接收具结书，并由办案人员确认签字，作为具结的凭证交由犯罪嫌疑人留存。

第二款是关于不需要签署认罪认罚具结书的情形的规定。

根据本款规定，犯罪嫌疑人认罪认罚，有下列情形之一的，不需要签署认罪认罚具结书：第一，犯罪嫌疑人是盲、聋、哑人，或者是尚未完全丧失辨认或者控制自己行为能力的精神病人的。这里的“盲”是指双目失明；“聋”是指两耳失聪；“哑”是指失去语言功能。“尚未完全丧失辨认或者控制自己行为能力的精神病人”，是指病情尚未达到完全不能辨认或者不能控制自己行为的程度，还有部分识别是非、善恶和控制自己行为的能力的精神病人。依照刑法第十八条的规定，盲聋哑人或者是尚未完成丧失辨认或者控制自己行为能力的精神病人犯罪的，应当负刑事责任，但是可以从轻或者减轻处罚。规定对上述犯罪嫌疑人认罪认罚不需要签署认罪认罚具结书，主要是考虑，这些人因其生理上的缺陷，可能会造成其法律知识的欠缺和对外界事物认识的偏差，对具结书的认识可能会存在障碍，从而影响具结书的法律效力。

第二，未成年犯罪嫌疑人的法定代理人、辩护人对未成年人认罪认罚有异议的。“未成年犯罪嫌疑人”是指未满十八周岁的犯罪嫌疑人。“法定代理人”，根据本法第一百零八条，是指被代理人的父母、养父母、监护人和负有保护责任的机关、团体的代表。未成年犯罪嫌疑人由于年龄尚小，智力发育尚不够完善，缺乏对法律知识和外界事务的充分认识，法律规定，对于未成年人刑事案件，在讯问的时候，应当通知未成年犯罪嫌疑人的法定代理人到场。未成年犯罪嫌疑人没有委托辩护人的，人民检察院应当通知法律援助机构指派律师为其提供辩护。因此，未成年犯罪嫌疑人认罪认罚的，在签署具结书时应当有其法定代理人和辩护人在场，未成年犯罪嫌疑人愿意签署具结书，其法定代理人、辩护人也都同意签署具结书，那么应当签署具结书。但是未成年犯罪嫌疑人的法定代理人、辩护人对未成年人认罪认罚有异议的，就不需要签署具结书，如果未成年人本人同意认罪认罚的，虽然没有签署具结书，但仍然可以对其从宽处理。

第三，其他不需要签署认罪认罚具结书的情形。考虑到实践情况较为复杂，可能有一些特殊情况无法签署认罪认罚具结书，因此法律作了一个兜底条款的规定。如因严重疾病等原因无法签署具结书。司法实践中可以由最高人民检察院根据实践情况作出司法解释，也可以由检察官根据案件情况作出决定。

本款规定了犯罪嫌疑人不需要签署认罪认罚具结书的情形，但并不意味着这些情况下不能适用认罪认罚从宽处理原则。签署认罪认罚具结书是犯罪嫌疑人对自己所犯罪行的确认，并愿意接受法律的制裁的承诺。如果由于特殊原因，无法签署具结书，但犯罪嫌疑人是自愿认罪认罚的，即使没有签署具结书，仍然可以依法从宽处理。

相关规定

《中华人民共和国刑事诉讼法》第 15 条、第 33 条、第 36 条、第 71 条、第 176 条、第 201 条；《中华人民共和国刑法》第 18 条、第 37 条；《最高人民法院、最高人民检察院、公安部、国家安全部、司法部关于开展法律援助值班律师工作的意见》

十六、将第一百七十二条改为第一百七十六条，增加一款，作为第二款："犯罪嫌疑人认罪认罚的，人民检察院应当就主刑、附加刑、是否适用缓刑等提出量刑建议，并随案移送认罪认罚具结书等材料。"

本条是关于认罪认罚案件人民检察院提出量刑建议的规定。

修改前的刑事诉讼法第一百七十二条规定："人民检察院认为犯罪嫌疑人的犯罪事实已经查清，证据确实、充分，依法应当追究刑事责任的，应当作出起诉决定，按照审判管辖的规定，向人民法院提起公诉，并将案卷材料、证据移送人民法院。"

本款是 2018 年修改刑事诉讼法时新增加的规定。2016 年最高人民法院、最高人民检察院、公安部、国家安全部、司法部《关于在部分地区开展刑事案件认罪认罚从宽制度试点工作的办法》规定："人民检察院向人民法院提起公诉的，应当在起诉书中写明被告人认罪认罚情况，提出量刑建议，并同时移送被告人的认罪认罚具结书等材料。量刑建议一般应当包括主刑、附加刑，并明确刑罚执行方式。可以提出相对明确的量刑幅度，也可以根据案件具体情况，提出确定刑期的量刑建议。建议判处财产刑的，一般应当提出确定的数额。”量刑建议是人民检察院在刑事诉讼中根据犯罪嫌疑人的犯罪事实、情节和社会危害程度，就犯罪嫌疑人应当判处的刑罚拟向法院提出的意见和建议。在认罪认罚制度中规定量刑建议是十分必要的，量刑建议在刑事诉讼中起着承前启后的作用，是提高诉讼效率，节省诉讼资源，鼓励犯罪嫌疑人自愿认罪认罚得以实现的一个不可或缺的制度。检察院具有一定的量刑建议权，有利于促进犯罪嫌疑人承认对其指控的犯罪事实，愿意接受处罚，实现宽严相济、繁简分流的目的。2018 年修改刑事诉讼法，将该办法有关规定经修改后纳入刑事诉讼法中。

修改后的刑事诉讼法第一百七十六条规定：“人民检察院认为犯罪嫌疑人的犯罪事实已经查清，证据确实、充分，依法应当追究刑事责任的，应当作出起诉决定，按照审判管辖的规定，向人民法院提起公诉，并将案卷材料、证据移送人民法院。

犯罪嫌疑人认罪认罚的，人民检察院应当就主刑、附加刑、是否适用缓刑等提出量刑建议，并随案移送认罪认罚具结书等材料。”

条文主旨

本条是关于提起公诉的条件、程序和提出量刑建议的规定。

立法背景

代表国家对犯罪进行追诉，是法律赋予检察机关的职责，从这个意义上讲，检察机关即是犯罪的追诉机关。人民检察院经过对案件进行审查，认为犯罪事实已经查清，证据确实、充分，依法应当追究刑事责任的，应当向人民法院提起公诉。检察机关作为国家的追诉机关，应当谨慎地行使职权，保证犯罪行为得到应有的惩罚，无罪的人不受刑事追究。

1979 年刑事诉讼法第一百条规定："人民检察院认为被告人的犯罪事实已经查清，证据确实、充分，依法应当追究刑事责任的，应当作出起诉决定，按照审判管辖的规定，向人民法院提起公诉。"1996 年修改刑事诉讼法时对本条作了修改，将"被告人"修改为"犯罪嫌疑人"，这是考虑到审查起诉阶段不宜称为"被告人"。1996 年修改后的刑事诉讼法第一百四十一条规定："人民检察院认为犯罪嫌疑人的犯罪事实已经查清，证据确实、充分，依法应当追究刑事责任的，应当作出起诉决定，按照审判管辖的规定，向人民法院提起公诉。"

2012 年修改刑事诉讼法时对本条又作了修改，增加了提起公诉时应当"将案卷材料、证据移送人民法院"的规定。本条和第一百八十一条的规定共同构成了对 1996 年刑事诉讼法规定的案卷移送制度的重大修改。1996 年刑事诉讼法第一百五十条规定，人民法院对提起公诉的案件进行审查后，对于起诉书中有明确的指控犯罪事实并且附有证据目录、证人名单和主要证据复印件或者照片的，应当决定开庭审判。这是对 1979 年刑事诉讼法第一百零八条所作的修改，当时的修改主要是为了解决审判实践中比较突出的“先定后审”“先入为主”的问题，将庭前审查由实体性审查改为主要是程序性审查。但这一改革在司法实践中的效果并不好，主要是法官在庭前对大部分案卷材料并不熟悉，不了解案件主要争议的问题，难以更好地主持、把握庭审活动，而且由于检察机关不在庭前移送全部案卷材料，辩护律师也无法通过到法院阅卷了解全案证据，特别是对被告人有利的证据。因此，2012 年刑事诉讼法修改时明确规定，人民检察院提起公诉，应当将案卷材料和证据移送人民法院，并在第一百八十一条中对人民法院决定开庭的规定也作出相应修改。2012 年修改后的刑事诉讼法第一百七十二条规定：“人民检察院认为犯罪嫌疑人的犯罪事实已经查清，证据确实、充分，依法应当追究刑事责任的，应当作出起诉决定，按照审判管辖的规定，向人民法院提起公诉，并将案卷材料、证据移送人民法院。”

条文解读

本条共分两款。第一款是关于提起公诉的条件和程序的规定。

根据本款的规定，人民检察院决定向人民法院提起公诉的案件必须达到以下要求：第一，犯罪嫌疑人的犯罪事实已经查清。“犯罪事实”是指犯罪的主要事实，对犯罪主要事实已经查清，但一些个别细节无法查清或没有必要查清，不影响定罪量刑的，也应当视为犯罪事实已经查清。其中，对一人犯有数罪的，如果有一罪已经查清，而其他罪一时难以查清的，也可以就已经查清的罪提起公诉。

第二，证据确实、充分。“证据确实、充分”是指用以证明案件事实的证据真实可靠，能反映案件的真实情况，取得的证据足以证实人民检察院认定的犯罪事实和情节。2012 年刑事诉讼法修改对“证据确实、充分”的条件作了明确规定：“证据确实、充分，应当符合以下条件：（一）定罪量刑的事实都有证据证明；（二）据以定案的证据均经法定程序查证属实；（三）综合全案证据，对所认定事实已排除合理怀疑。”对证据确实、充分的这一解释同样适用于本条的规定。

第三，必须是依法应当追究刑事责任的。这是指根据刑法的规定，犯罪嫌疑人有刑事责任能力，应当对犯罪嫌疑人判处刑罚，不存在本法第十六条规定的情形。

对于同时符合上述三方面条件的，人民检察院应当按照以下要求办理：一是，作出起诉决定。人民检察院经审查，犯罪嫌疑人的犯罪事实已经查清，证据确实、充分，依法应当追究刑事责任的，应当作出起诉决定，并制作起诉书。司法实践中，起诉书主要内容包括：（1）被告人的基本情况，包括姓名、性别、出生年月日、出生地和户籍地、身份证号码、民族、文化程度、职业、工作单位及职务、住址，是否受过刑事处分及处分的种类和时间，采取强制措施的情况等；（2）案由和案件来源；（3）案件事实，包括犯罪的时间、地点、经过、手段、动机、目的、危害后果等与定罪量刑有关的事实要素；（4）起诉的根据和理由，包括被告人触犯的刑法条款，犯罪的性质及认定的罪名，处罚条款，法定从轻、减轻或者从重处罚的情节，共同犯罪各被告人应负的罪责等。

二是，按照审判管辖的规定，向人民法院提起公诉。这里所说的“审判管辖的规定”是指本法第二十条至第二十八条的规定。人民检察院决定起诉的案件，应当依照以上审判管辖的规定作出起诉的决定，制作起诉书，按有关程序向有管辖权的人民法院提起公诉。对于本级人民法院有管辖权的，应当向其移送；认为应当由上级人民检察院或者同级其他人民检察院起诉的，应当将案件移送有管辖权的人民检察院；认为需要依照刑事诉讼法的规定指定审判管辖的，应当协商同级人民法院办理指定管辖有关事宜。

三是，提起公诉时应当“将案卷材料、证据移送人民法院”。这里的案卷材料、证据，应是全案的证据材料，既包括指控犯罪事实以及表明罪行严重等对犯罪嫌疑人不利的证据，也包括有从轻、减轻处罚情节等对犯罪嫌疑人有利的证据。对共同犯罪的犯罪嫌疑人，原则上应当同案一并提起公诉，对有特殊情况不能同案起诉的，必须在起诉书中有关部分加以说明或注明处理情况。

第二款是关于认罪认罚案件人民检察院提出量刑建议的规定。

本款主要规定了两个方面的内容：第一，人民检察院提出量刑建议。对于犯罪嫌疑人认罪认罚的案件，人民检察院应当就主刑、附加刑、是否适用缓刑等提出量刑建议。根据刑法第三十二条规定，刑罚分为主刑和附加刑。“主刑”是对犯罪分子进行惩罚的主要刑种，包括管制、拘役、有期徒刑、无期徒刑、死刑。“附加刑”是补充主刑惩罚罪犯的刑种，它既能附加主刑适用，也可以独立适用，包括：罚金、剥夺政治权利、没收财产。这里所说的“是否适用缓刑”主要是指刑罚的具体执行方式，一般情况下刑罚判处的都是实刑，对于符合缓刑条件的，可以判处缓刑。根据刑法第七十二条规定，对于被判处拘役、三年以下有期徒刑的犯罪分子，同时符合下列条件的，可以宣告缓刑，对其中不满十八周岁的人、怀孕的妇女和已满七十五周岁的人，应当宣告缓刑：（1）犯罪情节较轻；（2）有悔罪表现；（3）没有再犯罪的危险；（4）宣告缓刑对所居住社区没有重大不良影响。对于符合以上情形的，可以判处缓刑。实践中，人民检察院根据案件具体情况，对于主刑，既可以提出确定的刑期，也可以提出相对明确的量刑幅度建议，同时还需要提出是判处实刑，还是适用缓刑的建议；对于判处财产刑的，一般也应当提出确定的数额，或者一定幅度数额的建议。

第二，随案移送认罪认罚具结书等材料。根据本条第一款的规定，全案的证据材料都应当在提起公诉时一并移送给人民法院。这里主要是强调对于认罪认罚案件，犯罪嫌疑人签署的认罪认罚具结书等相关材料也应当随同全案的其他证据材料一并移送给人民法院。“认罪认罚具结书”是指犯罪嫌疑人在辩护人或者值班律师在场的情况下与人民检察院签署的自愿认罪，同意量刑建议和程序适用的法律文书。

相关规定

《中华人民共和国刑事诉讼法》第16条、第20-28条、第55条、第186条；《中华人民共和国刑法》第32条、第72条；《最高人民法院、最高人民检察院、公安部、国家安全部、司法部、全国人大常委会法制工作委员会关于实施刑事诉讼法若干问题的规定》23、24；《人民检察院刑事诉讼规则（试行）》第390-400条、第424-425条

十七、将第一百七十三条改为第一百七十七条，第三款修改为：“人民检察院决定不起诉的案件，应当同时对侦查中查封、扣押、冻结的财物解除查封、扣押、冻结。对被不起诉人需要给予行政处罚、处分或者需要没收其违法所得的，人民检察院应当提出检察意见，移送有关主管机关处理。有关主管机关应当将处理结果及时通知人民检察院。”

本条是关于对被不起诉人及其被查封、扣押、冻结的财物如何处理的规定。

修改前的刑事诉讼法第一百七十三条第三款规定：“人民检察院决定不起诉的案件，应当同时对侦查中查封、扣押、冻结的财物解除查封、扣押、冻结。对被不起诉人需要给予行政处罚、行政处分或者需要没收其违法所得的，人民检察院应当提出检察意见，移送有关主管机关处理。有关主管机关应当将处理结果及时通知人民检察院。”

2018 年修改刑事诉讼法主要是为了与监察法相衔接，避免出现法律规定不一致的情形。根据监察法的相关规定，监察机关有权对违法的公职人员作出政务处分决定，因此 2018 年刑事诉讼法修改将第三款中的“行政处分”修改为“处分”，以包括政务处分等各种处理在内，为移送被不起诉人提供法律依据。

修改后的刑事诉讼法第一百七十七条规定：“犯罪嫌疑人没有犯罪事实，或者有本法第十六条规定的情形之一的，人民检察院应当作出不起诉决定。

对于犯罪情节轻微，依照刑法规定不需要判处刑罚或者免除刑罚的，人民检察院可以作出不起诉决定。

人民检察院决定不起诉的案件，应当同时对侦查中查封、扣押、冻结的财物解除查封、扣押、冻结。对被不起诉人需要给予行政处罚、处分或者需要没收其违法所得的，人民检察院应当提出检察意见，移送有关主管机关处理。有关主管机关应当将处理结果及时通知人民检察院。”

条文主旨

本条是关于人民检察院作出不起诉决定情形及处理的规定。

立法背景

1979 年刑事诉讼法，规定了免予起诉制度，即依照刑法规定不需要判处刑罚或者免除刑罚的，人民检察院可以免予起诉。1996 年刑事诉讼法修改取消了免予起诉制度，明确了人民检察院有权作出不起诉决定以及应当或可以不起诉的情形，这主要是为了解决当时司法实践中免予起诉制度适用较为混乱的问题，避免发生未经法院审判而被确定有罪的情形；同时，1996 年刑事诉讼法还增加了人民检察院作出不起诉决定后，对扣押、冻结财物以及被不起诉人的处理的规定。2012 年刑事诉讼法修改进一步明确犯罪嫌疑人没有犯罪事实的，人民检察院应当作出不起诉决定。这主要是考虑到当时司法实践中人民检察院对没有犯罪事实的案件普遍采取退回公安机关的手段，由公安机关根据 2012 年刑事诉讼法第一百六十一条的规定，“发现不应对犯罪嫌疑人追究刑事责任的，应当撤销案件”，作撤案处理。这种做法一方面不利于提高办案效率，浪费司法资源；另一方面易出现部门之间“扯皮”问题，不利于维护当事人合法权益。此外，2012 年刑事诉讼法修改还将第三款中的“扣押、冻结”修改为“查封、扣押、冻结”，此处为 2012 年刑事诉讼法对整部法律所作的普遍性修改，新增“查封”作为侦查措施，主要针对司法实践中有些财物、证据等物品无法移动，公安机关或者检察机关就地查封的情况。

条文解读

本条共分三款。第一款是关于人民检察院应当决定不起诉情形的规定。根据本款的规定，应当不起诉的情形包括两种：一是犯罪嫌疑人没有犯罪事实。包括犯罪行为并非本案犯罪嫌疑人所为，以及该案所涉行为依法不构成犯罪。二是犯罪嫌疑人有本法第十六条规定情形之一的。包括情节显著轻微、危害不大，不认为是犯罪的；犯罪已过追诉时效期限的；经特赦令免除刑罚的；属于刑法规定的告诉才处理的案件，没有告诉或者撤回告诉的；犯罪嫌疑人、被告人死亡的；其他法律规定免予追究刑事责任的。根据本法第十六条的规定，犯罪嫌疑人有上述规定情形之一的，即不追究刑事责任，人民检察院应当作出不起诉决定。

第二款是关于人民检察院可以决定不起诉情形的规定。根据本款的规定，可以不起诉的情形包括两种：一是犯罪情节轻微，依照刑法规定不需要判处刑罚的。指的是刑法第三十七条规定的“对于犯罪情节轻微不需要判处刑罚的，可以免予刑事处罚”的情形。二是免除刑罚的。指的是刑法规定的应当或者可以免除刑罚的情形，包括自首、重大立功、犯罪预备、犯罪中止、防卫过当、避险过当、从犯和胁从犯等。人民检察院在审查起诉期间发现犯罪嫌疑人符合刑法第三十七条“可以免予刑事处罚”情形的，或者依法应当或可以“免除刑罚”的，可以作出不起诉决定。必须着重指出的是，本款所说的“犯罪情节轻微”中关于犯罪的认定，只是检察机关在审查起诉工作中的认识，并不能确定犯罪嫌疑人有罪。根据本法第十二条的规定，未经人民法院依法判决，对任何人都不得确定有罪。因此，实践中检察机关一旦依照本款作出不起诉决定，从法律意义上讲，被决定不起诉的人就是无罪的。

第三款是关于对被不起诉人及其被查封、扣押、冻结的财物如何处理的规定。根据本款的规定，人民检察院作出不起诉决定后产生两个法律后果：一是对侦查中查封、扣押、冻结的财物解除查封、扣押、冻结。根据本法第一百四十一条第一款的规定，在侦查活动中发现的可用以证明犯罪嫌疑人有罪或者无罪的各种财物、文件，应当查封、扣押。本法第一百四十四条规定，人民检察院、公安机关根据侦查犯罪的需要，可以依照规定查询、冻结犯罪嫌疑人的存款、汇款、债券、股票、基金份额等财产。人民检察院在作出不起诉决定后，自公开宣布之日起生效，被不起诉人从法律意义上讲即是无罪的，侦查期间为查明案件事实而采取的查封、扣押、冻结强制措施应当依法予以解除。实践中需要注意的是，解除措施应当遵循“谁查封谁解除”的原则，由书面作出查封、扣押、冻结决定的机关或者执行查封、扣押、冻结决定的机关解除；公安机关作为解除主体的，应当依照本法第一百七十九条的规定，在收到人民检察院不起诉决定书后，立即解除查封、扣押、冻结。

二是需要对被不起诉人给予行政处罚、处分或者需要没收其违法所得的，人民检察院应当提出检察意见，移送有关主管机关处理。有关主管机关应当将处理结果及时通知人民检察院。本款是一个衔接性规定，主要是针对人民检察院对于因免予刑事责任、不需要判处刑罚和免除处罚情形而决定不起诉的案件，虽然被不起诉人被依法免予追究刑事责任或者免除处罚，但其行为可能属于违反其他法律法规的一般违法性行为或违反纪律、行业规定的行为，应当由主管机关予以惩戒。这样规定主要考虑到检察机关不是行政机关或其他主管机关，由人民检察院执行行政处罚、处分或者没收违法所得与其职责性质不符，对被不起诉人的惩戒应当由主管机关作出，人民检察院有提出检察意见的权利，这有利于其监督职能的发挥，也是法律对其职责的提出的要求。

相关规定

《中华人民共和国刑事诉讼法》第 12 条、第 16 条、第 141 条、第 144 条、第 179 条；《中华人民共和国刑法》第 37 条；《中华人民共和国监察法》第 45－47 条；《人民检察院刑事诉讼规则（试行）》第 296 条、第 409－411 条

十八、第二编第三章增加一条，作为第一百八十二条："犯罪嫌疑人自愿如实供述涉嫌犯罪的事实，有重大立功或者案件涉及国家重大利益的，经最高人民检察院核准，公安机关可以撤销案件，人民检察院可以作出不起诉决定，也可以对涉嫌数罪中的一项或者多项不起诉。

“根据前款规定不起诉或者撤销案件的，人民检察院、公安机关应当及时对查封、扣押、冻结的财物及其孳息作出处理。”

条文主旨

本条是关于对符合特殊条件的犯罪嫌疑人可以撤销案件、不起诉或者部分不起诉的规定。

立法背景

2018年10月26日第十三届全国人民代表大会常务委员会第六次会议通过的关于修改刑事诉讼法的决定新增加了本条规定。

2016年，最高人民法院、最高人民检察院、公安部、国家安全部、司法部发布的《关于在部分地区开展刑事案件认罪认罚从宽制度试点工作的办法》第九条规定，犯罪嫌疑人自愿如实供述涉嫌犯罪的事实，有重大立功或者案件涉及国家重大利益，需要撤销案件的，办理案件的公安机关应当层报公安部，由公安部提请最高人民检察院批准。第十三条规定，犯罪嫌疑人自愿如实供述涉嫌犯罪的事实，有重大立功或者案件涉及国家重大利益的，经最高人民检察院批准，人民检察院可以作出不起诉决定，也可以对涉嫌数罪中的一项或者多项提起公诉。具有法律规定不起诉情形的，依照法律规定办理。第十四条规定，最高人民检察院批准不起诉的，或者经公安部提请批准撤销案件的，人民检察院、公安机关对查封、扣押、冻结的财物及其孳息，应当调查权属情况，查明是否属于违法所得或者依法应当追缴的其他涉案财物。案外人对查封、扣押、冻结的财物及其孳息提出权属异议的，应当进行审查。确认查封、扣押、冻结的财物及其孳息属于违法所得、违禁品或者供作案所用的本人财物，除依法返还被害人的以外，应当在撤销案件或者作出不起诉决定后三十日内予以收缴，一律上缴国库。对查封、扣押、冻结的财物及其孳息不能确认属于违法所得或者依法应当追缴的其他涉案财物的，不得收缴。2018 年修改刑事诉讼法，将认罪认罚从宽制度试点办法中的有关规定，经适当调整后吸收进刑事诉讼法。

条文解读

本条是关于对符合特殊条件的犯罪嫌疑人，可以撤销案件、不起诉或者部分不起诉的规定。

本条共分两款。第一款是关于犯罪嫌疑人符合特殊条件的，公安机关可以撤销案件，人民检察院可以不起诉或者部分不起诉的规定。该款规定了几个条件：一是，犯罪嫌疑人自愿如实供述涉嫌犯罪的事实。这里的“犯罪嫌疑人”，是指在侦查、审查起诉阶段，被认为涉嫌犯罪，并被公安机关以及人民检察院立案侦查和审查起诉的人。需要注意的是，根据监察法和 2018 年修改后的刑事诉讼法的规定，人民检察院直接立案侦查的案件范围发生了变化。涉嫌贪污贿赂、失职渎职等职务违法和职务犯罪由监察委员会进行调查。人民检察院对在诉讼活动实行法律监督中发现的司法工作人员利用职权实施的非法拘禁、刑讯逼供、非法搜查等侵犯公民权利、损害司法公正的犯罪，可以立案侦查。因此，由监察机关负责的涉嫌职务犯罪的人在被调查阶段和由人民检察院自行立案侦查的犯罪嫌疑人在被侦查阶段，不适用本条的规定。但是，当监察机关将负责调查的案件移送人民检察院依法审查起诉，以及人民检察院自行立案侦查的案件进入审查起诉阶段的，可以对符合条件的犯罪嫌疑人适用本条的规定。根据本款规定，犯罪嫌疑人供述涉嫌犯罪的事实需要“自愿如实”。这里的自愿如实，是指在公安机关立案侦查和人民检察院审查起诉阶段，犯罪嫌疑人主动坦白实施犯罪行为的主观动机，交代犯罪行为，说明犯罪事实、过程、结果等，所坦白的内容真实、完整，且基本能查证属实。犯罪嫌疑人供述涉嫌犯罪的事实，应是其涉嫌犯罪的全部事实，包括司法机关尚未掌握或者尚未完全掌握的犯罪事实。如果发现犯罪嫌疑人仍故意隐瞒真相，对犯罪事实避重就轻，或者存在编造、虚构事实的情况，则不符合该款规定的自愿如实供述涉嫌犯罪事实的标准和要求。至于有些细节或者情节，犯罪嫌疑人记不清楚或者确实无法说清楚的，不能认为是隐瞒。

二是，犯罪嫌疑人要有重大立功或者案件涉及国家重大利益的情形。这里的“重大立功”，是指犯罪嫌疑人有检举、揭发司法机关尚未掌握或者尚未完全掌握的其他犯罪嫌疑人的重大犯罪行为；提供侦破其他重大案件的重要线索；阻止他人重大犯罪活动；协助司法机关抓捕其他重大犯罪嫌疑人等。一般情况下，构成“重大犯罪”“重大案件”“重大犯罪嫌疑人”的，是指被检举揭发的犯罪嫌疑人、被告人可能被判处无期徒刑以上刑罚或者案件在省、自治区、直辖市或者全国范围内有较大影响等。有些国家在法律或者实践中有“污点证人”制度，比如，通过犯罪集团中较重要的成员检举或者作证，能够将首要分子、罪魁祸首绳之以法，司法机关可以对该检举人或者证人从轻发落，甚至不作为犯罪处理。这里的“案件涉及国家重大利益”，是指人民法院对案件的审理以及对犯罪嫌疑人的宣判和惩处，将会直接或间接地影响国家政治、外交、国防、科技、经济等领域特别重大的利益。有些国家在法律或者实践中有司法豁免、赦免等制度或者做法，由于案件性质或者犯罪嫌疑人的身份、能够发挥的影响等因素，案件如何处理可能影响到国家利益，比如对于外国间谍是否要追究刑事责任，可能需要考虑到外交影响，甚至有不予追究反过来加以利用的实践做法等。应当注意的是，这种特殊情形只能是极其个别的例外，需要在国家层面慎重研究、统筹把握。因此，具体判断和把握“重大立功或者案件涉及国家重大利益”的标准应当非常严格。

三是，需经最高人民检察院核准。在符合本款规定的特殊情形下，不论是公安机关撤销案件还是人民检察院作出不起诉决定或者部分不起诉的决定，都需要经过最高人民检察院核准。这样规定有两层意思：其一，体现法律的严肃性。宪法规定，人民检察院是国家的法律监督机关，最高人民检察院是最高检察机关。对于在特殊情况下，本应追究刑事责任的案件不作为犯罪处理，是对法律一般规定的突破，明确只有最高人民检察院才有权力核准公安机关撤销案件或者核准人民检察院作出不起诉决定或部分不起诉，体现了对待该类案件极为慎重的态度。刑法中对于严重犯罪超过二十年的最长追诉时效，如果认为必须追诉的，也规定要报请最高人民检察院核准。其二，严格控制适用范围。明确需经最高人民检察院核准，实质上起到了严格控制能够适用该程序的案件范围的作用。这类案件只可能是极少数。对于犯罪嫌疑人自愿如实供述涉嫌犯罪的事实，有重大立功或者案件涉及国家重大利益的案件，如果规定地方司法机关有权直接决定撤销案件、不起诉或者部分不起诉，很难避免出现各地适用标准不统一，甚至可能出现个别滥用的现象。因此，本款规定，只有经国家最高的法律监督机关核准，才可以适用。

综上，满足以上三个条件的，公安机关可以撤销案件，人民检察院可以作出不起诉决定，也可以对涉嫌数罪中的一项或者多项不起诉。这里“公安机关可以撤销案件”，是指案件处于公安机关立案侦查阶段的，符合法定条件，经综合考虑，不再继续对犯罪嫌疑人进行追诉的，报请最高人民检察院核准，由公安机关作出撤销案件的决定。“人民检察院可以作出不起诉决定，也可以对涉嫌数罪中的一项或者多项不起诉”，主要是指公安机关、监察机关移送人民检察院审查起诉的案件，以及检察机关自行侦查进入审查起诉阶段的案件，经综合考虑，不再继续对犯罪嫌疑人提起公诉或者不再对部分涉嫌犯罪提起公诉的，报请最高人民检察院核准，由人民检察院对犯罪嫌疑人涉嫌的所有犯罪作出不起诉决定，或者由人民检察院对犯罪嫌疑人涉嫌数罪中的一项或者多项不起诉，其余部分继续起诉。总体看，这里包含了两层意思：其一，犯罪嫌疑人满足本款规定的自愿如实供述涉嫌犯罪的事实，有重大立功或者案件涉及国家重大利益的，公安机关拥有撤销案件的权力，同样人民检察院拥有决定不起诉或者部分不起诉的权力，但并非一定要行使该种权力。其二，该类案件经最高人民检察院核准后，由办理具体案件的公安机关和人民检察院具体实施。对于公安机关撤销案件或者人民检察院作出不起诉决定的案件，犯罪嫌疑人在押的，应当立即释放。

第二款是关于人民检察院、公安机关应及时处置不起诉或者撤销案件中所涉财产的规定。根据刑事诉讼法的规定，人民检察院、公安机关在侦查活动中发现的可用于证明犯罪嫌疑人有罪或者无罪的各种财物、文件，应当查封、扣押。同时，根据侦查犯罪的需要，可以依照规定冻结犯罪嫌疑人的存款、汇款、债券、股票、基金份额等财产。因此，当最高人民检察院核准公安机关撤销的案件以及人民检察院决定不起诉后，已经被查封、扣押、冻结的涉案财物及其孳息，需要及时、妥善处置。

一般情况下，公安机关、人民检察院依法查封、扣押、冻结涉案财物及其孳息，应当认真审核，制作清单，妥善保管，以供核查。凡发现查封、扣押、冻结的财物经审查与案件无关的，应依法予以解除查封、扣押、冻结，予以退还。如果涉及被害人的财产，应予以返还。例如，冻结的犯罪嫌疑人存款、汇款、债券、股票、基金份额等财产需要返还被害人的，可以通知金融机构返还被害人；对于查封、扣押的犯罪嫌疑人的违法所得及其他涉案财产需要返还被害人的，可以直接返还被害人。如果是案外第三人的财产，权属明确的，也应当依照有关规定及时返还。公安机关、人民检察院还应当将被查封、扣押、冻结的财物及其孳息的清单明细附卷随案移送，由人民法院作出处理。公安机关作撤案处理的案件，公安机关对于查封、扣押的财物及其孳息、文件，或者冻结的财产，除按照法律和有关规定另行处理的以外，应当解除查封、扣押、冻结。人民检察院依法决定不起诉的案件，人民检察院应当对侦查中查封、扣押、冻结的财物解除查封、扣押、冻结，对被不起诉人需要给予行政处罚或者需要没收其违法违纪所得的，人民检察院还要提出检察意见，移送有关主管机关处理。在这里，对于被查封、扣押、冻结的涉案财物及其孳息，公安机关和人民检察院要按照法律规定予以处理，如人民检察院需要移送有关主管机关处理相关财物及其孳息，不能直接处理。

由于按照本条规定，在符合特殊条件的情况下，公安机关可以撤销案件、人民检察院可以作出不起诉决定。此类案件的行为人实质上有罪但未被追诉，为此，刑事诉讼法在本款专门赋予公安机关、人民检察院对该类案件所涉财物及其孳息的特别处理权，可以直接处置涉案财物及其孳息。具体包括：一是，区分涉案财物及其孳息的权属，予以返还和退还。如果财物属于案外人的，应依法予以解除被查封、扣押、冻结的财物及其孳息，及时退还。对于相关财产及其孳息属于被害人的，应依法及时返还。二是，处理涉案的财物及其孳息，包括没收违禁品和犯罪违法所得，赔偿被害人等。如果涉案财物属于违禁品的，例如国家禁止持有、经营、流通的违禁品，包括枪支弹药、易燃易爆物品、毒品、淫秽物品等，应当依照国家有关规定予以没收；如果涉案财物及其孳息属于需要没收的犯罪违法所得的，公安机关、人民检察院可以依法予以没收，上缴国库；公安机关、人民检察院还可以对涉案财物及其孳息作出赔偿被害人等其他处置。三是，对于与案件无关的财物及其孳息，应当解除查封、扣押、冻结。这里需要注意，本款规定要“及时处置”。在全国人大常委会审议时，有的常委会组成人员提出，应明确处置涉案财产的时间，保证处置及时，不拖延。为此，本款明确规定了“及时处置”，具体的处置时限，由公安机关和人民检察院出台相关规定予以细化。

十九、将第一百七十八条改为第一百八十三条，修改为：“基层人民法院、中级人民法院审判第一审案件，应当由审判员三人或者由审判员和人民陪审员共三人或者七人组成合议庭进行，但是基层人民法院适用简易程序、速裁程序的案件可以由审判员一人独任审判。

“高级人民法院审判第一审案件，应当由审判员三人至七人或者由审判员和人民陪审员共三人或者七人组成合议庭进行。

“最高人民法院审判第一审案件，应当由审判员三人至七人组成合议庭进行。

“人民法院审判上诉和抗诉案件，由审判员三人或者五人组成合议庭进行。

“合议庭的成员人数应当是单数。”

条文主旨

本条是关于审判组织及合议庭人员构成的规定。

立法背景

规范审判的组织形式，是审判机关依法进行审判的前提条件和基本保障。1979 年刑事诉讼法规定：“基层人民法院、中级人民法院审判第一审案件，除自诉案件和其他轻微的刑事案件可以由审判员一人独任审判以外，应当由审判员一人、人民陪审员二人组成合议庭进行。高级人民法院、最高人民法院审判第一审案件，应当由审判员一人至三人、人民陪审员二人至四人组成合议庭进行。人民陪审员在人民法院执行职务，同审判员有同等的权利。人民法院审判上诉和抗诉案件，由审判员三人至五人组成合议庭进行。合议庭由院长或者庭长指定审判员一人担任审判长。院长或者庭长参加审判案件的时候，自己担任审判长。”1996 年修改刑事诉讼法对本条进行了如下修改：一是将“自诉案件和其他轻微的刑事案件可以由审判员一人独任审判”修改为“基层人民法院适用简易程序的案件可以由审判员一人独任审判”；二是增加规定“合议庭的成员人数应当是单数”；三是针对实践中人民陪审员参加审判工作的实际情况，对有关陪审员的规定进行了修改，将“由审判员一人、人民陪审员二人组成合议庭”改为“由审判员三人或者由审判员和人民陪审员共三人组成合议庭”，将“由审判员一人至三人、人民陪审员二人至四人组成合议庭”改为“由审判员三人至七人或者由审判员和人民陪审员共三人至七人组成合议庭”。2012 年修改刑事诉讼法未对本条规定作出修改。2018 年修改刑事诉讼法时，全国人大常委会已于 2018 年 4 月 27 日通过了人民陪审员法，明确了人民陪审员的选任、权利义务与参审范围等相关内容。因此，有必要在 2018 年刑事诉讼法中对人民法院合议庭人员构成作出修改，与人民陪审员法相衔接。同时，全国人大常委会总结认罪认罚从宽和速裁程序试点的经验，在 2018 年修改刑事诉讼法中新增加了速裁程序，本条也在独任审判适用情形中作了相应衔接。

条文解读

本条共分为五款。第一款是对基层人民法院、中级人民法院审判第一审案件的组织形式的规定。其中，“人民陪审员”是指符合人民陪审员法规定的条件并依程序任命为人民陪审员的人员。公民担任人民陪审员，应当具备拥护中华人民共和国宪法、年满二十八周岁、遵纪守法、品行良好、公道正派、具有正常履行职责的身体条件等条件，且一般应当具有高中以上文化程度。另外，人民代表大会常务委员会的组成人员，监察委员会、人民法院、人民检察院、公安机关、国家安全机关、司法行政机关的工作人员，律师、公证员、仲裁员、基层法律服务工作者，以及其他因职务原因不适宜担任人民陪审员的人员，不能担任人民陪审员。除上述不能担任人民陪审员的情形外，有下列情形之一的，不得担任人民陪审员，包括受过刑事处罚的，被开除公职的，被吊销律师、公证员执业证书的，被纳入失信被执行人名单的，因受惩戒被免除人民陪审员职务的，以及其他有严重违法违纪行为，可能影响司法公信的。“合议庭”是指根据合议制原则组成的审判具体案件的组织，是人民法院审理案件最基本的组织形式。合议庭的任务是通过法庭审判活动，核实证据，查明案情，进行评议，根据已查明的事实、证据和有关法律规定，作出被告人有罪或无罪、犯何罪、适用何刑罚的判决。根据本款规定，基层人民法院、中级人民法院审判第一审案件的审判组织主要是合议庭，合议庭由审判员三人或者由审判员和人民陪审员共三人或者七人组成。根据本法第二百一十六条的规定，对于适用简易程序审理的可能判处三年有期徒刑以下刑罚的案件，可以组成合议庭进行审判，也可以由审判员一人独任审判。根据本法第二百二十二条的规定，适用速裁程序审理的案件，由审判员一人独任审判。

第二款是对高级人民法院审判第一审案件的组织形式及其组成人员的规定。根据本款规定，高级人民法院审判第一审案件，既可以由审判员三人至七人组成合议庭进行，也可以由审判员和人民陪审员共三人或者七人组成合议庭进行。也就是说，全部由审判员组成的合议庭，可以由三人、五人或七人任何一种形式组成；由人民陪审员和审判员组成的合议庭，只能由三人或七人两种形式组成。而根据人民陪审员法第十四条的规定，人民陪审员和法官组成合议庭审判案件，由法官担任审判长，可以组成三人合议庭，也可以由法官三人与人民陪审员四人组成七人合议庭。

第三款是对最高人民法院审判第一审案件的组织形式及其组成人员的规定。根据本款规定，最高人民法院审判第一审案件的审判组织是合议庭。合议庭的组成人员由审判员三人至七人组成，即该合议庭可以由审判员三人、五人或七人任何一种形式组成。需要说明的是，人民陪审员法规定了基层人民法院、中级人民法院和高级人民法院组成合议庭时，人民陪审员的选任机制，对最高人民法院是否以及如何选任人民陪审员未作规定。根据本款规定，人民陪审员不参与最高人民法院的合议庭审判。

第四款是关于人民法院审判上诉和抗诉案件的组织形式及其组成人员的规定。根据本款规定，人民法院审判上诉和抗诉案件的审判组织是合议庭，合议庭的组成人员由审判员三人或者五人组成，人民陪审员不参与上诉、抗诉案件的合议庭审判。

第五款是关于合议庭的成员人数应当是单数的规定。根据本款规定，本条其他款中“审判员三人至七人”可以据此确定为三人、五人、七人三种形式。根据本法第一百八十四条规定，合议庭进行评议时，如果意见分歧，应当按多数人的意见作出决定，故本条规定是为了保障合议庭在评议中意见分歧时，能按照上述规定作出决定，避免出现持不同意见的人数相同，无法形成合意的情况。

相关规定

《中华人民共和国刑事诉讼法》第 184 条、第 216 条、第 222 条；《中华人民共和国人民陪审员法》第 14 条、第 19 条；《最高人民法院关于人民法院合议庭工作的若干规定》第 1－10 条；《最高人民法院关于进一步加强合议庭职责的若干规定》第 1－8 条

二十、将第一百八十五条改为第一百九十条，增加一款，作为第二款："被告人认罪认罚的，审判长应当告知被告人享有的诉讼权利和认罪认罚的法律规定，审查认罪认罚的自愿性和认罪认罚具结书内容的真实性、合法性。"

本条是关于对认罪认罚案件告知权利和审查事项的规定。

修改前的刑事诉讼法第一百八十五条规定："开庭的时候，审判长查明当事人是否到庭，宣布案由；宣布合议庭的组成人员、书记员、公诉人、辩护人、诉讼代理人、鉴定人和翻译人员的名单；告知当事人有权对合议庭组成人员、书记员、公诉人、鉴定人和翻译人员申请回避；告知被告人享有辩护权利。"

2018 年修改刑事诉讼法对该条增加一款，主要是明确对于认罪认罚案件，审判长应当向被告人告知相应的权利和法律规定，审查认罪认罚的自愿性和认罪认罚具结书内容的真实性与合法性。2016 年最高人民法院、最高人民检察院、公安部、国家安全部、司法部《关于在部分地区开展刑事案件认罪认罚从宽制度试点工作的办法》第十五条规定，人民法院审理认罪认罚案

件，应当告知被告人享有的诉讼权利和认罪认罚可能导致的法律后果，审查认罪认罚的自愿性和认罪认罚具结书内容的真实性、合法性。此次修改刑事诉讼法，吸收了试点办法的规定，增加了审判长在开庭时应当对认罪认罚的被告人负有告知相应内容的义务，以及审查认罪认罚的自愿性以及认罪认罚具结书内容的真实性与合法性的义务。本次对刑事诉讼法该条的修改，增强了认罪认罚案件中被告人的权利保障，在开庭时被告人就有机会向法庭确认认罪认罚是否真实。同时，根据对刑事诉讼法其他条文的修改，认罪认罚的真实性将影响后续法庭审理的程序，合议庭的组成以及法庭是否采纳人民检察院作出的定罪和量刑建议等。因此，增加对认罪认罚真实性审核的程序，也有利于人民法院顺利审理案件。

修改后的刑事诉讼法第一百九十条规定："开庭的时候，审判长查明当事人是否到庭，宣布案由；宣布合议庭的组成人员、书记员、公诉人、辩护人、诉讼代理人、鉴定人和翻译人员的名单；告知当事人有权对合议庭组成人员、书记员、公诉人、鉴定人和翻译人员申请回避；告知被告人享有辩护权利。

被告人认罪认罚的，审判长应当告知被告人享有的诉讼权利和认罪认罚的法律规定，审查认罪认罚的自愿性和认罪认罚具结书内容的真实性、合法性。"

条文主旨

本条是关于开庭时审判长应当宣布事项、告知当事人权利、审查事项的规定。

立法背景

2018 年修改后的刑事诉讼法第一百九十条第一款，是 1979 年刑事诉讼法的规定。1979 年刑事诉讼法第一百一十三条规定："开庭时，审判长查明当事人是否到庭，宣布案由；宣布合议庭的组成人员、书记员、公诉人、辩护人、鉴定人和翻译人员的名单；告知当事人有权对合议庭组成人员、书记员、公诉人、鉴定人和翻译人员申请回避；告知被告人享有辩护权利。" 1996 年修改刑事诉讼法时，增加了审判长在开庭时应宣读"诉讼代理人"名单的规定。1979 年刑事诉讼法没有规定诉讼代理人制度。1996 年修改刑事诉讼法时，将"辩护"一章修改为"辩护与代理"，增加规定公诉案件的被害人及其法定代理人或者近亲属，附带民事诉讼的当事人及其法定代理人，自诉案件的自诉人及其法定代理人有权委托诉讼代理人。相应的，审判长在宣读合议庭的组成人员、书记员、公诉人、辩护人、鉴定人和翻译人员的名单时，也应同时宣读诉讼代理人的名单。此外，1979 年刑事诉讼法未将刑事被害人列为当事人，也未要求开庭时查明被害人是否到庭，这样实际执行中被害人大都不到庭，从而影响其诉讼权利的行使。1996 年修改刑事诉讼法规定被害人属于刑事诉讼中的"当事人"，因此，审判长在开庭时"查明当事人是否到庭"在 1996 年修改刑事诉讼法后就包括了要查明被害人是否到庭，以此保障被害人诉讼权利的行使，保障其合法权益。2012 年修改刑事诉讼法时，没有修改该条的内容。2018 年修改刑事诉讼法，对该条作出修改，增加一款，规定对于认罪认罚案件，审判长应当告知被告人权利和审查相关事项。该款规定的内容，是最高人民法院、最高人民检察院在部分地区开展刑事案件认罪认罚从宽制度试点工作中已经成熟的内容，此次修改刑事诉讼法时予以吸收。

条文解读

本条共分两款。第一款是关于开庭时审判长应当宣布事项和告知当事人权利的规定。

开庭是庭审活动的开始。明确开庭的程序，是审判活动顺利展开的重要保证。根据本款规定，开庭的时候，审判长应当做以下工作：

（1）审判长宣布开庭后，首先应查明当事人是否到庭，查明被告人的姓名、年龄、民族、籍贯、出生地、文化程度、职业、住址。还应问明被告人是否曾经受过法律处分，是否被采取强制措施以及从何时开始被采取强制措施，收到人民检察院起诉书副本的时间，核对被传唤到庭的被告人是否是本案被指控的人，如果案件中有附带民事诉讼的，还应当查明附带民事诉讼的当事人或其法定代理人是否到庭，并应当问明附带民事诉讼的被告人收到民事诉状的时间。有被害人的，应当查明被害人是否到庭。被害人因身体受到伤害、精神上受到损害或者有其他原因的，也可不出庭。

（2）审判长公布案件的来源、起诉的案由，附带民事诉讼当事人姓名，使被告人知道自己被指控为何罪。对依法不公开审理的案件，当庭公布不公开审理的理由。

（3）宣布参与本案审判的合议庭的组成人员、书记员、公诉人、辩护人、诉讼代理人、鉴定人、翻译人员名单。

（4）宣布上述人员名单后，审判长应告知当事人有对合议庭组成人员、书记员、公诉人、鉴定人和翻译人员申请回避的权利。审判长应分别询问当事人及其法定代理人是否申请回避，申请何人回避以及申请回避的理由。根据本法第三十二条的规定，审判长应当告知辩护人、诉讼代理人也享有对合议庭组成人员、书记员、公诉人、鉴定人和翻译人员申请回避的权利。如果当事人及其法定代理人、辩护人、诉讼代理人认为上述人员与本案有利害关系或者其他关系，会影响本案的公正审理而申请回避的，应依照本法第二十九条、第三十条、第三十一条的规定办理。

（5）为了保护被告人的辩护权利，审判长应当告知被告人在法庭审理时有为自己辩护的权利和通过辩护人为其辩护的权利。

第二款是关于认罪认罚案件，审判长在开庭的时候应当告知被告人权利和审查相关事项的规定。本款中规定的审判长告知被告人享有的权利和审查有关事项，应当结合本条第一款的规定，在法庭审理开始的时候进行。

根据本款规定，审判长应当告知被告人以下内容：一是，被告人享有的诉讼权利。对于认罪认罚的被告人，审判长应当告知被告人以下权利：（1）享有辩护权。被告人既可以自己进行辩护，也可以委托辩护人为其辩护。特别是在认罪认罚的案件中，对于被告人开庭后仍然未委托辩护人的，应告知被告人根据本法第三十四条第一款的规定，被告人有权随时委托辩护人，以保障其充分获得辩护权。（2）享有拒绝辩护人继续为其辩护和另行委托辩护人辩护的权利。根据本法第四十五条规定，在审判过程中，被告人可以拒绝辩护人继续为他辩护，也可以另行委托辩护人辩护。（3）被告人可以参与法庭审理。被告人参与法庭审理包括就起诉书指控的犯罪进行陈述和辩解，对鉴定意见提出异议，申请通知新的证人到庭，调取新的物证，申请重新鉴定或者勘验等，以及提出证明自己无罪、罪轻的意见等。（4）自诉案件的被告人可以提起反诉。根据本法第二百一十三条规定，被告人认罪认罚的自诉案件，也可以对自诉人提起反诉，并就反诉的犯罪事实和证据材料等进行互相辩论。（5）被告人有最后陈述的权利。根据本法第一百九十八条规定，被告人有最后陈述的权利。法庭听取被告人的最后陈述意见是必经程序，是被告人的一项重要诉讼权利。审判长应告知认罪认罚案件的被告人可以就起诉书指控的犯罪作最后的陈述和辩解，提出关于定罪、量刑的意见和要求，分析自己的犯罪原因，请求法庭给予自己改过自新的机会，等等。二是，认罪认罚的法律规定。审判长应当告知被告人认罪认罚制度的相关法律规定，包括实体和程序规定：（1）在实体上可以从宽。如刑法第六十七条关于自首的规定，第六十八条关于立功的规定，第七十二条关于缓刑的规定等。同时，本法第十五条规定，被告人自愿如实供述自己的罪行，承认指控的犯罪事实，愿意接受处罚的，可以依法从宽处理。这些在实体上从宽的规定，审判长应当告知认罪认罚的被告人。（2）在程序上可以从简。认罪认罚案件依法可以适用普通程序、简易程序和速裁程序。审判长应告知被告人适用简易程序或速裁程序的相关法律规定。对于简易程序，本法第二百一十四条规定基层人民法院管辖的案件如果案件事实清楚、证据确实充分，被告人承认自己所犯罪行，并对指控的犯罪事实没有异议，同时对适用简易程序没有异议的，基层人民法院可以适用简易程序审判。审判长应告知被告人有些情形下不能适用简易程序；适用简易程序时合议庭的组成；被告人应当享有的权利，如可以同公诉人、自诉人及其诉讼代理人相互辩论，最后陈述意见等；适用简易程序审理案件，将不受送达期限、讯问被告人、询问证人、鉴定人、出示证据、法庭辩论程序规定的限制等。根据本法第二百二十二条的规定，基层人民法院管辖的可能判处三年有期徒刑以下刑罚的案件，案件事实清楚，证据确实、充分，被告人认罪认罚并同意适用速裁程序的，可以适用速裁程序，由审判员一人独任审判。审判长应告知被告人有些情形下不能适用速裁程序；适用速裁程序的法庭审理一般将不进行法庭调查、法庭辩论，但在判决宣告前被告人有权利作最后陈述；适用速裁程序审理案件的，会当庭宣判。如果被告人是违背意愿认罪认罚、否认指控的犯罪事实等情形的，则依法不适用速裁程序，转为普通程序审理等。对于简易程序和速裁程序，被告人均有选择权。

此外，本法第二百零一条规定，人民法院审理认罪认罚案件，除法律规定的情形外，人民法院一般应当采纳人民检察院指控的罪名和量刑建议。同时，审判长应告知被告人及其辩护人可以依法就量刑建议提出异议。人民检察院调整量刑建议后，被告人及其辩护人如果觉得调整后的量刑建议仍然明显不当的，仍有权利向法庭再次提出异议。法庭认为量刑建议确实明显不当的，依法作出判决。

审判长告知被告人关于认罪认罚的法律规定，有利于被告人在充分知情的前提下作出选择，有利于充分维护被告人权利，维护司法公正。最后，审判长还应告知被告人，在认罪认罚案件宣判后，被告人仍有权利进行上诉。

根据本款规定，审判长还应同时审查以下内容：一是，被告人认罪认罚的自愿性。适用认罪认罚从宽制度的前提是被告人自愿。考虑到人民法院审理被告人认罪认罚案件的，可能在实体和程序上予以从宽和从简，人民法院在开庭时就应当审查被告人是否自愿认罪认罚，以确定审理案件适用的程序。如果被告人选择认罪认罚是对认罪认罚制度有重大误解，或者在侦查起诉阶段是迫于压力、违背意愿认罪认罚的，被告人可以在审判长审查时向法庭提出，特别是被告人否认指控的犯罪事实，认为不构成犯罪或者不应当追究刑事责任，对量刑有异议等意见。审查被告人认罪认罚的自愿性，有利于避免因被告人被迫认罪认罚产生的冤假错案。审判长应通过切实审查认罪认罚的自愿性，避免无罪的人受到刑事追究，有罪的人受到超出刑法规定的刑事处罚。二是，认罪认罚具结书内容的真实性、合法性。根据本法第一百七十四条的规定，犯罪嫌疑人自愿认罪认罚，同意量刑建议和程序适用的，应当在辩护人或者值班律师在场的情况下签署认罪认罚具结书。认罪认罚具结书作为被告人认罪认罚的重要材料，在人民检察院起诉时随案移送。认罪认罚具结书中一般会载明犯罪嫌疑人的身份信息；犯罪嫌疑人对相关权利是否知悉；犯罪嫌疑人对认罪认罚的内容包括人民检察院指控的犯罪事实、提出的量刑建议、适用程序等是否确认；犯罪嫌疑人自愿签署认罪认罚具结书的声明等内容。同时犯罪嫌疑人、被告人的辩护人或值班律师也应根据犯罪嫌疑人、被告人自愿签署认罪认罚具结书的情况签署意见。此外，审查认罪认罚具结书内容的合法性还包括被告人签署认罪认罚具结书的程序是否合法，如被告人签署具结书，是否充分吸取了辩护人或者值班律师的意见；人民检察院是否为辩护人或者值班律师了解案情提供便利等。审判长在审查认罪认罚具结书内容的真实性、合法性的时候，应分别就具结书的内容，签署具结书的不同主体的情况予以审核。比如，具结书是否是被告人本人签署，根据被告人文化程度判断其是否真实了解认罪认罚的法律后果，辩护人或值班律师是否真实确认被告人自愿认罪认罚等。最后，审判长不能将审核认罪认罚具结书内容的真实性、合法性等同于审核被告人认罪认罚的自愿性。有时候，被告人虽然自愿认罪认罚，但认罪认罚具结书的内容不一定是真实、合法的。被告人可能是在被欺骗、蒙蔽的情况下签署认罪认罚具结书，造成权利受损而不自知的状况。因此，审判长需要将被告人认罪认罚的自愿性与认罪认罚具结书内容的真实性、合法性相结合进行审查。

实践中需注意两个问题：（1）根据本条的规定，审判长在开庭的时候应当审查认罪认罚案件中被告人认罪认罚的自愿性和认罪认罚具结书内容的真实性、合法性。但是如果在法庭调查、辩论等庭审过程中发现存在被告人违背意愿认罪认罚等导致认罪认罚存有疑问的情况，审判长需要重新审查认罪认罚的相关事项。因此，对被告人认罪认罚的自愿性，认罪认罚具结书内容的真实性和合法性的审查应贯穿于法庭审理的全过程，以充分保障司法公正。

（2）对于认罪认罚案件中被告人是未成年人的，审判长在告知相应权利、法律规定以及审查认罪认罚自愿性的时候，需要充分考虑到未成年的被告人在智力认知和表达能力上的不足。人民法院在依法适用“未成年人刑事案件诉讼程序”的特别程序的同时，应注意刑事诉讼法第二百二十三条第二项规定，即被告人是未成年人的不适用速裁程序。

相关规定

《中华人民共和国刑法》第61－63条、第67条、第68条、第72条；《中华人民共和国刑事诉讼法》第15条、第29－32条、第34条、第174条、第198条、第213条、第214－226条

二十一、增加一条，作为第二百零一条："对于认罪认罚案件，人民法院依法作出判决时，一般应当采纳人民检察院指控的罪名和量刑建议，但有下列情形的除外：

"（一）被告人的行为不构成犯罪或者不应当追究其刑事责任的；

"（二）被告人违背意愿认罪认罚的；

"（三）被告人否认指控的犯罪事实的；

"（四）起诉指控的罪名与审理认定的罪名不一致的；

"（五）其他可能影响公正审判的情形。

"人民法院经审理认为量刑建议明显不当，或者被告人、辩护人对量刑建议提出异议的，人民检察院可以调整量刑建议。人民检察院不调整量刑建议或者调整量刑建议后仍然明显不当的，人民法院应当依法作出判决。"

条文主旨

本条是关于认罪认罚案件人民法院如何采纳人民检察院指控罪名和量刑建议的规定。

立法背景

2018年10月26日第十三届全国人民代表大会常务委员会第

六次会议通过的关于修改刑事诉讼法的决定新增加了本条规定。

2016年，最高人民法院、最高人民检察院、公安部、国家安全部、司法部发布的《关于在部分地区开展刑事案件认罪认罚从宽制度试点工作的办法》第二十条规定，对于认罪认罚案件，人民法院依法作出判决时，一般应当采纳人民检察院指控的罪名和量刑建议，但具有下列情形的除外：（1）被告人不构成犯罪或者不应当追究刑事责任的；（2）被告人违背意愿认罪认罚的；（3）被告人否认指控的犯罪事实的；（4）起诉指控的罪名与审理认定的罪名不一致的；（5）其他可能影响公正审判的情形。第二十一条规定，人民法院经审理认为，人民检察院的量刑建议明显不当，或者被告人、辩护人对量刑建议提出异议的，人民法院可以建议人民检察院调整量刑建议，人民检察院不同意调整量刑建议或者调整量刑建议后被告人、辩护人仍有异议的，人民法院应当依法作出判决。此次修改刑事诉讼法，将认罪认罚从宽制度经试点后成熟的部分，吸收进刑事诉讼法。

条文解读

本条分为两款。第一款是关于人民法院审理认罪认罚案件时，采纳人民检察院指控的罪名和量刑建议的原则和例外。人民法院审理认罪认罚案件，依法作出判决时，原则上应采纳人民检察院指控的罪名和量刑建议。这样规定，是对认罪认罚案件在程序上从简、实体上从宽的重要体现。这里包含了三层意思：一是，在认罪认罚案件中，司法机关鼓励和引导犯罪嫌疑人认罪认罚有程序性保障，是一以贯之的。考虑到司法实践中，获取确实、充分证据的难度不断加大，特别是在办理犯罪手段比较隐蔽的案件时，难度更大。为了适应证据高标准的要求，防范通过刑讯逼供等非法方式获取证据，需要运用更多方式鼓励犯罪嫌疑人自愿如实供述罪行，因此在刑事诉讼法中确认了认罪认罚从宽、速裁程序等。根据新修改的刑事诉讼法的规定，在侦查和审查起诉阶段，侦查人员和检察人员应当告知犯罪嫌疑人如实供述自己罪行可以从宽处理的法律规定和认罪认罚的法律后果。审查起诉阶段，犯罪嫌疑人认罪认罚同意量刑建议和程序适用的，还应签署认罪认罚具结书。认罪认罚案件在审判阶段，明确人民法院一般将采纳人民检察院指控的罪名和量刑建议，属于认罪认罚的法律后果的一部分，即总体上人民法院对案件的实体性判断是从宽把握的。通过此种方式，有利于鼓励犯罪嫌疑人认罪认罚。二是，在认罪认罚案件的适用程序上，提升了人民检察院提出量刑建议的效率。新修改的刑事诉讼法第一百七十六条增加一款，人民检察院对于认罪认罚案件，在向人民法院提起公诉时，应当在起诉书中就主刑、附加刑、是否适用缓刑等提出量刑建议。由于在认罪认罚案件的起诉书中一并提出量刑建议，人民检察院在起诉阶段可以不再制作量刑建议书，从而简化了司法程序，提高了司法效率。三是，在认罪认罚案件中，提升了人民检察院量刑建议的法律效果。人民检察院向法庭提出量刑建议，有利于提高人民法院裁判量刑的公开性和公信力，使得量刑的确定公开透明。一般情况，人民检察院提出的量刑建议可以是相对明确的量刑幅度，也可以是根据案件的具体情况提出确定、具体刑期。建议判处财产刑的，一般会提出确定的数额。在认罪认罚案件中，明确法院一般应当采纳人民检察院指控的罪名和量刑建议，使得量刑建议更具分量。犯罪嫌疑人在考虑认罪认罚时，能够对认罪认罚产生的法律效果有直观的预期，也能较好地实现犯罪嫌疑人认罪服判。

本款同时规定，人民法院依法作出判决时，如果发现存在法律规定的特殊情况的，不采纳人民检察院指控的罪名和量刑建议。这里的特殊情况，属于适用一般性规则时的例外。具体有以下几种：

第一，被告人的行为不构成犯罪或者不应当追究其刑事责任。刑事诉讼应保障无辜的人不受刑事追究。如果被告人的行为不构成犯罪或者不应当追究刑事责任，如情节显著轻微危害不大，根据刑法不认为是犯罪的；或者依照刑法告诉才处理的犯罪，没有告诉的等等。这种情况，就算被告人自认为或者误认为构成犯罪，并且认罪认罚，人民法院也不应当采纳人民检察院指控的罪名和量刑建议。在这种情况下，已不宜适用简易程序和速裁程序，人民法院应当按照普通程序重新审理，并根据已经查明的事实、证据和有关的法律规定，依法认定被告人无罪，作出无罪判决；对证据不足，不能认定被告人有罪的，作出证据不足、指控的犯罪不能成立的无罪判决。

第二，被告人违背意愿认罪认罚。被告人自愿如实供述自己的罪行，对指控的犯罪事实没有异议，同意人民检察院量刑建议并签署具结书的案件，才可以作为认罪认罚案件处理。如果被告人不是自愿认罪认罚，则可能存在司法不公正。为了确保让无罪的人不受刑事追究，有罪的人受到公正惩罚，人民法院在庭审过程中，如果发现被告人虽然表现出认罪认罚，如签署具结书等，但是违背意愿作出的，包括对被指控的犯罪事实、对被指控的罪名以及量刑建议存在异议等情况，应不采纳人民检察院指控的罪名和量刑建议，根据庭审掌握的相关证据，依法作出判决。这里需要注意的是，根据本法第三编第二章第四节“速裁程序”的规定，基层人民法院对于符合刑事诉讼法规定的案件，被告人认罪认罚并同意适用速裁程序的，可以适用速裁程序。适用速裁程序的案件一般不进行法庭调查、法庭辩论，但在判决宣告前应当听取辩护人的意见和被告人的最后陈述意见。如果在审理过程中，发现被告人对犯罪行为的定罪和量刑建议没有异议，但是适用速裁程序违背其真实意愿的，人民法院应当按照刑事诉讼法第三编第二章第一节或者第三节的规定重新审理。

第三，被告人否认指控的犯罪事实。在法庭审理过程中，如果被告人否认指控的犯罪事实，将不再具有适用认罪认罚从宽制度的法律基础，也不能再依照认罪认罚制度作出依法从宽的处理。为保障司法公正，人民法院对于人民检察院在审查起诉阶段基于被告人认罪认罚作出的定罪与量刑建议将不再采纳。同时，人民法院对于这类原先适用简易程序和速裁程序审理的案件，应当依法转为普通程序审理。

第四，起诉指控的罪名与审理认定的罪名不一致。人民法院经过审理，案件事实清楚，证据确实充分，但是指控的罪名与审理认定的罪名不一致，应当按照审理认定的罪名作出判决。由于人民法院认定的罪名发生了变化，自然所作判决不受人民检察院指控罪名的约束，同时，人民检察院基于原指控的罪名提出的量刑建议也不再具有参考价值。

第五，其他可能影响公正审判的情形。该条还设置了人民法院在审理过程中发现可能存在的影响公正审判的其他情形作为兜底条款。如人民法院依法作出判决前，刑法刚作出修改，被告人的行为依照修改后的刑法处罚更轻的，人民法院就不应采纳人民检察院指控的罪名和量刑建议。

第二款是关于人民法院如何处理人民检察院不当的量刑建议的规定。本款规定，人民法院经审理认为量刑建议明显不当，或者被告人、辩护人对量刑建议提出异议的，人民检察院可以调整量刑建议。人民检察院不调整量刑建议或者调整量刑建议后仍然明显不当的，人民法院应当依法作出判决。这里有两层意思：一是，人民检察院可以调整量刑建议。人民检察院调整量刑建议的前提，是人民法院经审理认为量刑明显不当，或者被告人、辩护人对量刑建议提出异议。这里“明显不当”是指刑罚的主刑选择错误，刑罚的档次、量刑幅度畸重或者畸轻，适用附加刑错误，适用缓刑错误等。认罪认罚案件在审理过程中，被告人、辩护人同样有权对量刑再提出异议，如能否适用缓刑等，人民检察院可以就此调整量刑建议。二是，人民法院对量刑具有最终裁判权，体现了以审判为中心的原则。2016 年最高人民法院、最高人民检察院、公安部、国家安全部、司法部《关于在部分地区开展刑事案件认罪认罚从宽制度试点工作的办法》第二十一条规定：“人民法院经审理认为，人民检察院的量刑建议明显不当，或者被告人、辩护人对量刑建议提出异议的，人民法院可以建议人民检察院调整量刑建议，人民检察院不同意调整量刑建议或者调整量刑建议后被告人、辩护人仍有异议的，人民法院应当依法作出判决。”在刑事诉讼法修改过程中，总结试点工作情况，有的意见提出，人民法院认为量刑建议不当或者当事人对量刑建议提出异议的，不一定必须人民法院建议人民检察院调整量刑建议，人民检察院根据庭审情况也可以主动调整量刑建议。还有的意见提出，对于人民检察院调整后的量刑建议，如果仍然明显不当的，且被告人、辩护人未就调整后的量刑建议提出异议的，人民法院也不应采纳调整后的量刑建议，应当依法作出判决。对调整后的量刑建议所提出的异议，人民法院认为不属于明显不当的，则应当采纳。考虑到上述意见，经对试点办法的规定作适当调整后，纳入本款。这里赋予了人民法院对该类案件定罪量刑的最终裁判权，既可以采纳人民检察院调整后的量刑建议，也可以根据案件审理的情况直接作出判决。需要注意的是，被告人、辩护人对量刑提出异议是充分行使被告人、辩护人的辩护权，这里的异议包括对确定量刑的法律依据、量刑幅度、附加刑、是否适用缓刑等存在异议。此外，在人民法院审理共同犯罪的案件中，如果多个被告人实施了类似的行为，均认罪认罚，但有的被告人及其辩护人对量刑提出异议，而其余没有提出异议。人民检察院认为提出的异议具有合理性的，不能仅对个别提出异议的被告人调整量刑建议，而应综合评判全案多个被告人的量刑建议，统一调整，使得类似行为的量刑建议是平衡和公正的。若人民检察院不调整量刑建议，人民法院经审理后认为，部分认罪认罚的被告人及其辩护人所提出的异议具有合理性的，在依法作出判决时，也应注意与其他未提出异议的具有相同行为的同案犯的量刑保持平衡，使类似的行为获得同等程度的惩处。

二十二、第三编第二章增加一节，作为第四节：

“第四节　速裁程序

“第二百二十二条　基层人民法院管辖的可能判处三年有期徒刑以下刑罚的案件，案件事实清楚，证据确实、

充分，被告人认罪认罚并同意适用速裁程序的，可以适用速裁程序，由审判员一人独任审判。

“人民检察院在提起公诉的时候，可以建议人民法院适用速裁程序。

“第二百二十三条　有下列情形之一的，不适用速裁程序：

“（一）被告人是盲、聋、哑人，或者是尚未完全丧失辨认或者控制自己行为能力的精神病人的；

“（二）被告人是未成年人的；

“（三）案件有重大社会影响的；

“（四）共同犯罪案件中部分被告人对指控的犯罪事实、罪名、量刑建议或者适用速裁程序有异议的；

“（五）被告人与被害人或者其法定代理人没有就附带民事诉讼赔偿等事项达成调解或者和解协议的；

“（六）其他不宜适用速裁程序审理的。

“第二百二十四条　适用速裁程序审理案件，不受本章第一节规定的送达期限的限制，一般不进行法庭调查、法庭辩论，但在判决宣告前应当听取辩护人的意见和被告人的最后陈述意见。

“适用速裁程序审理案件，应当当庭宣判。

“第二百二十五条　适用速裁程序审理案件，人民法院应当在受理后十日以内审结；对可能判处的有期徒刑超过一年的，可以延长至十五日。

“第二百二十六条　人民法院在审理过程中，发现有被告人的行为不构成犯罪或者不应当追究其刑事责任、被告人违背意愿认罪认罚、被告人否认指控的犯罪事实或者其他不宜适用速裁程序审理的情形的，应当按照本章第一节或者第三节的规定重新审理。”

我国刑事诉讼法对于刑事审判程序的规定经历了从单一到多种方式的发展过程。1979 年刑事诉讼法对于刑事审判程序只规定了普通程序。1996 年修改刑事诉讼法时，针对改革开放以来经济社会情况发生较大变化，刑事案件数量也出现较大幅度增长，不少法院案多人少矛盾比较突出的实际情况，为提高诉讼效率，更有效、充分地利用有限的诉讼资源，减轻当事人的诉讼负担，使办理疑难复杂案件的程序和办理简易案件的程序有所区别，将更多的诉讼资源用于疑难案件的办理，以从总体上促进司法公正，在刑事诉讼法中增加规定了简易程序。2012 年修改刑事诉讼法时，根据新情况和司法实践需要，对简易程序的有关规定作了进一步补充完善。将简易程序的适用范围由可能判处三年有期徒刑以下刑罚的案件扩大到基层人民法院管辖的案件，即可能判处有期徒刑以下刑罚的案件，同时对简易程序的审判组织、具体程序、审理期限等规定也作了修改完善。这些规定实施以来，取得了较好的法律效果和社会效果。

2012 年修改的刑事诉讼法实施后，司法实践中又出现了一些新的情况。一方面，近年来社会治安形势好转，刑事案件总体稳中有降，但我国处于经济转轨、社会转型时期，刑事犯罪总体仍呈高发态势，各级司法机关办理的刑事案件长期在高位运行，案多人少的矛盾依然较为突出。而这些刑事案件中，有相当一部分是可能判处的刑罚较轻，且犯罪嫌疑人、被告人认罪认罚的。另一方面，党的十八大以来，党中央全面推进依法治国，司法体制改革深入推进。人民法院、人民检察院推进司法责任制改革和以法官、检察院员额制为核心的司法人员分类管理制度改革，取得了显著成效。与这些改革举措相适应，进一步推动刑事案件繁简分流，优化司法资源配置，成为司法实践的迫切需要。同时，近年来刑事实体法也有了新的发展，全国人大常委会制定的刑法修正案（八）、（九）增加了一些处刑较轻的犯罪，如危险驾驶、使用虚假身份证件、代替考试犯罪的法定最高刑都是拘役。办理这些轻微刑事案件的要求，也需要刑事诉讼制度及时调整跟进，探索在简易程序的基础上更加简化的诉讼程序，保障司法机关实现简案快审、难案精审，在确保司法公正的基础上进一步提升诉讼效率。从外国的规定来看，有些国家和地区的刑事诉讼法也规定了比简易程序更加简化的诉讼程序，如德国、意大利的处罚令程序，我国台湾地区的简易判决处刑程序等。

党中央高度重视刑事诉讼程序的改革完善，及时就有关重大问题作出决策部署。2014 年 3 月，中共中央办公厅、国务院办公厅印发的《关于深化司法体制和社会体制改革的意见》提出，完善轻微刑事案件快速办理机制。2014 年 10 月，党的十八届四中全会通过的《关于全面推进依法治国若干重大问题的决定》中提出，完善刑事诉讼中认罪认罚从宽制度。全国人大常委会贯彻落实中央决策部署，按照凡属重大改革都要于法有据的要求，两次作出授权决定，为有关改革推进提供法律保障。一是，2014 年 6 月 27 日，十二届全国人大常委会第九次会议通过了《关于授权最高人民法院、最高人民检察院在部分地区开展刑事案件速裁程序试点工作的决定》，授权最高人民法院、最高人民检察院在北京、天津、上海、重庆、沈阳、大连、南京、杭州、福州、厦门、济南、青岛、郑州、武汉、长沙、广州、深圳、西安开展刑事案件速裁程序试点工作。对事实清楚，证据充分，被告人自愿认罪，当事人对适用法律没有争议的危险驾驶、交通肇事、盗窃、诈骗、抢夺、伤害、寻衅滋事等情节较轻，依法可能判处一年以下有期徒刑、拘役、管制的案件，或者依法单处罚金的案件，进一步简化刑事诉讼法规定的相关诉讼程序，并对速裁程序试点工作遵循的原则等提出了具体要求。按照全国人大常委会授权决定要求，2014 年 8 月 26 日，最高人民法院、最高人民检察院会同公安部、司法部制定了《关于在部分地区开展刑事案件速裁程序试点工作的办法》，对速裁程序试点的具体事宜作出规定，试点工作正式启动。经过两年的工作，试点取得了较好的效果。二是，2016 年 9 月 3 日，十二届全国人大常委会第二十二次会议又通过了《关于授权最高人民法院、最高人民检察院在部分地区开展刑事案件认罪认罚从宽制度试点工作的决定》，授权最高人民法院、最高人民检察院在北京等十八个城市开展刑事案件认罪认罚从宽制度试点工作。对犯罪嫌疑人、刑事被告人自愿如实供述自己的罪行，对指控的犯罪事实没有异议，同意人民检察院量刑建议并签署具结书的案件，可以依法从宽处理，并明确在上述地区开展的刑事案件速裁程序试点工作，按照新的试点办法继续试行。2016 年 11 月，最高人民法院、最高人民检察院、公安部、国家安全部、司法部印发了《关于在部分地区开展刑事案件认罪认罚从宽制度试点工作的办法》，速裁程序试点工作进入了新的阶段，作为认罪认罚从宽制度试点的一部分继续试行。认罪认罚从宽制度改革试点办法总结了速裁程序试点工作的成功经验，根据各试点地区的普遍要求，将速裁程序的适用范围扩大到可能判处三年有期徒刑以下刑罚的案件，以便更好地发挥认罪认罚从宽制度的功能作用。

到全国人大常委会2018年修改刑事诉讼法之前，速裁程序试点工作已经开展了近四年。从试点工作的效果来看，这一程序符合我国司法实践需要和刑事诉讼制度发展规律，试点工作很有必要，成效明显。一是明显提高了刑事诉讼效率。根据最高人民法院、最高人民检察院就试点工作向全国人大常委会所作的中期报告，在试点工作的第一年中，检察机关审查起诉周期由过去的平均20天缩短至5.7天；人民法院速裁案件10日内审结的占94.28%，比简易程序高58.40个百分点；当庭宣判率达95.16%，比简易程序高19.97个百分点。二是认罪认罚从宽充分体现。刑事速裁案件被告人被拘留、逮捕的比例比简易程序进一步下降，适用非羁押性强制措施和被判处非监禁刑的比例则明显提高。通过减少审前羁押，对被告人从快处理、从宽量刑，更加准确兑现了宽严相济刑事政策，充分体现认罪认罚从宽处罚精神，有效避免“刑期倒挂”“关多久判多久”现象。三是当事人权利得到有效保障。在充分保障被告人程序选择、获得法律帮助、最后陈述等各项诉讼权利的同时，速裁程序强调被告人和被害人的有效参与，通过调解和解、量刑激励、法庭教育，敦促被告人退赃退赔、赔礼道歉，有效保护被害人权益，及时化解社会矛盾。适用速裁程序的案件被告人上诉率明显低于简易程序，检察机关抗诉、附带民事诉讼原告上诉的情况几乎没有发生。四是促进司法改革整体推进。通过刑事速裁案件当庭宣判、当庭送达，推动了办案责任制的落实和诉讼文书审批制度改革，对量刑规范化、庭审实质化、法官检察官员额制等改革举措，也起到了积极的促进作用。

总结试点工作经验，完善刑事案件认罪认罚从宽制度和增加速裁程序，是这次刑事诉讼法修改的重要内容。全国人大常委会立法工作机构会同最高人民法院、最高人民检察院等部门，经过充分调查研究，将试点工作中的可复制、可推广的成功经验固定下来，形成了提请全国人大常委会审议的刑事诉讼法修正草案中有关速裁程序的条款。刑事诉讼法修正草案审议和征求意见过程中，全国人大常委会组成人员，有关部门、地方、专家学者和社会公众对近四年来刑事速裁程序试点的成果给予充分肯定，认为将改革成果上升为法律，由局部试点推广到全国实施，十分必要。根据全国人大常委会组成人员的审议意见和各方面提出的意见，立法机关对刑事诉讼法修正草案的有关规定进一步修改完善后，形成了全国人大常委会通过的关于修改刑事诉讼法的决定中有关刑事速裁程序的条款，即在刑事诉讼法第三编“审判”第二章“第一审程序”第三节“简易程序”后增加一节“速裁程序”，用五个条文规定了刑事案件速裁程序的适用范围和条件、不适用速裁程序的情形、适用速裁程序案件的具体审理程序、审理期限和发现不宜适用速裁程序的情形后的处理等。速裁程序的确立，对于构建有中国特色的多层次刑事诉讼程序体系，进一步优化司法资源配置，实现案件繁简分流，保障当事人的合法权益，让人民群众在每一个司法案件中都感受到公平正义，具有十分重要的意义。刑事案件速裁程序由授权试点，到纳入新的试点继续试行，再到由立法确认推广到全国的过程，也是全国人大常委会贯彻落实中央决策部署，确保重大改革于法有据，实现立法决策与改革决策相统一，同时遵循改革规律，实现科学立法、民主立法、依法立法的生动实践。

修改后的刑事诉讼法第二百二十二条规定：“基层人民法院管辖的可能判处三年有期徒刑以下刑罚的案件，案件事实清楚，证据确实、充分，被告人认罪认罚并同意适用速裁程序的，可以适用速裁程序，由审判员一人独任审判。

“人民检察院在提起公诉的时候，可以建议人民法院适用速裁程序。”

条文主旨

本条是关于速裁程序适用范围和条件的规定。

立法背景

本条是在认罪认罚从宽制度试点办法的基础上，总结试点经验，对刑事案件速裁程序适用的案件范围、条件、审判组织和人民检察院建议适用速裁程序等作了规定。

条文解读

本条共分两款。第一款是关于速裁程序适用的案件范围和条件、审判组织的规定。对于速裁程序适用的案件范围和条件，可以从三个方面把握。第一，基层人民法院管辖的可能判处三年有期徒刑以下刑罚的案件。这一规定从管辖法院和可能判处的刑期上对适用速裁程序的案件范围作了限定。管辖的法院限于基层人民法院，排除了中级、高级、最高人民法院管辖的案件。可能判处的刑期限于三年有期徒刑以下刑罚。这里规定的“可能判处”，是指根据被告人犯罪的事实、性质、情节和危害程度，根据刑法有关规定的具体量刑幅度确定的刑罚。2014 年 6 月全国人大常委会通过的《关于授权最高人民法院、最高人民检察院在部分地区开展速裁程序试点工作的决定》和 2014 年 8 月“两高两部”制定的《关于在部分地区开展刑事案件速裁程序试点工作的办法》，将速裁程序适用的案件范围限于可能判处一年有期徒刑以下刑罚的案件或者单处罚金的案件，并限定了具体的罪名。经过两年的试点，试点地区普遍提出扩大适用范围的要求。2016 年 9 月全国人大常委会通过的《关于授权最高人民法院、最高人民检察院在部分地区开展认罪认罚从宽制度试点工作的决定》和 2016 年 11 月“两高三部”制定的《关于在部分地区开展刑事案件认罪认罚从宽制度试点工作的办法》，将速裁程序的适用范围扩大到可能判处三年有期徒刑以下刑罚的案件，并不再限制具体罪名，实践证明是合适的，这次修改刑事诉讼法确认了这一范围。第二，案件事实清楚，证据确实、充分。即人民法院根据起诉书指控的事实，认为案件事实明确，定罪量刑的证据客观全面。对于“证据确实、充分”的含义，还可以结合刑事诉讼法第五十五条第二款的规定来理解。速裁程序的庭审程序比简易程序还要简化，一般不进行法庭调查、法庭辩论，为确保司法公正，人民法院在决定适用速裁程序前应当对案件的证据情况进行实质性审查，确认证据确实、充分。第三，被告人认罪认罚并同意适用速裁程序。根据这次修改刑事诉讼法新增加的第十五条的规定，被告人认罪认罚，是指被告人自愿如实供述自己的罪行，承认指控的犯罪事实，愿意接受处罚。试点工作中，确认被告人认罪认罚，还要求被告人同意人民检察院提出的量刑建议，签署认罪认罚具结书。根据修改后的刑事诉讼法的有关规定，公安机关、人民检察院、人民法院都应当告知犯罪嫌疑人、被告人认罪认罚的法律规定；人民法院对于拟适用速裁程序的被告人，还应当审查认罪认罚的自愿性和具结书的真实性、合法性，确保被告人理解法律规定的含义，自愿适用速裁程序。关于速裁程序的审判组织，本款明确适用速裁程序审理的案件，由审判员一人独任审判。这与速裁程序的案件情况是相适应的，体现了在确保司法公正的基础上节约司法资源、提高诉讼效率的精神。

本条第二款是关于人民检察院建议适用速裁程序的规定。这次修改刑事诉讼法，增加了人民检察院对犯罪嫌疑人认罪认罚的案件就有关事项听取意见、组织签署认罪认罚具结书、提出量刑建议的规定。对于犯罪嫌疑人在审查起诉阶段已经认罪认罚，人民检察院认为符合适用速裁程序适用条件的案件，人民检察院可以在提起公诉时建议人民法院适用速裁程序。对于最终是否适用速裁程序审理，由人民法院根据本条第一款的规定，结合案件情况和被告人的意愿作出决定。

刑事诉讼法修正草案在审议和征求意见过程中，有的意见提出进一步明确速裁程序和简易程序的关系。速裁程序和简易程序都是相对于普通程序简化的诉讼程序，但两者的区别是明显的。一是适用范围不同，简易程序适用于被告人可能被判处有期徒刑以下刑罚的案件，速裁程序只适用于被告人可能被判处三年有期徒刑以下刑罚的案件。适用简易程序要求证据充分，被告人认罪，适用速裁程序要求证据确实、充分，被告人认罪、认罚，条件更加严格。二是审判组织不同，适用简易程序审理案件，对可能判处三年有期徒刑以下刑罚的，可以组成合议庭进行审判，也可以由审判员一人独任审判；对可能判处的有期徒刑超过三年的，应当组成合议庭进行审判。适用速裁程序审理案件一律由审判员一人独任审判。三是审判程序不同，适用简易程序审理案件应当进行法庭调查、法庭辩论，只是可以根据案件情况适当简化。适用速裁程序审理案件一般不进行法庭调查、法庭辩论。四是审理期限不同。根据修改后的刑事诉讼法第二百二十条、第二百二十五条的规定，速裁程序的审理期限比简易程序更短。

还有的意见提出自诉案件能否适用简易程序不明确。自诉案件由自诉人自行提起，案件没有经过侦查、审查起诉，人民法院在开庭前很难判断证据是否确实、充分。同时，自诉案件自诉人与被告人往往对案件事实等存在较大争议。此外，由于没有检察机关等国家机关主持，也无法在审前提出量刑建议、签署认罪认罚具结书。从这些情况来看，自诉案件是不适合适用速裁程序审理的。

相关规定

《全国人民代表大会常务委员会关于授权最高人民法院、最高人民检察院在部分地区开展刑事案件速裁程序试点工作的决定》；《全国人民代表大会常务委员会关于授权最高人民法院、最高人民检察院在部分地区开展刑事案件认罪认罚从宽制度试点工作的决定》；《最高人民法院、最高人民检察院、公安部、司法部关于在部分地区开展刑事案件速裁程序试点工作的办法》第1条；《最高人民法院、最高人民检察院、公安部、国家安全部、司法部关于在部分地区开展刑事案件认罪认罚从宽制度试点工作的办法》第16条

修改后的刑事诉讼法第二百二十三条规定："有下列情形之一的，不适用速裁程序：

"（一）被告人是盲、聋、哑人，或者是尚未完全丧失辨认或者控制自己行为能力的精神病人的；

"（二）被告人是未成年人的；

"（三）案件有重大社会影响的；

"（四）共同犯罪案件中部分被告人对指控的犯罪事实、罪名、量刑建议或者适用速裁程序有异议的；

"（五）被告人与被害人或者其法定代理人没有就附带民事诉讼赔偿等事项达成调解或者和解协议的；

"（六）其他不宜适用速裁程序审理的。"

条文主旨

本条是关于不适用速裁程序情形的规定。

立法背景

刑事诉讼法第十四条第一款规定，人民法院、人民检察院和公安机关应当保障犯罪嫌疑人、被告人和其他诉讼参与人依法享有的辩护权和其他诉讼权利。刑事诉讼法规定的立案、侦查、审查起诉、审判、执行程序中，都体现了保障犯罪嫌疑人、被告人等诉讼参与人诉讼权利这一基本原则的精神。在审判程序中，刑事诉讼法首先规定了普通程序，普通程序具有完整的程序环节和充分的审理期限，对诉讼参与人诉讼权利的程序保障最为充分。接受普通程序审理应当是每一个进入审判程序的刑事被告人的权利。许多国家的刑事诉讼法也都将接受完整程序的审判视为被告人的基本权利。当然，刑事诉讼的程序设计在保证司法公正的前提下还需要考虑诉讼效率，特别是在刑事案件数量居高不下，司法机关案多人少矛盾突出的情况下，根据案件的繁简程度适用不同形式的诉讼程序进行审理就更为必要。因此，我国刑事诉讼法在规定普通程序的基础上，1996 年增加规定了简易程序，2012 年扩大了简易程序的适用范围，这次修改刑事诉讼法又总结试点经验，增加规定了速裁程序。但需要明确的是，简易程序和速裁程序毕竟是简化的诉讼程序，由于简化乃至省略了某些诉讼环节，缩短了审理期限，对诉讼参与人权利的保障程度在事实上就不如普通程序那么完整。因此，对简化程序的适用，法律应当规定一定的限制条件，以防止因过分强调诉讼效率而牺牲程序公正。我国刑事诉讼法从两个方面对简化程序的适用作了限制。一是规定适用简化程序必须经过被告人同意，即被告人自愿放弃接受完整程序审判的权利。刑事诉讼法第二百一十四条关于简易程序适用条件的规定和这次修改新增加的第二百二十二条关于速裁程序适用条件的规定，都明确要求被告人同意简易程序或者速裁程序的适用。二是明确具有其他特定情形的案件，不得适用简化的程序。这些情形可以分为两种情况，一种是基于对被告人本人情况的考虑。由于被告人本人身心的特殊情况，需要对其给予更加严格的程序保障，不能适用简化程序。另一种是基于对案件的其他特殊情况的考虑。因为案件的其他一些特殊情况，为维护其他诉讼参与人的合法权益或者社会公共利益，不适用简化程序。

刑事诉讼法第二百一十五条对不适用简易程序的情形作了规定。速裁程序是比简易程序更加简化的诉讼程序，立法机关和司法机关在从试点工作一开始，就注意了适当确定速裁程序的适用范围，明确不适用的情形，积极稳妥地推进改革试点。2014 年 6 月全国人大常委会通过的《关于授权最高人民法院、最高人民检察院在部分地区开展速裁程序试点工作的决定》将速裁程序适用范围确定为可能判处一年有期徒刑以下刑罚的案件，并明确限制了适用的罪名，这个范围是比较小的。2014 年 8 月“两高两部”制定的《关于在部分地区开展刑事案件速裁程序试点工作的办法》第二条又规定了八种不适用速裁程序的情形。速裁程序试点纳入认罪认罚从宽试点后，适用的范围扩大了，2016 年 11 月“两高三部”制定的《关于在部分地区开展刑事案件认罪认罚从宽制度试点工作的办法》第十七条同时规定了五种不适用速裁程序审理的情形。这次修改刑事诉讼法，总结近四年来试点工作经验，结合修正草案审议和征求意见过程中常委会组成人员和各方面提出的意见，在本条中规定了六种不适用速裁程序的情形。明确这些情形，有利于司法机关在办案过程中掌握，防止不当适用速裁程序的情况发生，更好地保障诉讼参与人的合法权利，维护司法公正。

条文解读

本条分六项规定了不适用速裁程序的六种情形。第一项是被告人是盲、聋、哑人，或者是尚未完全丧失辨认或者控制自己行为能力的精神病人的。规定对上述人员不适用速裁程序，是考虑到因为身体、精神的缺陷，在社会生活中，其接受教育、了解事物等都会受到一定的影响或者限制，辨认事物的能力可能会低于一般人，因此，对认罪认罚从宽、速裁程序有关法律规定很可能不能完全理解，认罪认罚和适用速裁程序的真实意愿核实的难度较大，需要给他们更加充分的程序保障。同时，也是基于同样的考虑，刑事诉讼法第二百一十五条规定，这些人员不适用简易程序，对于比简易程序更加简化的速裁程序，自然也不应当适用。有一点情况需要说明，对于盲、聋、哑人不适用速裁程序，2014年《关于在部分地区开展刑事案件速裁程序试点工作的办法》和2016年《关于在部分地区开展刑事案件认罪认罚从宽制度试点工作的办法》都有规定，本条确认了这一规定。对于尚未完全丧失辨认或者控制自己行为能力的精神病人，2014年《关于在部分地区开展刑事案件速裁程序试点工作的办法》规定不适用速裁程序，2016年《关于在部分地区开展刑事案件认罪认罚从宽制度试点工作的办法》规定这类人员不适用认罪认罚从宽制度，但未在不适用速裁程序的情形中明确规定。刑事诉讼法修正草案起草和审议过程中，考虑到认罪认罚从宽作为新增加的一项有利于犯罪嫌疑人、被告人的制度，应当适用于所有的犯罪嫌疑人、被告人。尚未完全丧失辨认或者控制自己行为能力的精神病人如果确实自愿认罪认罚的，依法也应当从宽处理，这有利于对其权利的保护。同时，规定对其在不适用速裁程序，也体现了对其权利的保护。

第二项是被告人是未成年人的。未成年人身心还不成熟，尚不具备完全的认知和表达的能力，为了充分保护未成年犯罪嫌疑人、被告人的合法权益，刑事诉讼法对未成年人诉讼程序作了特别规定，如对犯罪的未成年人实行教育、感化、挽救的方针，坚持教育为主、惩罚为辅的原则，并规定了社会调查、合适成年人到场、附条件不起诉、犯罪记录封存等特别的诉讼制度。考虑到上述情况，2014年《关于在部分地区开展刑事案件速裁程序试点工作的办法》规定了未成年人案件不适用速裁程序。但2016年《关于在部分地区开展刑事案件认罪认罚从宽制度试点工作的办法》和提请全国人大常委会一审、二审的刑事诉讼法修正草案，从适当扩大速裁程序适用范围的角度出发，没有再规定未成年人案件不适用速裁程序。全国人大常委会审议过程中，有的常委会组成人员提出，实践中对未成年人犯罪的案件，司法机关通常采用有利于关护帮教未成年人的审判方式，并对未成年人进行法庭教育。速裁程序一般不进行法庭调查、法庭辩论，且一般采取集中审理、集中宣判的形式，不利于开展关护帮教和法庭教育，难以充分体现教育感化挽救的方针。建议增加规定，被告人是未成年人的，不适用速裁程序。常委会采纳了这一意见。这里规定的“被告人是未成年人的”，应当以审判时的年龄来认定。

第三项是案件有重大社会影响的。这里规定的“重大社会影响”，一般是指案件社会关注度高、反映强烈。随着社会公众法治意识的提高和新媒体的迅猛发展，越开越多的刑事案件受到社会公众的广泛关注，其中有大案要案，也有法律关系并不复杂，但因为具有典型意义、涉及公众人物或者其他因素产生重大社会影响的案件。司法机关审理刑事案件，既要保证公正地对被告人作出裁判，也要考虑和回应社会关切，通过案件的公正处理实现对社会公众的法治宣传教育。速裁程序庭审过于简化，难以实现这些目的。根据刑事诉讼法第二百一十五条的规定，案件有重大社会影响的，不适用简易程序，也不应当适用速裁程序。

第四项是共同犯罪案件中部分被告人对指控的犯罪事实、罪名、量刑建议或者适用速裁程序有异议的。共同犯罪的案件往往案情复杂，证据相互关联，多个被告人之间口供也需相互印证、核实，只要有一个被告人对指控的犯罪事实、罪名、量刑建议或者适用速裁程序有异议，实际上案件就难以按照速裁程序处理。

同时，被告人同意是适用速裁程序的一个条件，共同犯罪案件中部分被告人不同意适用速裁程序，从权利保障的角度，也就不宜对该案适用速裁程序。此外，根据刑事诉讼法第二百一十五条的规定，这类情形不适用简易程序，那么也不应当适用速裁程序。速裁程序试点办法、认罪认罚从宽制度试点办法也都对这种情形作了规定。根据本条规定，对于共同犯罪的案件，只有全案所有的被告人都对指控的犯罪事实、罪名、量刑建议或者和速裁程序没有异议，才能适用速裁程序审理。需要说明的是，对于共同犯罪案件中部分被告人认罪认罚，但因为其他被告人有异议未能适用速裁程序审理的，对于认罪认罚的被告人，还是应当按照刑法和刑事诉讼法的规定给予从宽处理。

第五项是被告人与被害人或者其法定代理人没有就附带民事诉讼赔偿等事项达成调解或者和解协议的。全国人大常委会在《关于授权最高人民法院、最高人民检察院在部分地区开展速裁程序试点工作的决定》中要求，试点刑事案件速裁程序，应当遵循刑事诉讼法的基本原则，充分保障当事人的诉讼权利。这里提到的“当事人”，既包括犯罪嫌疑人、被告人，当然也包括被害人。速裁程序作为简化高效的诉讼程序，不能以牺牲被害人的合法权利为代价。在一些造成被害人损害的轻微刑事案件中，被告人真诚悔罪，弥补被害人的损失，对于化解社会矛盾，修复被犯罪破坏的社会关系具有尤为重要的意义。《关于在部分地区开展刑事案件速裁程序试点工作的办法》第二条第五项规定，犯罪嫌疑人、被告人与被害人或者其法定代理人、近亲属没有就赔偿损失、恢复原状、赔礼道歉等事项达成调解或者和解协议的，不适用速裁程序。全国人大常委会《关于授权最高人民法院、最高人民检察院在部分地区开展速裁程序试点工作的决定》中进一步明确要求“保障被害人的合法权益，维护社会公共利益”。《关于在部分地区开展刑事案件认罪认罚从宽制度试点工作的办法》第十七条第四项规定，被告人与被害人或者其代理人没有就附带民事赔偿等事项达成调解或者和解协议的，不适用速裁程序。本项总结试点经验，确认了这一规定。这一规定适用于有被害人，且被害人提起附带民事诉讼提出赔偿等要求的情况。这里规定的“附带民事诉讼赔偿等事项”，具体来说就是《关于在部分地区开展刑事案件速裁程序试点工作的办法》提到的赔偿损失、恢复原状、赔礼道歉等事项。“调解协议”是被告人与被害人一方在司法机关主持就附带民事诉讼进行调解的程序中达成的协议，“和解协议”是被告人与被告人一方自行达成的协议。本款规定对于促进被告人积极对被害人进行赔偿，维护被害人的权益，实现社会和谐，具有积极意义。

第六项是其他不宜适用速裁程序审理的。这是指前五项规定情形以外的不宜使用速裁程序审理的其他情形，这项规定是一个兜底条款，主要考虑司法实践中案件情况复杂，不宜适用速裁程序的情形难以在法律中一一列举。这里作原则性的规定，可以由人民法院在司法实践中根据具体情况掌握，也可以由最高人民法院根据实际需要作出司法解释。

本条规定从反面明确了不适用速裁程序的情形。司法实践中对于哪些案件适用速裁程序审理，要将刑事诉讼法第二百二十二条正面规定的条件和本条规定的除外情形结合起来掌握。

相关规定

《中华人民共和国刑事诉讼法》第 215 条；《全国人民代表

大会常务委员会关于授权最高人民法院、最高人民检察院在部分地区开展刑事案件速裁程序试点工作的决定》；《全国人民代表大会常务委员会关于授权最高人民法院、最高人民检察院在部分地区开展刑事案件认罪认罚从宽制度试点工作的决定》；《最高人民法院、最高人民检察院、公安部、司法部关于在部分地区开展刑事案件速裁程序试点工作的办法》第2条；《最高人民法院、最高人民检察院、公安部、国家安全部、司法部关于在部分地区开展刑事案件认罪认罚从宽制度试点工作的办法》第17条

修改后的刑事诉讼法第二百二十四条规定："适用速裁程序审理案件，不受本章第一节规定的送达期限的限制，一般不进行法庭调查、法庭辩论，但在判决宣告前应当听取辩护人的意见和被告人的最后陈述意见。

"适用速裁程序审理案件，应当当庭宣判。"

条文主旨

本条是关于适用速裁程序审理案件的具体程序的规定。

立法背景

2018年修改刑事诉讼法增设速裁程序，目的是在2012年刑事诉讼法规定的简易程序的基础上，进一步简化诉讼程序，以贯彻宽严相济的刑事政策，优化司法资源配置，实现案件繁简分流。根据刑事诉讼法第三编第二章第三节的规定，与普通程序相比较，在案件审理的具体程序上，2012年规定的简易程序主要在以下几个方面进行了简化：一是在开庭前准备的期限上，不受

刑事诉讼法关于普通程序的规定中关于送达期限的限制，即送达有关法律文书和开庭审判之间的间隔可以更短。二是在庭审过程中，对讯问被告人、询问证人、鉴定人、出示证据、法庭辩论等程序，可以进行简化，但不能完全省略。2018 年修改刑事诉讼法，对速裁程序的制度设计，就是要在这些规定的基础上继续进行制度创新，进一步简化有关程序，以达到提高审判效率、实现简案快审的目标。同时，为了守住司法公正的底线，庭审程序中的一些基本要素不能简化或者省略，否则就难以维护犯罪嫌疑人、被告人和其他诉讼参与人基本的诉讼权利。在速裁程序试点工作开展之初，进一步简化程序的大方向是明确的，但对于具体审判程序中哪些程序可以“简”，哪些程序必须“留”，还没有完全的把握，这正是先由全国人大常委会授权开展试点，而没有直接修改法律的原因。通过试点为速裁程序的具体设计探索积累经验，也是两项试点工作的重要任务。

从域外有关国家和地区刑事诉讼法规定的刑事案件快速审判程序来看，对于被告人在庭审前已经承认指控的犯罪，与指控方达成协议的案件，法庭审理的重点在于核实被告人认罪的自愿性、真实性、合法性，一般不再对案件事实进行调查，法庭言辞辩论的程序也可以省去不再进行。有的国家对于特定的轻罪，还可以不经过开庭程序由法官直接签发处罚令，被告人收到处罚令后在规定期限内不提出异议的，处罚令即发生法律效力。

《关于在部分地区开展刑事案件速裁程序试点工作的办法》第十条、第十一条、第十二条、第十六条对适用速裁程序审理案件的具体程序作了规定，包括送达期限不受限制；讯问被告人对指控的犯罪事实、量刑建议以及适用速裁程序的意见，确认其认罪认罚和同意适用速裁程序后不再进行法庭调查、法庭辩论，但应当听取被告人的最后陈述意见；当庭宣判，使用格式裁判文书；可以经被告人申请不公开审理等。《关于在部分地区开展刑事案件认罪认罚从宽制度试点工作的办法》对于适用速裁程序审理案件的具体审判程序，基本上延续了速裁程序试点办法的规定。提请全国人大常委会审议的刑事诉讼法修正草案的有关规定，与两个试点办法的精神是一致的，又根据常委会组成人员的审议意见和各方面提出的意见作了一些调整完善，其中既有加大“简”的力度的方面，也有增加“留”的内容的情况。

条文解读

本条共分两款，第一款是关于适用速裁程序审理案件送达期限和庭审程序的规定。这一款规定了三个方面的程序要求：

一是适用速裁程序审理案件，不受刑事诉讼法第三编第二章第一节规定的送达期限的限制。这里规定的有关送达期限的限制，主要是指刑事诉讼法第一百八十七条第一款、第三款的有关规定，即人民法院决定开庭审判后，应当将人民检察院的起诉书副本至迟在开庭十日前送达被告人及其辩护人；人民法院确定开庭日期后，应当将开庭的时间、地点通知人民检察院，传唤当事人，通知辩护人、诉讼代理人、证人、鉴定人和翻译人员，传票和通知书至迟在开庭三日以前送达。考虑到速裁程序案情简单，审判期限较短，人民法院将起诉书副本送达被告人及其辩护人的日期与开庭审判日期的间隔可以短于十日，送达传票和通知书的日期与开庭审判日期的间隔可以短于三日。此外，刑事诉讼法第二百一十九条关于简易程序也规定，适用简易程序审理案件，不受有关送达期限规定的限制。速裁程序作为比简易程序更简化的诉讼程序，也应当不受有关送达期限的限制。

二是适用速裁程序审理案件，一般不进行法庭调查、法庭辩论。法庭调查是人民法院在开庭审理过程中对案件事实和证据进行调查核实的活动，包括就案件事实讯问被告人，询问证人、鉴定人，审查物证、书证、鉴定意见、勘验笔录，必要时通知新的证人到庭，调取新的物证，进行重新鉴定等。法庭辩论是法庭审理过程中公诉人、当事人和辩护人、诉讼代理人对案件定罪和量刑问题，在法庭主持下发表各自的意见和互相辩论。适用速裁程序审理的案件，已经事实清楚、证据确实、充分，被告人认罪认罚，一般情况下没有再在法庭上进行调查、辩论的必要。

这一规定有一个根据各方面意见调整完善的过程。《关于在部分地区开展刑事案件速裁程序试点工作的办法》规定适用速裁程序审理案件，被告人当庭认罪、同意量刑建议和使用速裁程序的，“不再进行法庭调查、法庭辩论”。《关于在部分地区开展刑事案件认罪认罚从宽制度试点工作的办法》规定，适用速裁程序审理案件“不进行法庭调查、法庭辩论”。提请全国人大常委会一审、二审的刑事诉讼法修正草案也规定的是“不进行法庭调查、法庭辩论”。常委会两次审议和征求意见过程中，有的意见提出，这一规定过于绝对，不排除实践中有的适用速裁程序审理的案件庭审过程中，法庭对于案件的个别情况，还需要进行调查核实或者听取控辩双方的意见，但又不至于需要作为“不宜适用速裁程序审理”的情况，作转换程序处理。建议将“不进行”修改为“可以不进行”，为必要时灵活掌握留有空间。也有的意见提出，应当坚持速裁程序不进行法庭调查、法庭辩论的规定，以和简易程序相区别，对于庭审过程中确需进行法庭调查、法庭辩论的，就不应当继续适用速裁程序，而应当转化为普通程序或者简易程序审理。对这一问题，经研究考虑到速裁程序不进行法庭调查、法庭辩论是一般的原则，如果规定“可以不进行”，口子开得太大，不利于提高诉讼效率，也使速裁程序与简易程序难以区分。同时考虑到司法实践中有的案件的特殊情况，可以在不进行法庭调查、法庭辩论的原则上适当照应个别例外情况，为此最终通过的修改决定，将“不进行”修改为“一般不进行”。

三是适用速裁程序审理案件，在判决宣告前应当听取辩护人的意见和被告人的最后陈述意见。被告人最后陈述，是被告人重要的诉讼权利，也是庭审的重要环节，对于保障被告人的诉讼权利，保证法庭了解被告人的主张和态度都有重要作用。《关于在部分地区开展刑事案件速裁程序试点工作的办法》和《关于在部分地区开展刑事案件认罪认罚从宽制度试点工作的办法》都对适用速裁程序审理案件，应当听取被告人最后陈述作了规定，修改后的刑事诉讼法确认了这一规定。刑事诉讼法修正草案征求意见过程中，有的地方、部门和社会公众提出，为切实保障被告人的辩护权和速裁程序的公正有效进行，建议适用速裁程序审理的案件，人民法院在宣判前还应当听取辩护人的意见。常委会采纳了这一意见，在修改后的刑事诉讼法中增加了听取辩护人的意见的规定。

本条第二款是关于适用速裁程序审理案件应当当庭宣判的规定。根据刑事诉讼法第二百零二条的规定，人民法院宣告判决可以当庭宣告，也可以定期宣告。适用速裁程序审理的案件，案情比较简单，证据已经确实、充分，人民法院经过庭审确认被告人认罪认罚的自愿性、合法性的，应当当庭宣告判决。《关于在部分地区开展刑事案件速裁程序试点工作的办法》和《关于在部分地区开展刑事案件认罪认罚从宽制度试点工作的办法》都对此作了明确规定，修改后的刑事诉讼法确认了这一规定。本款关于当庭宣判的规定没有例外，如果人民法院在庭审过程中由于各种原因无法做到当庭宣判的，就不能再适用速裁程序进行审理，而应当根据新增加的第二百二十六条的规定，转为普通程序或者简易程序进行审理。

本条规定了适用速裁程序审理案件的有关具体程序，是速裁程序与普通程序、简易程序相比较更简化的部分。实践中人民法院对于适用速裁程序审理的案件，还应当注意根据修改后的刑事诉讼法第一百九十条第二款的规定，审查认罪认罚的自愿性和认罪认罚具结书内容的真实性、合法性，保障无罪的人不受刑事追究，确保案件处理得准确、公正。

在速裁程序和认罪认罚从宽制度试点过程中，试点地区司法机关对于适用速裁程序审理案件，探索了许多做法，积累了一些经验，如集中审理、集中宣判、视频开庭等。这次修改刑事诉讼法，是对速裁程序的有关基本制度作出规定。对于一些经过实践检验的好的工作机制，可以在法律规定的框架下继续实行，也可以在司法解释等法律配套规定中作出规定。

相关规定

《中华人民共和国刑事诉讼法》第219条；《最高人民法院、最高人民检察院、公安部、司法部关于在部分地区开展刑事案件速裁程序试点工作的办法》第10－12条、第16条；《最高人民法院、最高人民检察院、公安部、国家安全部、司法部关于在部分地区开展刑事案件认罪认罚从宽制度试点工作的办法》第16条、第18条

修改后的刑事诉讼法第二百二十五条规定："适用速裁程序审理案件，人民法院应当在受理后十日以内审结；对可能判处的有期徒刑超过一年的，可以延长至十五日。"

条文主旨

本条是关于适用速裁程序审理案件的期限的规定。

立法背景

本条是2018年修改刑事诉讼法时新增加的规定。为了进一步推动刑事案件繁简分流，优化司法资源配置，全国人大常委会于2014年6月授权最高人民法院、最高人民检察院在北京、天津、上海等地开展刑事案件速裁程序试点工作。2016年9月，十二届全国人大常委会授权最高人民法院、最高人民检察院在部分地区开展刑事案件认罪认罚从宽制度试点工作，并明确在原速裁程序试点地区开展的试点工作，按照新的试点办法继续试行。为落实全国人大常委会授权决定，2016年11月16日，最高人民法院、最高人民检察院、公安部、国家安全部、司法部联合发布了《关于在部分地区开展刑事案件认罪认罚从宽制度试点工作的办法》。试点办法第十六条第二款规定："适用速裁程序审理案件，人民法院一般应当在十日内审结；对可能判处的有期徒刑超过一年的，可以延长至十五日。"近两年试点实践表明，十日和十五

日的审理期限基本能够满足实际工作需要。实践中，有些试点法院为节约司法资源，缩短审理期限，还探索采取远程视频提讯和开庭、集中宣判等方法。2018 年修改刑事诉讼法根据各方面意见和实际工作需要，吸收了试点办法中对速裁程序审理期限的规定。

条文解读

本条规定有两层意思：（1）人民法院在适用速裁程序审理案件时，应当在受理后十日内审结。刑事诉讼法第二百二十二条对适用速裁程序的条件作了规定。该条规定：“基层人民法院管辖的可能判处三年有期徒刑以下刑罚的案件，案件事实清楚，证据确实、充分，被告人认罪认罚并同意适用速裁程序的，可以适用速裁程序，由审判员一人独任审判。”根据上述规定，只有基层人民法院管辖的且可能判处三年以下有期徒刑的案件，才能适用速裁程序。同时，刑事诉讼法第二百二十三条又对不宜适用速裁程序的情形作了明确。该条规定：“有下列情形之一的，不适用速裁程序：（一）被告人是盲、聋、哑人，或者是尚未完全丧失辨认或者控制自己行为能力的精神病人的；（二）被告人是未成年人的；（三）案件有重大社会影响的；（四）共同犯罪案件中部分被告人对指控的犯罪事实、罪名、量刑建议或者适用速裁程序有异议的；（五）被告人与被害人或者其法定代理人没有就附带民事诉讼赔偿等事项达成调解或者和解协议的；（六）其他不宜适用速裁程序审理的。”与上述规定相应，本条中的“案件”是同时具备刑事诉讼法第二百二十二条规定条件，且不属于刑事诉讼法所列情形的案件。本条中的人民法院“受理”自人民法院立案之日起算。本条中的“十日”和“十五日”是指自然日还是工作日，刑事诉讼法和有关司法解释都没有明确规定。根据规范权力和保障人权的要求，这里的“十日”应当是自然日，而非工作日，不能让办案期限因法定节假日而延长，也不能因为法定节假日而让犯罪嫌疑人、被告人的羁押或者权利待定状态延长。司法解释的有关规定也体现了上述精神。比如，《最高法院关于适用〈中华人民共和国刑事诉讼法〉的解释》第一百六十五条规定：“以月计算的期限，自本月某日至下月同日为一个月。期限起算日为本月最后一日的，至下月最后一日为一个月。下月同日不存在的，自本月某日至下月最后一日为一个月。半个月一律按十五日计算。”这一规定对“月”的解释没有排除法定节假日在外。同样，对以日为计算单位的期间，也不应排除法定节假日。本条中的“审结”是指人民法院通过对案件的开庭审理，依法作出处理，作出有罪或者无罪判决。（2）在法定条件下审理期限可以延长至十五日。根据刑法和刑事诉讼法第二百二十二条的规定，本条中的“对可能判处的有期徒刑超过一年的”，是指最低刑超过一年、最高刑为三年有期徒刑的案件。对可能判处的有期徒刑正好是一年的，不属于这里规定的可以延长审理期限的情形，即应当在十日以内结案。“延长至十五日”是指适用速裁程序审理上述案件，自人民法院受理案件之日起，应当至迟在十五日内审结。

应当注意的是，速裁程序是为提高办案效率、缓解“案多人少”矛盾和进一步优化司法资源配置而新增加规定的审理程序。与普通程序和简易程序相比，这一新增加规定的审理程序进一步体现了程序从简、注重效率的原则。比如，根据本法第一百七十二条的规定，对于犯罪嫌疑人认罪认罚、符合速裁程序适用条件的案件，人民检察院应当在十日以内作出是否提起公诉的决定，对可能判处的有期徒刑超过一年的，可以延长至十五日；根据本法第二百二十四条规定，适用速裁程序审理案件，不受送达期限的限制，一般不进行法庭调查、法庭辩论，应当当庭宣判，等等。在适用速裁程序审理案件时，必须严格执行本条关于审理期限的规定。否则，程序简化了，案件仍然不能及时审结，速裁程序就失去了实际意义。

相关规定

《中华人民共和国刑法》第45条、第69条第1款

修改后的刑事诉讼法第二百二十六条规定：“人民法院在审理过程中，发现有被告人的行为不构成犯罪或者不应当追究其刑事责任、被告人违背意愿认罪认罚、被告人否认指控的犯罪事实或者其他不宜适用速裁程序审理的情形的，应当按照本章第一节或者第三节的规定重新审理。”

条文主旨

本条是关于速裁程序转化为普通程序或者简易程序的规定。

立法背景

本条是2018年修改刑事诉讼法时新增加的规定。根据刑事诉讼法的规定，第一审公诉案件有普通程序和简易程序两种审理方式，以适用普通程序为原则，以适用简易程序为例外。为了进一步有效解决司法机关面临的“案多人少”、司法资源配置不合

理等问题，进一步推动刑事案件繁简分流，优化司法资源配置，2014 年 6 月，全国人大常委会审议授权最高人民法院、最高人民检察院在北京、天津、上海等地开展刑事案件速裁程序试点工作。2016 年 9 月，全国人大常委会又授权最高人民法院、最高人民检察院在部分地区开展刑事案件认罪认罚从宽制度试点工作，并明确在原速裁程序试点地区开展的试点工作，按照新的试点办法继续试行。为落实全国人大常委会授权决定，2016 年 11 月，最高人民法院、最高人民检察院、公安部、国家安全部、司法部联合发布了《关于在部分地区开展刑事案件认罪认罚从宽制度试点工作的办法》。试点办法第十九条规定："人民法院适用速裁程序或者简易程序审查的认罪认罚案件，有下列情形之一的，应当转为普通程序审理：（一）被告人违背意愿认罪认罚的；（二）被告人否认指控的犯罪事实的；（三）其他不宜适用速裁程序或者简易程序审理的情形。"

2018 年修改刑事诉讼法，吸收了试点办法的上述规定，并作了进一步完善。这是考虑到，实践中，有些案件可能原本不应适用速裁程序，但由于种种原因而采用了这一程序办理。比如，适用速裁程序以犯罪嫌疑人、被告人自愿认罪认罚为前提，办案过程中却发现犯罪嫌疑人、被告人的认罪认罚违背了真实意愿，等等。对于这些案件，要有一个回转程序，由速裁程序转为普通程序或者简易程序，并对案件进行重新审理，以体现司法公正。

条文解读

本条对人民法院在审理案件过程中，发现不宜适用速裁程序的，应当按照本章第一节或者第三节的规定重新审理作了规定。

理解本条，需掌握以下几个方面：

一是，转换程序的时间。根据本条规定，速裁程序转换为普通程序或者简易程序的时间，是人民法院在审理案件的过程中。对于案件还没有到法院审理过程中的案件，不存在转化的问题。比如，人民检察院在审查起诉过程中对拟建议人民法院按速裁程序处理的案件，发现被告人的行为不构成犯罪或者被告人违背意愿认罪认罚的，应当依法作出不起诉决定，或者不再按办理速裁程序案件的相关要求继续办理即可。对于人民法院已经适用速裁程序审结的案件，由于人民法院已经作出生效裁判，所以已不存在转换为其他程序审理的可能。对于这些案件，如发现确属本条规定的不宜适用速裁程序情形的，应当通过审判监督程序予以纠正。根据本条规定，在案件审理过程中，人民法院只要发现存在不宜适用速裁程序的情形，都要转换为普通程序或者简易程序进行审理，不论审理已经进行了多长时间或者进行到哪一个阶段。

二是，须转换的案件范围。根据本条规定，不宜适用速裁程序审理的案件，均属于须转换的案件；被告人的行为不构成犯罪或者不应当追究其刑事责任、被告人违背意愿认罪认罚、被告人否认指控的犯罪事实或者其他不宜适用速裁程序审理的案件，属于不宜适用速裁程序审理的案件。“不构成犯罪”主要包括以下情形：一是被告人的行为是合法行为，或者被告人属于无刑事责任能力的人，或者检察机关所指控的行为不是被告人所为；二是被告人的行为虽然违反了民事法律或者行政法律，但没有触犯刑法，属于虽然违法但不具有刑事违法性的行为；三是根据刑法第十三条“但书”的规定，被告人的行为情节显著轻微危害不大，不认为是犯罪。“不应当追究刑事责任”主要是指修改后的刑事诉讼法第十六条规定的情形：一是犯罪已过追诉时效期限的；二是经过特赦令免除刑罚的；三是依照刑法规定告诉才处理的犯罪，没有告诉或者撤回告诉的；四是犯罪嫌疑人、被告人死亡的；五是其他法律规定免予追究刑事责任的。“被告人违背意愿认罪认罚”是指认罪认罚并非出于被告人真实意愿，或者是由于对法律和事实的认识错误而导致的，或者是出于外在压力原因而被迫的。“被告人否认指控的犯罪事实”是指被告人对人民检察院指控的犯罪事实予以否认。“其他不宜适用速裁程序审理的情形”是指根据刑事诉讼法其他条款规定，不适宜适用速裁程序审理的案件。刑事诉讼法第二百二十二条第一款对适用速裁程序的条件作了规定，第二百二十三条对不宜适用速裁程序的情形作了明确。凡是不符合刑事诉讼法第二百二十二条规定条件的案件，或者属于刑事诉讼法第二百二十三条规定情形之一的，均属于本条中的“其他不宜适用速裁程序审理的情形”。

三是，转换程序后的处理。根据本条规定，人民法院在审理过程中，发现不宜适用速裁程序审理的，应当按照本章第一节关于普通程序或者第三节关于简易程序的规定重新审理。与普通程序相比，速裁程序在法庭审理程序和期限上有很多不同，体现了程序从简的特点。比如，根据刑事诉讼法第二百二十四条规定，适用速裁程序审理案件，不受送达期限的限制，不进行法庭调查、法庭辩论，应当当庭宣判；根据刑事诉讼法第二百二十五条的规定，适用速裁程序的案件，人民法院应当在受理后十日内审结；对可能判处的刑罚超过一年的，可以延长至十五日；等等。与简易程序相比，速裁程序也更为简化。转换为普通程序或者简易程序审理，就是不再适用刑事诉讼法关于速裁程序的规定，要依照刑事诉讼法关于普通程序或者简易程序的规定重新审理。

需要注意的是，刑事诉讼法第二百二十一条对简易程序向普通程序的转换作了规定。该条规定："人民法院在审理过程中，发现不宜适用简易程序的，应当按照本章第一节或者第二节的规定重新审理。"而本条规定："人民法院在审理过程中，发现有被告人的行为不构成犯罪或者不应当追究其刑事责任、被告人违背意愿认罪认罚、被告人否认指控的犯罪事实或者其他不宜适用速裁程序审理的情形的，应当按照本章第一节或者第三节的规定重新审理。"对比看，不难发现，如果是自诉案件适用简易程序，在审理过程中发现不宜适用简易程序的，应当转换为刑事诉讼法规定的自诉案件的审理程序，而速裁程序只适用于公诉案件，因此也只能转换为公诉案件的普通程序或者简易程序。根据刑事诉讼法关于速裁程序的制度设计，速裁程序只适用于公诉案件，不适用于自诉案件。因此，也就不具备向自诉案件审理程序转换的前提。

相关规定

《中华人民共和国刑事诉讼法》第 186－221 条

二十三、将第二百五十条改为第二百六十一条，第二款修改为："被判处死刑缓期二年执行的罪犯，在死刑缓期执行期间，如果没有故意犯罪，死刑缓期执行期满，应当予以减刑的，由执行机关提出书面意见，报请高级人民法

院裁定；如果故意犯罪，情节恶劣，查证属实，应当执行死刑的，由高级人民法院报请最高人民法院核准；对于故意犯罪未执行死刑的，死刑缓期执行的期间重新计算，并报最高人民法院备案。”

本条是关于死刑缓期执行的程序规定。

修改前的刑事诉讼法第二百五十条第二款规定：“被判处死刑缓期二年执行的罪犯，在死刑缓期执行期间，如果没有故意犯罪，死刑缓期执行期满，应当予以减刑，由执行机关提出书面意见，报请高级人民法院裁定；如果故意犯罪，查证属实，应当执行死刑，由高级人民法院报请最高人民法院核准。”

本次修改刑事诉讼法，对该条作出两处修改：一是对死刑缓期执行的罪犯执行死刑的条件作了修改，增加“情节恶劣”限制性规定，将死刑缓期执行期间“如果故意犯罪，查证属实，应当执行死刑，由高级人民法院报请最高人民法院核准”修改为“如果故意犯罪，情节恶劣，查证属实，应当执行死刑的，由高级人民法院报请最高人民法院核准后执行死刑”。二是增加规定“对于故意犯罪未执行死刑的，死刑缓期执行的期间重新计算，并报最高人民法院备案”。

2015 年 8 月 29 日第十二届全国人民代表大会常务委员会第十六次会议通过的《刑法修正案（九）》，对死刑缓期执行的罪犯执行死刑的条件作了修改，进一步提高了对刑法原来规定的“故意犯罪”执行死刑条件的门槛，增加了情节恶劣的限制。为与刑法相关规定相衔接，刑事诉讼法此次作了相应修改。

修改后的刑事诉讼法第二百六十一条规定：“最高人民法院判处和核准的死刑立即执行的判决，应当由最高人民法院院长签发执行死刑的命令。

被判处死刑缓期二年执行的罪犯，在死刑缓期执行期间，如果没有故意犯罪，死刑缓期执行期满，应当予以减刑的，由执行机关提出书面意见，报请高级人民法院裁定；如果故意犯罪，情节恶劣，查证属实，应当执行死刑的，由高级人民法院报请最高人民法院核准；对于故意犯罪未执行死刑的，死刑缓期执行的期间重新计算，并报最高人民法院备案。”

条文主旨

本条是关于执行死刑命令的签发和死刑缓期执行的程序规定。

立法背景

严格控制，慎重适用死刑是我国刑法一贯坚持的死刑政策，为此刑法、刑事诉讼法对死刑的程序作了非常严格的规定。1979年刑事诉讼法即对执行死刑的命令的签发，明确由最高人民法院院长进行，并对死刑缓期执行的罪犯执行死刑的程序作了严格规定，即应当由高级人民法院报请最高人民法院核准。需要说明的是，关于死刑缓期执行的罪犯执行死刑的条件，是由刑法、刑事诉讼法明确加以规定的。我国法律对死刑缓期执行的罪犯执行死刑的条件作过二次调整，刑事诉讼法对其程序规定也作了两次调整。一是1996年修改刑事诉讼法将原来规定的“如果抗拒改造情节恶劣”修改为“如果故意犯罪”，明确了死刑缓期执行的罪犯执行死刑的条件。二是此次修改，将“故意犯罪”修改为“故意犯罪，情节恶劣”。这主要是因为2015年8月29日第十二届全国人民代表大会常务委员会第十六次会议通过的《刑法修正案（九）》对死刑缓期执行的罪犯执行死刑的条件作了修改，进一步提高了故意犯罪执行死刑的门槛，对刑法原规定的“故意犯罪”的执行死刑的条件增加了情节恶劣的限制。为与刑法相关规定相衔接，刑事诉讼法此次作了相应修改。

条文解读

本条共分两款。第一款是关于签发执行死刑的命令的规定。根据刑法和刑事诉讼法等法律的规定，除最高人民法院有权判处被告人死刑立即执行的案件外，中级人民法院及高级人民法院判处的死刑立即执行的案件，在判决或裁定生效后，都应当报请最高人民法院核准，也就是说，所有的死刑立即执行案件都必须经过最高人民法院的审理或复核程序。同时，为体现对死刑案件谨慎、严肃的态度，第一款规定执行死刑的命令应当由最高人民法院院长签发。根据本款规定，最高人民法院判处或者核准的死刑立即执行的判决，在交付执行前，应当由最高人民法院院长签发执行死刑的命令，经高级人民法院转交原审人民法院交付执行。原审人民法院执行死刑时，除依据死刑案件的判决外，还必须有最高人民法院院长签发的执行死刑的命令。

第二款是关于被判处死刑缓期二年执行的罪犯的减刑或者执行死刑的程序的规定。1979年刑事诉讼法规定：“被判处死刑缓期二年执行的罪犯，在死刑缓期执行期间，如果确有悔改或者有立功表现应当予以减刑的，由执行机关提出书面意见，报请当地高级人民法院裁定；如果抗拒改造情节恶劣、查证属实，应当执行死刑的，高级人民法院必须报请最高人民法院核准。”在实践中，被判处死刑缓期二年执行的罪犯，有的既没有悔改或者立功表现，也不属于抗拒改造情节恶劣的情况，按照原来的规定，对于这样的罪犯处理起来较为困难。考虑到死刑是最严厉的刑罚，按照严格控制死刑和慎重适用死刑的政策，1996 年修改刑事诉讼法时，对被判处死刑缓期二年执行的罪犯的减刑条件作了修改，规定减刑的条件是没有故意犯罪。如果故意犯罪，查证属实的，不予减刑，依法经核准执行死刑。这样修改，既解决了实践中存在的问题，也比原规定放宽了减刑的条件，充分体现了我国慎用死刑，惩办与宽大相结合的刑事政策。1997 年修改刑法时，对死刑缓期执行的罪犯执行死刑的条件作了相应修改，修改后的刑法、刑事诉讼法实施以来，有关方面反映，实践中死刑缓期执行期间故意犯罪的情况比较复杂，有的是因为受牢头狱霸欺凌、虐待而反抗，殴打他人造成对方轻伤的，也有故意犯罪情节轻微或者未遂的，如果一律执行死刑，过于严厉，建议在法律中增加规定由最高人民法院根据案件情况裁量的规定。考虑到上述情况，2015 年 8 月 29 日第十二届全国人民代表大会常务委员会第十六次会议通过的《刑法修正案（九）》对死刑缓期执行的罪犯执行死刑的条件作了修改，进一步提高了故意犯罪执行死刑的门槛，增加了“情节恶劣”的限制条件。为与刑法相关规定相衔接，刑事诉讼法此次作了相应修改。本条第二款共规定了二层意思：

1. 结合刑法的规定，被判处死刑缓期二年执行的罪犯缓刑期满后的处理有两种：一是在考验期满后应当减刑的；二是因故意犯罪被执行死刑。

2. 在考验期内是否故意犯罪是决定被判处死缓的罪犯在缓刑期满后如何执行的法定条件。罪犯只要在死刑缓期执行期间没有故意犯罪，即使有抗拒改造的行为甚至过失犯罪，应当予以减刑。如果被判处死刑缓期二年执行的罪犯，在死刑缓期执行期间故意犯罪，情节恶劣，查证属实，应当执行死刑。这里所说的"故意犯罪"，依照刑法第十四条的规定，是指明知自己的行为会发生危害社会的结果，并且希望或者放任这种结果发生，因而构成犯罪的。

3. 关于报请减刑、执行死刑的程序，根据本款规定，被判处死刑缓期二年执行的罪犯，在死刑缓期执行期间，如果没有故意犯罪，符合减刑条件的，考验期满，由所在监狱提出减刑建议，报经省、自治区、直辖市监狱管理机关审核后，报请当地高级人民法院裁定；如果故意犯罪，情节恶劣，应当依照法定程序，经监狱侦查终结后根据本法第二百七十三条的规定移送人民检察院处理，并经人民法院查证属实，由当地高级人民法院报请最高人民法院核准执行死刑。最高人民法院核准后，由院长签发执行死刑命令，交付执行。

相关规定

《中华人民共和国刑法》第50条、第51条；《最高人民法院关于适用〈中华人民共和国刑事诉讼法〉的解释》第415－417条；《公安机关办理刑事案件程序规定》

二十四、将第二百六十条改为第二百七十一条，修改为：“被判处罚金的罪犯，期满不缴纳的，人民法院应当强制缴纳；如果由于遭遇不能抗拒的灾祸等原因缴纳确实有困难的，经人民法院裁定，可以延期缴纳、酌情减少或者免除。”

条文主旨

本条是关于执行罚金刑的规定。

立法背景

罚金是我国刑法规定的一种附加刑，适用广泛。1979 年刑事诉讼法即对罚金刑的执行作了规定，刑事诉讼法的规定与刑法中关于罚金刑的规定是一致的。刑法、刑事诉讼法执行中，有关方面反映，一些案件出现罚金执行难，空判率高，影响司法权威的情况。造成罚金空判的原因是多方面的，有的是判决时罚金数额超出犯罪分子的个人经济能力，有的是罚金执行机制不健全，该执行没有完全执行，也有的是犯罪分子经济状况发生变化，难以再执行原判决确定的罚金。为此，2015 年 8 月 29 日第十二届全国人大常委会第十六次会议通过的《中华人民共和国刑法修正案（九)》，针对上述情况对刑法关于罚金刑的相关规定作了修改，在减免罚金之外增加延期缴纳的处理，并适当扩大其适用范围，具体的可以由人民法院根据案件情况作出裁定。为与刑法修正案（九）关于罚金刑执行的规定相衔接，此次修改刑事诉讼法，在刑事诉讼法中对该条内容进行了相应的衔接性规定修改。

条文解读

本条规定了两层意思。一是关于强制缴纳的规定，被判处罚金的罪犯，应当在判决规定的期限内主动向人民法院缴纳罚金。如果判决规定期限届满仍不缴纳的，人民法院应当强制缴纳。所谓“强制缴纳”，是指人民法院可以采取查封、拍卖其财产，冻结、扣划存款，扣留工资或者其他收入等办法，强制其缴纳罚金。二是关于延期缴纳、酌情减少或者免除罚金的规定。犯罪分子由于遭遇不能抗拒的灾祸等原因缴纳罚金确实有困难的，经人民法院裁定，可以延期缴纳、酌情减少或者免除。所谓“不能抗拒的灾祸等原因”，就是通常所说的“天灾人祸”，如遭遇火灾、水灾、地震等自然灾害或者罪犯及其家属重病、伤残等，以及其他一些导致缴纳罚金确实有困难的情形。对存在这些情形的，可以延期缴纳、酌情减少或者免除。“延期缴纳”，是指期满不能缴纳或者不能全部缴纳的，给予一定的延长期限缴纳罚金。具体延长多长时间，由人民法院根据犯罪分子的犯罪情节、经济状况、缴纳困难原因预期消除的时间等因素进行裁定。延期缴纳罚金、酌情减少罚金或者免除罚金，均涉及对原判决的变更，程序上应当严格。根据本款规定，罚金延期缴纳、减少或者免除，需经人民法院裁定。根据《最高人民法院关于适用〈中华人民共和国刑事诉讼法〉的解释》第四百四十六条的规定，当事人提出罚金延期缴纳、减少或者免除的申请的，应当提交相关证明材料。人民法院应当在收到申请后一个月内作出裁定。符合法定条件的，应当准许；不符合条件的，驳回申请。人民法院也可以依职权对符合本条规定条件的作出罚金延期缴纳、减少或者免除的裁定。此外，需要注意的是，我国刑法不允许用缴纳罚金代替徒刑、拘役，同样也不允许用徒刑、拘役代替罚金。

相关规定

《中华人民共和国刑法》第53条；《最高人民法院关于适用〈中华人民共和国刑事诉讼法〉若干问题的解释》第439－446条；《最高人民法院关于适用财产刑若干问题的规定》第6条、第11条；《最高人民法院关于刑事裁判涉财产部分执行的若干规定》

二十五、第五编增加一章，作为第三章：

“第三章　缺席审判程序

“第二百九十一条　对于贪污贿赂犯罪案件，以及需要及时进行审判，经最高人民检察院核准的严重危害国家安全犯罪、恐怖活动犯罪案件，犯罪嫌疑人、被告人在境外，监察机关、公安机关移送起诉，人民检察院认为犯罪事实已经查清，证据确实、充分，依法应当追究刑事责任的，可以向人民法院提起公诉。人民法院进行审查后，对于起诉书中有明确的指控犯罪事实，符合缺席审判程序适用条件的，应当决定开庭审判。

“前款案件，由犯罪地、被告人离境前居住地或者最高人民法院指定的中级人民法院组成合议庭进行审理。

“第二百九十二条　人民法院应当通过有关国际条约规定的或者外交途径提出的司法协助方式，或者被告人所

在地法律允许的其他方式，将传票和人民检察院的起诉书副本送达被告人。传票和起诉书副本送达后，被告人未按要求到案的，人民法院应当开庭审理，依法作出判决，并对违法所得及其他涉案财产作出处理。

“第二百九十三条　人民法院缺席审判案件，被告人有权委托辩护人，被告人的近亲属可以代为委托辩护人。被告人及其近亲属没有委托辩护人的，人民法院应当通知法律援助机构指派律师为其提供辩护。

“第二百九十四条　人民法院应当将判决书送达被告人及其近亲属、辩护人。被告人或者其近亲属不服判决的，有权向上一级人民法院上诉。辩护人经被告人或者其近亲属同意，可以提出上诉。

“人民检察院认为人民法院的判决确有错误的，应当向上一级人民法院提出抗诉。

“第二百九十五条　在审理过程中，被告人自动投案或者被抓获的，人民法院应当重新审理。

“罪犯在判决、裁定发生法律效力后到案的，人民法院应当将罪犯交付执行刑罚。交付执行刑罚前，人民法院应当告知罪犯有权对判决、裁定提出异议。罪犯对判决、裁定提出异议的，人民法院应当重新审理。

“依照生效判决、裁定对罪犯的财产进行的处理确有错误的，应当予以返还、赔偿。

“第二百九十六条　因被告人患有严重疾病无法出庭，中止审理超过六个月，被告人仍无法出庭，被告人及其法

定代理人、近亲属申请或者同意恢复审理的，人民法院可以在被告人不出庭的情况下缺席审理，依法作出判决。

“第二百九十七条　被告人死亡的，人民法院应当裁定终止审理，但有证据证明被告人无罪，人民法院经缺席审理确认无罪的，应当依法作出判决。

“人民法院按照审判监督程序重新审判的案件，被告人死亡的，人民法院可以缺席审理，依法作出判决。”

上述七条规定了刑事缺席审判制度和程序，是本次修改刑事诉讼法新增加的规定，是这次修改的一块重要内容。建立刑事缺席审判制度是落实党中央关于反腐败和国际追逃追赃工作及相关法律制度建设的要求。党的十八大以来，国际追逃追赃工作取得重大进展，得到人民群众的广泛拥护。2014 年，贯彻落实中央政治局常委会会议精神，中央反腐败协调小组会议提出建立刑事缺席审判制度。建立刑事缺席审判制度是加强反腐败境外追逃工作力度和手段、为国际追逃工作提供有力法律武器的必要措施。在研究建立刑事缺席审判法律制度的过程中，需要注意把握好以下几点：一是，惩罚犯罪和保障人权的平衡。建立刑事缺席审判制度体现了对腐败犯罪的零容忍。腐败犯罪分子试图通过外逃，以逃避法律追究，而刑事缺席审判制度的建立，适应了国际追逃工作的现实需要。从法律上对外逃犯罪分子作出否定性评价，有利于彰显法律权威，形成对腐败犯罪分子的威慑。同时，也应当看到，在刑事诉讼中，被告人出席法庭是基本权利，对席审判是常态，刑事缺席审判属于一种例外性、补充性的审判制度。这是因为刑事审判事关定罪量刑，关系公民生命、人身自由和财产基本权利的处置，被告人出席法庭的权利是其行使其他诸项诉讼权利的前提，应当给予被告人参与审判的机会，以查明案情，依法公正处理案件。这与民商事审判、行政诉讼审判适用缺席审判在性质、条件和可能的后果方面都是不同的。刑事缺席审判中应当体现对犯罪分子基本人权的保障，充分保障被告人的辩护权利和程序公正，赋予被告人必要的救济手段，包括对缺席审判范围和条件的严格限定、被告人辩护权、上诉权和给予重新审判的保障等。有关条文的规定都具体体现了惩罚犯罪与保障人权相平衡的基本精神。二是，在有关条款的研究过程中，注意条款设计的有效性，符合有关国际刑事司法合作领域的一般规则，便于将来开展国际刑事司法协助。例如，对于罪犯在判决、裁定发生法律效力后到案的，人民法院应当告知罪犯有权对判决、裁定提出异议，对提出异议的，给予重新审判的机会，这既是保障被告人权利的需要，也是进行有关国际刑事司法合作的需要。因为按照国际刑事司法合作的一般原则和通常做法，缺席审判的判决是各国普遍规定拒绝合作的一种情形，除非请求国能够给予被告人重新审判的机会。我国引渡法第八条也明确将请求国根据缺席判决提出引渡请求的，作为应当拒绝引渡的情形，除非请求国承诺在引渡后对被请求引渡人给予在其出庭的情况下进行重新审判的机会。有关送达的规定也体现了国际刑事司法协助方面关于实际送达的要求，对不经送达即予审判的，国际社会中一般也是拒绝提供有关刑事司法合作的。三是，根据实践需要，合理界定刑事缺席审判案件范围和缺席审判制度的种类。研究建立刑事缺席审判制度的初衷是惩治腐败犯罪和国际追赃追逃工作的需要，因此，缺席审判制度主要是针对贪污贿赂犯罪的。同时在研究过程中，也注意根据现实情况，在严格控制范围的前提下，对将一些迫切需要的情形一并作出考虑，没有限于贪污贿赂犯罪一种情况。另外，针对多年来审判实践遇到的突出问题，规定了因被告人患重病无法出庭而长时间中止审理的案件、刑事再审案件被告人死亡的情形下的刑事缺席审判种类。

修改后的刑事诉讼法第二百九十一条规定：“对于贪污贿赂犯罪案件，以及需要及时进行审判，经最高人民检察院核准的严重危害国家安全犯罪、恐怖活动犯罪案件，犯罪嫌疑人、被告人在境外，监察机关、公安机关移送起诉，人民检察院认为犯罪事实已经查清，证据确实、充分，依法应当追究刑事责任的，可以向人民法院提起公诉。人民法院进行审查后，对于起诉书中有明确的指控犯罪事实，符合缺席审判程序适用条件的，应当决定开庭审判。

前款案件，由犯罪地、被告人离境前居住地或者最高人民法院指定的中级人民法院组成合议庭进行审理。”

条文主旨

本条是关于犯罪嫌疑人、被告人在境外的缺席审判案件范围和管辖的规定。

立法背景

我国民事、行政诉讼法规定了特定情形下的缺席审判程序。民事诉讼法第一百四十四条规定，被告经传票传唤，无正当理由拒不到庭的，或者未经法庭许可中途退庭的，可以缺席判决。行政诉讼法第五十八条规定，经人民法院传票传唤，原告无正当理由拒不到庭，或者未经法庭许可中途退庭的，可以按照撤诉处理；被告无正当理由拒不到庭，或者未经法庭许可中途退庭的，可以缺席判决。刑事诉讼法没有规定对未到庭的被告人进行定罪量刑的审判制度，同时，刑事诉讼法还明确规定在刑事审判程序中的讯问被告人的环节和被告人提出证据、质证、辩论和最后陈述等诉讼权利。2012 年修改刑事诉讼法时，针对贪污贿赂、恐怖活动犯罪等重大犯罪案件，犯罪嫌疑人、被告人逃匿、死亡涉案财产依法处置的问题，增加规定了犯罪嫌疑人、被告人逃匿、死亡案件违法所得没收程序。近年来，有关部门不断加大国际追逃追赃工作力度，缉捕外逃人员人数逐年上升，从欧美国家引渡、遣返取得新突破。有关方面提出，为加强国际追逃追赃工作力度，丰富国际追逃追赃工作手段，通过“以审促返”加大劝返力度，有必要研究建立刑事缺席审判制度。

从国外立法情况看，总体上对缺席审判持谨慎态度，但也有一些国家法律中规定了刑事缺席审判制度，一些国家的法律不排斥在严格保障被告人权利的前提下进行缺席审判。规定了刑事缺席审判制度的国家多数在适用上要求针对特定情形或条件的案件。另外，由于法律传统的差异，不同国家和地区对刑事缺席审判制度的定义也不统一，关于刑事缺席审判程序的规定差异较大。一是，有的国家如俄罗斯、英国、法国、德国、意大利、西班牙、澳大利亚等，明确规定了一定条件下的刑事缺席审判制度。俄罗斯规定，轻罪或者中等严重的刑事案件，被告人可以申请进行缺席审判；重罪或者特别严重的刑事案件，被告人在境外、逃避出庭，且所犯罪行在外国未被追诉的，可以缺席审判。

英国规定，对所有刑事案件，犯罪嫌疑人逃匿或者因其他原因经传唤未到庭的，法院可行使自由裁量权决定是否缺席审判。法国规定，轻罪案件被告人经传唤无正当理由不到庭的，重罪案件被告人逃匿或者未到庭的，可以缺席审判。德国规定，对于轻罪案件，被告人经传唤未到庭的，可以缺席审判。对于重罪案件被告人潜逃境外的，可以为保全证据和迫使被告人到案而进行审理，但不得作出实体处罚。澳大利亚规定，对于判处罚金的案件，可以缺席审判。二是，有的国家如美国、加拿大、日本、土耳其等不承认刑事缺席审判制度，但同时规定了对被告人未到庭的审判程序。美国规定，被告人在首次出庭后放弃继续到庭权利的，或者因破坏法庭秩序被驱离法庭的，法院可以继续审判。加拿大规定，被告人在庭审过程中逃匿的，法院可以继续审判，也可以发出逮捕令，待被告人归案后再行审判。日本规定，对于可能判处五十万日元以下罚金的，被告人可以不出庭；对于可能判处拘役、三年以下监禁或者超过五十万日元罚金的，被告人在特定审判环节（首次开庭、宣判）必须到庭，其他时间经许可可以不出庭。三是，有的国家如新西兰、新加坡、马来西亚等则完全不允许在被告人缺席的情况下进行刑事审判。

条文解读

本条共分为两款。第一款是关于缺席审判案件范围、条件和程序等的规定。本款规定可以从以下三个方面来理解：

1. 缺席审判的案件范围

根据本条规定，对贪污贿赂犯罪案件，以及需要及时进行审判，经最高人民检察院核准的严重危害国家安全犯罪、恐怖活动犯罪案件可以适用刑事缺席审判。在刑事诉讼法修改过程中，适用刑事缺席审判的案件范围是立法过程中的一个重点问题。修正草案一审稿对案件范围规定的是“贪污贿赂等犯罪案件”，对于“等”如何理解，是否还包括其他犯罪案件，如果包括其他案件，具体是哪些案件，对此尚不明确。在之后常委会审议和研究过程中，有的常委委员、地方、部门和社会公众建议根据实际需要，适当扩大缺席审判的适用范围。经反复研究，建立缺席审判制度主要针对反腐败犯罪的，但对于贪污贿赂案件以外的其他重大案件确有必要及时追究的，在充分保障诉讼权利的前提下，也可以研究进行缺席审判的可行性。同时，考虑到这是一项新制度，尚缺乏实践经验，且有的缺席审判案件，文书送达和判决执行可能需要外国协助，在制度设计上需要考虑到国际影响和外国通行做法，对贪污贿赂之外的其他案件，还是应当严格限制范围并规定严格的核准程序，稳妥实施，适用案件范围不宜过大。为此，最终通过的修改决定将缺席审判的案件范围修改为“贪污贿赂犯罪案件，以及需要及时进行审判，经最高人民检察院核准的严重的危害国家安全犯罪、恐怖活动犯罪案件”。即明确了适用缺席审判案件的具体范围，三种类型的犯罪很确定，没有留有其他口子。也有意见提出，应当进一步扩大缺席审判案件范围，将一些严重的经济犯罪、毒品犯罪、黑社会性质的组织犯罪、电信诈骗犯罪等规定适用缺席审判。这些都还需要将来在深入总结缺席审判实践经验的基础上再作研究。

根据本条第一款的规定，缺席审判适用于三类案件。一是，贪污贿赂犯罪案件，这是设立刑事缺席审判制度最初的考虑。贪污贿赂犯罪是指由监察机关调查的刑法分则第八章规定的国家工作人员犯罪，以及其他章节中明确规定按照刑法分则第八章贪污贿赂罪的规定定罪处罚的犯罪。对于贪污贿赂犯罪案件适用刑事缺席审判不需要经过最高人民检察院核准。对于犯罪嫌疑人、被告人在境外的贪污贿赂犯罪案件，实践中还是应当尽可能地依法通过引渡、遣返、劝返等方式，使其回国接受审判，而不能因为有缺席审判程序，就不尽力追逃，只是缺席审判。另外，实践中，对于适用缺席审判的贪污贿赂犯罪案件、批准程序等，还可以在总结实践经验的基础上，通过有关文件等进一步研究和明确。

二是，严重危害国家安全犯罪、恐怖活动犯罪案件。危害国家安全犯罪、恐怖活动犯罪涉及国家利益和社会公共利益，对其中的严重案件根据案件具体情况，经过严格的批准程序，予以缺席审判，即满足了可能的现实需要，也严格限制了情形。危害国家安全犯罪主要是指刑法分则第一章规定的危害国家安全罪。根据反恐怖主义法第三条的规定，恐怖活动犯罪是指通过暴力、破坏、恐吓等手段，制造社会恐慌、危害公共安全、侵犯人身财产，或者胁迫国家机关、国际组织，以实现其政治、意识形态等目的，构成犯罪的行为。不仅包括组织、领导、参加恐怖组织罪，帮助恐怖活动罪，准备实施恐怖活动罪，宣扬恐怖主义、极端主义、煽动实施恐怖活动罪等刑法明确规定的恐怖活动犯罪，还包括具有恐怖主义性质的放火、爆炸、投放危险物质、破坏交通工具、破坏电力设备、劫持航空器等恐怖活动犯罪。同时，这两类案件适用刑事缺席审判需要进一步判断条件，应当是“严重”危害国家安全犯罪、恐怖活动犯罪案件，案件需要及时进行审判，程序上需要经过最高人民检察院核准。是否需要及时进行审判，应当根据实际情况进行判断。对于这两类案件公安机关移送起诉，人民检察院认为犯罪事实已经查清，证据确实、充分，依法应当追究刑事责任，拟向人民法院提起公诉的，应当先报经最高人民检察院核准，经核准后依法提起公诉。

2. 本条规定的缺席审判适用于犯罪嫌疑人、被告人在境外的情形

根据本条规定，缺席审判适用于贪污贿赂犯罪案件，以及需要及时进行审判，经最高人民检察院核准的严重危害国家安全犯罪、恐怖活动犯罪案件的“犯罪嫌疑人、被告人在境外”的情形。也就是说，缺席的原因是犯罪嫌疑人、被告人“在境外”。“在境外”是指犯罪后潜逃境外，或者因其他原因出境后在境外滞留不归等情况。需要注意的是，对于犯罪嫌疑人、被告人因逃匿不能到案，但没有在境外的，不适用缺席审判程序。研究过程中也有意见提出，将在境内逃匿、下落不明的案件也纳入缺席审判的情形。对此，经研究认为，对境内藏匿不能到案的，有关部门应当继续追查犯罪嫌疑人、被告人下落。当然，这种情况，如果案件久拖不决，有涉案财物需要先行处置的，可以根据2012年修改刑事诉讼法增加的违法所得没收程序规定，对符合条件的适用该程序，对涉案财物作出判决。“在境外”是需要证明的条件，人民检察院在提起公诉时应当有证据确认犯罪嫌疑人、被告人“在境外”，才符合适用缺席审判的条件。

3. 缺席审判案件办理的程序

一是，缺席审判案件由监察机关、公安机关移送起诉。贪污贿赂犯罪案件由监察机关移送起诉，危害国家安全犯罪、恐怖活动犯罪案件由公安机关移送。根据刑事诉讼法第四条的规定，国

家安全机关依照法律规定，办理危害国家安全的刑事案件，行使与公安机关相同的职权，国家安全犯罪按照规定由国家安全机关侦查的，由国家安全机关移送起诉。二是，人民检察院提起公诉。对于监察机关、公安机关移送起诉的案件，人民检察院经审查认为犯罪事实已经查清，证据确实、充分，依法应当追究刑事责任，犯罪嫌疑人在境外，需要进行缺席审判的，应当在报请最高人民检察院核准后，向人民法院依法提起公诉。根据修改后的刑事诉讼法第五十五条规定，认定证据确实、充分，应当符合以下条件：定罪量刑的事实都有证据证明；据以定案的证据均经法定程序查证属实；综合全案证据，对所认定事实已排除合理怀疑。三是，人民法院决定缺席审判。对于人民检察院提起公诉的缺席案件，人民法院要进行审查判断，以决定是否开庭审理：第一，对起诉书审查是否具有明确的指控犯罪事实；第二，是否符合缺席审判条件，包括是否属于法律规定的缺席审判案件范围、是否经过最高人民检察院核准、被告人是否在境外、传票和人民检察院的起诉书副本是否通过国际刑事司法协助等法律规定的方式予以送达被告人等。对于符合上述条件的，人民法院应当决定开庭审判。决定开庭审判的，人民法院应当依法组成合议庭。

第二款是关于缺席审判案件管辖的规定。对于刑事缺席审判的案件，由犯罪地、被告人离境前居住地或者最高人民法院指定的中级人民法院管辖，组成合议庭进行审理。一是，在级别管辖上案件由中级人民法院管辖。根据刑事诉讼法的规定，除了法律另有规定外，第一审普通刑事案件由基层人民法院管辖，中级人民法院管辖危害国家安全、恐怖活动案件和可能判处无期徒刑、死刑的第一审刑事案件。本条规定缺席审判案件由中级人民法院管辖，一方面是因为缺席审判案件类型中的危害国家安全、恐怖活动犯罪案件依法应当由中级人民法院管辖，另一方面，也主要是考虑到缺席审判是一项新的制度，证据、程序、审判方面具有更高要求，涉及被告人诉讼权利的审慎把握，由中级人民法院审判更有利于案件公正审判、妥当处理。二是，在地域管辖上案件由犯罪地、被告人离境前居住地或者最高人民法院指定的中级人民法院管辖。修改后的刑事诉讼法第二十五条规定了刑事案件的地域管辖，即刑事案件由犯罪地的人民法院管辖。如果由被告人居住地的人民法院审判更为适宜的，可以由被告人居住地的人民法院管辖。因此，本条有关地域管辖的规定与刑事诉讼法第二十五条的规定是一致的，是第二十五条规定的具体体现。犯罪地包括犯罪行为发生地和结果发生地；离境前居住地是指离境前犯罪嫌疑人、被告人的户籍所在地或者经常居住地。居住地前加了离境前的限制，这是由于缺席审判的被告人在境外，居住地只能是“离境前的居住地”。另外，本条还规定缺席审判案件可由最高人民法院指定的中级人民法院管辖。这是在常委会第三次审议时，根据常委会审议意见增加的规定。修改后的刑事诉讼法第二十七条规定了指定管辖，上级人民法院可以指定下级人民法院审判管辖不明的案件，也可以指定下级人民法院将案件移送其他人民法院审判。因此，本条有关最高人民法院指定管辖的规定与刑事诉讼法第二十七条的规定是一致的，此处作了专门规定。这是考虑到，实践中情况比较复杂，对这类案件有时由犯罪地法院管辖不适宜，如犯罪地有多个，犯罪地不明确，或者被告人离境前的居住地不能确定等，规定由最高人民法院根据案件具体情况和审判需要，指定中级人民法院管辖，有利于合理确定案件管辖法院。三是，组成合议庭进行审理。缺席审判应当开庭，依法组成合议庭审理，不能采取书面审理的方式，也不适用独任审理。根据修改后的刑事诉讼法第一百八十三条的规定，中级人民法院审判第一审刑事案件，应当由审判员三人或者审判员和人民陪审员共三人或者七人组成合议庭进行。

实践中需要注意：一是，刑事缺席审判是一项新的制度，实践中还需要进一步总结经验，在适用中应当严格依法进行，按照规定进行审批决定。同时，应当注意的是，刑事缺席审判丰富了追逃追赃等工作的手段，对于犯罪嫌疑人、被告人在境外的案件，可以适用缺席审判，但并非都适宜采取缺席审判的方式，要综合考虑各方面情况。因此，开展好国际追逃追赃等工作，应当综合运用政治、外交、法律等多种手段，根据案件和对象国的不同情况，有针对性地运用引渡、遣返、劝返等不同方法和刑事追诉、刑事缺席审判、违法所得没收等不同程序，以确保取得最好的效果。同时，还应当注意加强与有关国家就开展国际刑事司法合作条约、引渡条约的谈判，与缺席审判制度综合运用，以保证判决执行，促使罪犯回国，以取得最大法律效果。二是，处理好适用缺席审判程序和适用违法所得没收程序的关系。违法所得没收程序是 2012 年修改刑事诉讼法增加的规定。从实践情况看，这一程序目前各地适用情况不平衡，还需要进一步探索和积累经验。适用积极性不高。这一程序将来还有很大的运用空间。缺席审判的适用需要根据案件的情况，统筹考虑各方面情况作出决定。对于同时符合违法所得没收程序和缺席审判条件的案件，并非都要优先适用缺席审判。对于有的犯罪嫌疑人、被告人逃匿到境外的案件，有关机关应当继续进行追查。对于查找到其违法所得或者其他涉案财产的，适用违法所得没收程序对涉案财产作出处理，也可以达到惩治犯罪、追逃追赃的目的。

相关规定

《中华人民共和国刑事诉讼法》第4条、第25条、第27条、第55条、第298条；《中华人民共和国民事诉讼法》第144条；《中华人民共和国行政诉讼法》第58条；《中华人民共和国反恐怖主义法》第3条

修改后的第二百九十二条规定："人民法院应当通过有关国际条约规定的或者外交途径提出的司法协助方式，或者被告人所在地法律允许的其他方式，将传票和人民检察院的起诉书副本送达被告人。传票和起诉书副本送达后，被告人未按要求到案的，人民法院应当开庭审理，依法作出判决，并对违法所得及其他涉案财产作出处理。"

条文主旨

本条是关于缺席审判送达的规定。

立法背景

缺席审判是在被告人不在场的情况进行审判，涉及被告人辩护权等诉讼权利的行使，通过送达开庭传票、起诉书副本，告知被告人将对其涉嫌犯罪进行审判，给予被告人行使辩护权的机会，是对被告人权利的保障，这一程序设置符合惩罚犯罪与保障人权平衡的需要。同时，通过送达有关司法文书，通知其开庭审判，也有利于开展劝返工作，促使其回国接受公正审判。另外，

从国际刑事司法协助的实践看，如果未经送达或者通知，在被告人不知情的情况下对其审判，各国一般会拒绝引渡及提供刑事司法协助。因此，规定送达程序也是为了便于开展国际刑事司法合作，为缺席审判罪犯的引渡、判决执行等工作提供便利，增强缺席审判的实际效果。

条文解读

送达是一项诉讼活动，是诉讼程序的组成部分，它直接关系到整个刑事诉讼程序能否顺利进行。根据本条规定，向在境外的被告人送达人民法院开庭传票和人民检察院起诉书副本是人民法院缺席审判的必经程序。对本条规定可以从以下几个方面进行理解：

1. 关于送达的方式

一是，有关国际条约规定的司法协助方式。国际条约主要是指我国与外国签订的有关刑事司法协助方面的双边条约，目前我国已经批准了五十四件有关刑事司法协助的双边条约。国际条约还包括多边条约、国际公约，我国已经批准和加入了包括《联合国反腐败公约》《联合国打击跨国有组织犯罪公约》等多项含有刑事司法协助内容的国际公约，共同参加国际公约的双方国家进行刑事司法合作，请求协助送达可以依照国际公约中有关刑事司法协助的规定进行。从我国与外国签订的国际刑事司法协助条约规定的情况看，一般都对送达文书作了专门规定。在向外国请求送达时，应当依照条约的具体规定进行。有的条约对送达开庭传票规定了提前的日期。如与美国的刑事司法协助条约规定，请求方应在离预定的出庭日期至少四十五天前转交，除非被请求方同意在紧急情形下在较短期限内转交开庭传票；与韩国的刑事司法合作条约规定，开庭传票送达请求不迟于要求出庭日前六十天递交给被请求方。被请求国完成送达后应向请求方出具送达证明，送达证明应包括送达日期、地点和方法的说明，并应由送达文书的机关签署或盖章。如果不能完成送达，则应通知请求方，并说明理由。此外，我国国际刑事司法协助法第二十条、第二十一条对向外国请求送达文书作了规定。根据该规定，人民法院缺席审判请求外国送达法律文书的，应当制作刑事司法协助请求书并附相关材料，经所属主管机关，即最高人民法院审核同意后，由对外联系机关及时向外国提出请求。请求送达文书的，请求书应当载明受送达人的姓名或者名称、送达的地址以及需要告知受送达人的相关权利和义务。

二是，外交途径提出的司法协助方式。这种情况针对的是双方国家尚未签订国际刑事司法协助条约，需要进行国际刑事司法合作的情况。国际刑事司法协助法第五条中规定，我国和外国之间没有刑事司法协助条约的，通过外交途径联系开展刑事司法合作。通过外交途径联系送达开庭传票、起诉书的，应当按照双方协商确定的具体方式、要求进行。

三是，被告人所在地法律允许的其他方式。送达文书属于一国的司法主权事务，一般来说需要请求被告人所在地国家协助送达。同时，由于各国法律制度和刑事司法协助实践的情况不同，也不排除有的国家法律规定在一定条件下允许其他方式送达，或者随着国际刑事司法协助的发展，将来作出这方面的安排。因此，规定被告人所在地法律允许的其他方式是考虑到了各种其他情况，所作的留有空间的规定。比如，领事送达，目前国际上对于通过领事送达民商事司法文书具有规定和实践。1954 年《民事诉讼程序公约》、1965 年《关于向国外送达民事或商事司法文书和司法外文书公约》中有明确规定。我国于 1991 年加入了后一公约，根据 1992 年最高人民法院、外交部、司法部《关于执行〈关于向国外送达民事或商事司法文书和司法外文书公约〉有关程序的通知》第三条的规定，“对公约成员国驻华使、领馆直接向其在华的本国公民送达民事或商事司法文书，如不违反我国法律，可不表示异议”。第五条规定，我国法院欲向在公约成员国的中国公民送达民事或商事司法文书，可委托我国驻该国的使馆、领馆代为送达。我国民事诉讼法第二百七十七条第二款规定，外国驻中华人民共和国的使领馆可以向该国公民送达文书和调查取证，但不得违反中华人民共和国的法律，并不得采取强制措施。因此，从国际法和国内法上看，领事送达民事或者商事司法文书都是不禁止的。对于刑事司法文书，是否能够通过领事送达，从了解的情况看，这方面的实践较少，但国际公约、一些国家的法律也没有明确禁止。1961 年《维也纳领事关系公约》第五条第十项对领事职务作了规定，“依现行国际协定之规定或于无此种国际协定时，以符合接受国法律规章之任何其他方式，转送司法书状与司法以外文件或执行嘱托调查书或代派遣国法院调查证据之委托书”，对司法文书的范围没有限定。因此，如果被告人所在国法律允许领事送达刑事司法文书，则一方面能够保证被告人的知情权和享有辩护权的机会，另一方面也将保证缺席审判送达的顺利完成。

2. 对于送达后未按要求到案的，人民法院作出缺席判决

一是，传票和起诉书副本送达后，被告人未按要求到案。送

达是缺席审判的前置条件。送达制度的设定，一方面要确保程序公正，将有关司法文书实际送达被告人，另一方面也要防止因犯罪嫌疑人、被告人恶意拒收等而无法送达，造成缺席审判的障碍。修正草案一审稿规定的是“被告人收到传票和起诉书副本后未按要求归案的”，之后根据常委会审议意见和有关方面意见，将“被告人收到传票和起诉书副本”修改为“传票和起诉书副本送达后”。这样修改，考虑到了送达传票和起诉书副本过程中，可能会出现被告人拒不见面、拒收等情况，这样可以防止缺席审判制度被虚置。对于逃避、拒收传票和起诉书副本的，按照我国或者被请求国法律规定，属于视为送达的情形的，被告人未归案的，人民法院可以缺席审判。送达后被告人应当按照要求归案，归案的具体时间、方式等要求，可以在传票中作出明确，或者通过有关方式告知。

二是，对于经送达，被告人未按要求到案的，人民法院应当开庭审理，依法作出判决，并对违法所得及其他涉案财产作出处理。根据本法第二百九十一条的规定，人民法院应当组成合议庭进行开庭审理，依法作出判决。由于审判时被告人缺席，具体审判程序还需要在实践中总结经验，将来进一步明确，原则上应当参照第一审普通程序进行，但也有一些地方会有不同，如被告人不能依照一般程序规定当庭进行自我辩护和陈述。需要注意的是，缺席审判案件是否作出有罪判决，需要根据刑事诉讼法的规定，对事实、证据作出认定，这与对席审判的要求标准是一样的。人民法院在认定事实、审查判断证据时，由于被告人缺席，应当更为审慎审理。对于案件事实清楚，证据确实、充分，依据法律认定被告人有罪的，应当作出有罪判决。除了判处刑罚外，还应当对被告人犯罪所得，以及犯罪工具、被害人合法财产等涉案财物作出处置。对于刑罚执行、涉案财物处理需要进行国际刑事司法协助的，可以按照国际刑事司法协助法、引渡法的规定，提出有关请求，促使缺席判决得到执行。

相关规定

《中华人民共和国国际刑事司法协助法》第20条、第21条；《中华人民共和国民事诉讼法》第277条；《最高人民法院、外交部、司法部关于执行〈关于向国外送达民事或商事司法文书和司法外文书公约〉有关程序的通知》第3条

修改后的第二百九十三条规定："人民法院缺席审判案件，被告人有权委托辩护人，被告人的近亲属可以代为委托辩护人。被告人及其近亲属没有委托辩护人的，人民法院应当通知法律援助机构指派律师为其提供辩护。"

条文主旨

本条是关于缺席审判中被告人委托辩护和指定辩护的规定。

立法背景

辩护权是犯罪嫌疑人、被告人最重要的诉讼权利。依法保障犯罪嫌疑人、被告人的辩护权，对于保证案件得到公正准确的处理，维护犯罪嫌疑人、被告人的诉讼权利和其他合法权益，具有十分重要的意义。特别是缺席审判案件，被告人不在庭，不能自我进行辩护，委托辩护人或者指定辩护人辩护，对于被告人诉讼权利保障、案件公正审理具有重要意义。为了保证缺席审判的程

序公正和被告人权利，本条对缺席审判被告人委托辩护和指定辩护作了专门规定，为缺席审判中被告人诉讼权利提供了重要保障。立法过程中也有意见提出，缺席审理的案件，有的犯罪嫌疑人、被告人犯罪性质恶劣，潜逃国外，意图逃避法律制裁，经济上也不困难，为其提供法律援助，指派律师辩护，不符合法律援助的定位，浪费有限司法资源。从缺席审判程序公正、保障罪犯人权的角度，法律规定了法律援助机构为缺席审判被告人指定辩护制度。

条文解读

一是，人民法院缺席审判案件，被告人有权委托辩护人，被告人的近亲属可以代为委托辩护人。刑事诉讼法第一编第四章对辩护与代理作了规定。在人民法院审判阶段，委托辩护人是所有被告人的权利。同时，考虑到被告人身在境外，在挑选辩护人、办理有关委托手续等方面可能会存在困难或者不便，本条还专门规定，被告人的近亲属可以代为委托辩护人。人民法院应当告知犯罪嫌疑人、被告人或者犯罪嫌疑人、被告人的近亲属有权委托辩护人。根据本法第一百零八条的规定，近亲属是指夫、妻、父、母、子、女、同胞兄弟姊妹。

二是，被告人及其近亲属没有委托辩护人的，人民法院应当通知法律援助机构指派律师为其提供辩护。对于被告人不愿接受审判，被告人近亲属不配合对被告人缺席审理，或者由于其他原因，没有委托辩护人的，人民法院缺席审理时应当通知法律援助机构指派律师为被告人提供辩护，这是为缺席审判程序所作的专门规定。2012 年修改的刑事诉讼法规定的由法律援助机构指派律师提供辩护的情况包括四种：（1）犯罪嫌疑人、被告人因经济困难或者其他原因没有委托辩护人的，本人及其近亲属可以向法律援助机构提出申请。对符合法律援助条件的，法律援助机构应当指派律师为其提供辩护。（2）犯罪嫌疑人、被告人是盲、聋、哑人，或者是尚未完全丧失辨认或者控制自己行为能力的精神病人，没有委托辩护人的，人民法院、人民检察院和公安机关应当通知法律援助机构指派律师为其提供辩护。（3）犯罪嫌疑人、被告人可能被判处无期徒刑、死刑，没有委托辩护人的，人民法院、人民检察院和公安机关应当通知法律援助机构指派律师为其提供辩护。（4）未成年犯罪嫌疑人、被告人没有委托辩护人的，人民法院、人民检察院、公安机关应当通知法律援助机构指派律师为其提供辩护。这次修改增加了人民法院缺席审判案件，被告人及其近亲属没有委托辩护人的，人民法院应当通知法律援助机构指派律师为其辩护。与上述四种指定辩护的情况不同，缺席审判案件的指定辩护是在被告人完全不在场的情况下进行的，被告人与指派律师之间没有会见，对案件了解不直接，因而要特别注意辩护工作不能走过场，辩护律师应当尽职尽责，根据事实和法律，提出被告人无罪、罪轻或者减轻、免除其刑事责任的材料和意见，维护被告人的诉讼权利。人民法院应当为辩护律师履行辩护职责依法提供便利。

需要注意的是，本条是对人民法院审判阶段被告人委托辩护等的规定。对犯罪嫌疑人缺席的案件，在人民检察院审查起诉阶段，犯罪嫌疑人及其近亲属也可委托辩护人，但对于这个阶段没有委托辩护人的，人民检察院不必通知法律援助机构为其指派律师辩护，但应当根据刑事诉讼法的规定，告知有权委托辩护人。

相关规定

《中华人民共和国刑事诉讼法》第33－35条、第108条

修改后的刑事诉讼法第二百九十四条规定："人民法院应当将判决书送达被告人及其近亲属、辩护人。被告人或者其近亲属不服判决的，有权向上一级人民法院上诉。辩护人经被告人或者其近亲属同意，可以提出上诉。

"人民检察院认为人民法院的判决确有错误的，应当向上一级人民法院提出抗诉。"

条文主旨

本条是关于缺席审判的判决书送达，对判决不服的上诉以及人民检察院抗诉的规定。

立法背景

刑事缺席审判制度在理论和实践中，都存在一定争议。不赞成缺席审判制度的意见，主要是从追究刑事责任的目的、查明案情的需要及对被告人诉讼权利的保障考虑认为，缺席审判不利于查清案件事实，没有被告人的陈述和对指控提出的异议，法庭很难判断其究竟有罪还是无罪；被告人没有到场及和对质，被告人不知道可能面临的处罚，不能够当场对指控予以答辩，客观上会导致控辩双方失衡，可能影响司法公正。赞成的意见认为特定条件下，实行有条件的缺席审判，对于实现社会总体的公平正义，也是有积极意义的。如果能够严格限定条件，做到追求社会公平

正义和人权保障的平衡，也是可以的。立法机关经综合考虑各方面因素，并反复与各方面共同研究，确立了一定范围内的缺席审判制度。同时，为维护司法公正，尽可能减少因被告人缺席对其诉讼权利造成的不利影响，在设置缺席审判制度时，还格外注重对被告人权利的保障和救济。如为保障被告人的知情权，第二百九十二条规定了传票和起诉书副本的送达；为保障被告人的辩护权，第二百九十三条规定了委托辩护人和指派律师为其提供辩护的制度。本条则从判决书的送达和不服判决的上诉方面对被告人的权利保障和救济作了规定。

本条规定了以下内容：一是判决书的送达。这是为了让被告人、被告人的近亲属、辩护人及时知道案件已经判决和具体的判决结果。二是被告人、被告人的近亲属不服判决的上诉，以及被告人的辩护人经被告人或者其近亲属同意的上诉。三是人民检察院的抗诉。规定上诉既是对被告人权利的保障，也是被告人权利的有效救济渠道，可以使不服判决的相关人员获得法律救济的机会，让确有错误的判决在发生法律效力前得到及时的纠正。同时，相应规定人民检察院的抗诉，也有利于人民检察院发挥诉讼主体作用，保证办案质量和司法公正。

条文解读

本条共分两款。第一款是判决书的送达以及不服判决的上诉的规定。

1. 关于判决书的送达

判决书的送达具有重要法律意义。一是，判决书的送达是实现审判结果的必然要求。二是，判决书的送达可以保障被告人及其近亲属、辩护人的知情权及后续的相关权利，法定期限内送达判决书可以让被告人及其近亲属、辩护人及时知道案件已经判决和判决结果的情况，有助于被告人及其近亲属、辩护人提出上诉或者依法行使其他诉讼权利。三是，判决书的送达也是判决生效的程序法上的条件。

判决书的送达要求比较严格。一是送达方式方面，对于在境外的被告人，可以依据第二百九十二条的规定，通过有关国际条约中规定的或者外交途径提出的司法协助方式，或者被告人所在地法律允许的其他方式进行送达。二是关于送达对象，包括被告人及其近亲属、辩护人。比刑事诉讼法第二百零二条规定的范围更广泛。根据第二百零二条的规定，判决书应当送达到当事人和提起公诉的人民检察院、辩护人、诉讼代理人。根据本条规定，判决书除了要送达到上述对象外，还需要送达到被告人的近亲属，这是因为这里的被告人在境外，可能需要由近亲属帮助其行使权利。根据刑事诉讼法的规定，这里的“近亲属”的范围包括夫、妻、父、母、子、女、同胞兄弟姊妹。

2. 关于不服判决的上诉

两审终审制是人民法院审判案件的一项重要制度。根据这一制度，在一般情况下，一个案件经过两级人民法院审判即告审判终结，判决和裁定才发生法律效力。具体讲，审判第一审案件所作出的判决和裁定，在法律规定的期限内，被告人不服提出上诉，或者人民检察院认为判决和裁定有错误提出抗诉的，上一级人民法院对上诉、抗诉案件应当进行审判，第二审人民法院作出的判决和裁定，就是终审的判决和裁定，是发生法律效力的判决和裁定。第一审案件的判决和裁定，如果在上诉期限内被告人不上诉、人民检察院不抗诉，也是发生法律效力的判决和裁定。

两审终审制，是我国长期司法实践经验的总结。这一制度既可以使确有错误的一审判决、裁定在发生法律效力前得到及时地纠正，使对一审判决、裁定不服的诉讼参与人获得申请法律救济的机会，保障办案质量和司法公正，还有助于上级人民法院对下级人民法院的审判行使监督职权，发现错误及时纠正。缺席审判也应当坚持两审终审制度。

刑事诉讼法中的上诉指的是被告人、自诉人和他们的法定代理人等不服地方各级人民法院第一审的判决、裁定，在法定期限内，以书状或者口头形式向上一级人民法院请求改变原判决、裁定，以保护自己合法权利的诉讼行为。至于被告人的近亲属，只有取得被告人同意的，才可以提出上诉，即被告人的近亲属没有独立的上诉权。

赋予被告人、自诉人和他们的法定代理人，被告人的辩护人和近亲属上诉权增加了这部分人合法权益的救济渠道，也是保证两审终审制度实现的重要途径。

作为缺席审判这一特别程序，本条专门赋予了被告人的近亲属可不经被告人同意的独立的上诉权。这是因为被告人在境外，赋予其近亲属独立的上诉权，有利于保障被告人的诉讼权利的实现。此外，根据刑事诉讼法关于普通案件上诉程序的规定，辩护人经被告人同意后，可以提出上诉。本条也是基于上述原因，还特别规定，辩护人经被告人的近亲属同意，可以提出上诉。这部分主体的其中之一提出上诉的，就会启动二审程序。

第二款是关于人民检察院抗诉的规定。根据本条规定，人民检察院认为人民法院的判决确有错误的，应当向上一级人民法院提出抗诉。

考虑到缺席审判的特殊情况，修订草案原来只规定了被告人、被告人近亲属、辩护人等的上诉，未规定人民检察院的抗诉。在法律草案审议过程中，根据常委会组成人员的意见，增加了这一规定。主要考虑是，抗诉是法律赋予人民检察院代表国家行使的检察权的重要内容，即使是缺席审判案件，也可能存在认定事实、适用法律等确有错误的情况。人民检察院在参加缺席审判诉讼活动中发现人民法院的判决确有错误的，应当有权力，也有义务提出抗诉。

本条规定的抗诉是指对一审未生效裁判的抗诉。这里规定的“确有错误”，通常是指人民检察院认为人民法院的判决存在着认定事实不清楚或者有错误；定案的证据不确实、充分；适用法律不当，定罪有错误；处刑不当，量刑过轻或者过重；审判程序严重违法；原判决、裁定是审判人员徇私舞弊、枉法裁判的结果等情形的。这种“确有错误”不论是减轻了被告人的罪责，还是加重了被告人的罪责，人民检察院都有权利也有责任向上一级人民法院提出抗诉。

根据规定，人民检察院应当在收到判决书的十日之内，提出抗诉。人民检察院对人民法院第一审判决的抗诉，应当通过原审人民法院提出抗诉书，并且将抗诉书抄送上一级人民检察院。

在本条的理解适用中，还需要注意以下几个方面的问题：

第一，本条对如何提出上诉、抗诉，接受上诉、抗诉的人民法院如何进行处理，以及如何审理上诉、抗诉案件都未作具体规定，具体做法和要求依照刑事诉讼法对一审判决不服的上诉、抗诉以及第二审人民法院审理上诉、抗诉案件的有关规定执行。如关于第二审人民法院的审理范围，根据刑事诉讼法第二百三十三条，第二审人民法院应当就第一审判决认定的事实和适用法律进行全面审查，不受上诉和抗诉范围的限制。对于缺席审判的案件，第二审人民法院关于审理范围也不应限于上诉或者抗诉的范围。

第二，本条所说的人民检察院的抗诉，是对一审未生效裁判的抗诉。对于生效判决的抗诉，应当根据刑事诉讼法第二百五十四条的规定进行，即上级人民检察院对下级人民法院已经发生法律效力的判决和裁定，如果发现确有错误，有权按照审判监督程序向同级人民法院提出抗诉。

相关规定

《中华人民共和国宪法》第 134 条；《中华人民共和国刑事诉讼法》第 8 条、第 10 条、第 202 条、第 227 条、第 228 条、第 233 条、第 254 条、第 295 条

修改后的刑事诉讼法第二百九十五条规定："在审理过程中，被告人自动投案或者被抓获的，人民法院应当重新审理。

"罪犯在判决、裁定发生法律效力后到案的，人民法院应当将罪犯交付执行刑罚。交付执行刑罚前，人民法院应当告知罪犯有权对判决、裁定提出异议。罪犯对判决、裁定提出异议的，人民法院应当重新审理。

"依照生效判决、裁定对罪犯的财产进行的处理确有错误的，应当予以返还、赔偿。"

条文主旨

本条是关于缺席被告人到案的处理和财产处理错误的救济的规定。

立法背景

相对于对席审判，缺席审判的被告人没有亲自出席法庭与证人对质、未就自己的定罪及量刑问题直接发表意见，其最后陈述的诉讼权利也没有实际行使。因此，实践中在适用缺席审判时需要格外审慎，在严格限制适用条件的同时，对被告人的权利也要给予充分的保障和救济。缺席审判最主要的特殊性，在于作为案件当事人的被告人未出席法庭审判。那么，缺席审判制度不可回避的一个问题就是，如果缺席的被告人又能够出席法庭审理的情况下，之前所进行的刑事诉讼活动应如何对待。

实践中，缺席的被告人重新出现时，必然会引起相应的法律后果。此前的诉讼进程、诉讼行为的法律效力要如何处理，被告人的权利要如何保障，如何处理好这两者之间的辩证关系，都是需要考虑的重要问题。立法机关经过研究，最终的方案是根据不同的阶段和情形，作不同的处理，规定了人民法院的重新审理制度。主要有如下考虑：

一是，规定缺席的被告人到案后的重新审理制度符合国际通行做法。国外有缺席审判制度的国家大多根据不同的情形规定了一定限度的重新审理制度。如俄罗斯刑事诉讼法第二百四十七条中规定，对于被告人身处俄罗斯联邦领域外或者逃避出庭的重度犯罪或者极其重度犯罪案件，法院进行缺席审判的，被判刑人归案后，经被判刑人或者其辩护人申请，法院可以撤销原判，重新审理。

再如法国刑事诉讼法对于缺席审判，分两种情形规定了提出异议和重新审判的程序。对于可能判处十年以下监禁的轻罪案件，法国刑事诉讼法第四百八十九条、第四百九十四条规定，法院进行缺席审判的，被告人有权对判决执行提出异议。被告人提出异议的，缺席审判的判决视为不曾作出，法院应当重新审判，但被告人在重新审判时经催告后不出庭的，所提异议失去效力。对于可能判处无期徒刑或者十年以上监禁的重罪案件，法国刑事诉讼法第三百七十九条规定，法院进行缺席审判的，审判后被告人被逮捕或者自动投案，缺席审判的判决即视为不曾作出，法院应当重新审判。

二是，被告人到案后的重新审理制度这一保障被告人权利的规定，有利于丰富境外追逃追赃的手段，最大限度地寻求和实现境外追逃追赃的国际合作。从国际刑事司法协助的实际情况来看，缺席审判被很多国家作为拒绝司法协助、引渡等国际合作的一项重要理由，除非对缺席审判的被告人给予到案后的重新审判的机会。我国引渡法第八条中也规定，“请求国根据缺席判决提出引渡请求”，应当拒绝引渡，同时规定请求国承诺在引渡后对被请求引渡人给予在其出庭的情况下进行重新审判机会的除外。我国与外国缔结双边引渡条约时，也都谨慎处理缺席审判问题，如《中华人民共和国和法兰西共和国引渡条约》第三条第六项将“请求方根据缺席判决提出引渡请求，并且请求方没有保证在引渡后重新进行审理”规定为“应当拒绝引渡的理由”。

三是，从被告人诉讼权利的保护和救济的角度来考虑，规定缺席的被告人到案后的重新审理是必要的。根据第二百九十一条和第二百九十二条的规定，缺席审判的被告人在境外，可能从未到过案，从未接受过监察机关或有关司法部门的讯问，从未当面提出过辩解。因此，区分不同阶段，对于在审理的过程中到案的被告人，赋予其重新审理的权利，有助于被告人出席法庭，对证据进行质证，提出证据或就自己的定罪及量刑问题发表意见。对于判决、裁定发生效力后被告人到案的，赋予罪犯提出异议的权利，不提出异议的，就不重新审理，但只要罪犯提出异议，就应当重新审理。这主要是考虑到，有些案件可能因时过境迁，重新审理意义不大。整体上来说，这样规定，有利于人民法院查明案件事实，综合全案情况对定罪量刑作出正确判决，也有利于保障被告人辩护权等诉讼权利和其他合法权益，是符合我国刑事诉讼法尊重和保障人权的精神的。

条文解读

本条共分三款。第一款是关于在审理过程中，被告人自动投案或者被抓获的，人民法院应当重新审理的规定。

这里的“审理过程中”，是指从法院收到案件、开庭审理到判决、裁定发生法律效力之前的全过程，包括一审程序，也包括二审程序。实践中，被告人一审时不在案的，对于一审判决可以根据第二百九十四条的规定，提出上诉，进入二审程序；在二审时自动投案或被抓获的，人民法院也应当重新审理。

这里的“自动投案”，是指在人民法院审理过程中，被告人出于本人的意愿而主动向司法机关承认自己的犯罪事实，并自愿置于司法机关控制之下的行为。这里的“被抓获”，是指在人民法院审理过程中，被告人被司法机关抓捕归案。实践中，虽然人民法院已经决定缺席审理，但监察机关、公安机关等相关部门应当继续依法追逃追赃，尽可能采取劝返、遣返、引渡等方式让被告人回国接受审判。对于上述机关经过各方面工作，使得被告人自动投案或者被动归案的，就应当按照本条规定处理。

这里的“重新审理”，是指让案件回到缺席审判之前的状态地位，重新进行审判。人民法院重新审判案件，按照普通程序进行审理，审理程序包括决定开庭审理，告知诉讼权利，开展法庭调查，法庭辩论，被告人进行最后陈述，法院作出判决等。其中，被告人自动投案并如实供述自己的罪行的，根据我国刑法第六十七条的规定，构成自首的，也应按照刑法的规定，予以从宽处理，即可以从轻或者减轻处罚。

第二款是关于罪犯在判决、裁定发生法律效力后，交付执行刑罚前到案的，如何处理的规定。根据本款规定，人民法院首先得告知罪犯有权对判决、裁定提出异议，只要罪犯提出异议，人民法院应当重新审理。如果罪犯没有提出异议，就不重新审理。

这里的“判决、裁定发生法律效力”是指一审判决、裁定作出后，在法定期限内没有上诉和抗诉，判决和裁定发生法律效力，或者上诉或抗诉后，二审的判决、裁定生效的情况。这里的“交付执行刑罚前”强调的是被告人提出异议的时间节点，如果被告人在交付执行刑罚后才提出异议的，则不能重新审理，而只能按照审判监督程序处理。这里的“重新审理”和第一款规定的“重新审理”一样，都是指人民法院按照一审普通程序重新审理案件。

第三款是关于依照生效判决、裁定对罪犯的财产的处理确有错误的，应当予以返还、赔偿的规定。

这里的“依照生效判决、裁定对罪犯的财产进行的处理”是指对违法所得及其他涉案财物的处理，以及财产刑的执行等。主要包括对查封、扣押、冻结的财物及其孳息作出的处理，对违法所得的追缴和退赔被害人，对附带民事诉讼判决、裁定的财产部分的执行，对罚金和没收财产等财产刑的执行等。

这里的“确有错误”，主要是指人民法院根据本章的规定，对被告人的缺席审判的判决、裁定生效后，依照生效判决、裁定对其财产进行了处理，但人民法院经重新审理，发现对其财产所作处理确实发生了错误的情况。“返还”，是指将错误处理的财产及时退还给被告人。“赔偿”，是指错误的财产处理给被告人和有关利害关系人造成经济损失的，应当予以赔偿，财产若已经损毁或灭失的，也应当予以赔偿。

在本条的理解适用中，还需要注意以下几个方面的问题：

第一，本条规定的重新审理仅指人民法院的审判阶段，不包括监察机关的调查、公安机关的侦查和人民检察院的审查起诉阶段。若人民法院在审理过程中，对证据有疑问的，可以根据第一百九十六条的规定，宣布休庭，对证据进行调查核实；检察人员提出补充侦查的建议的，人民法院可以根据第二百零四条的规定，决定延期审理。

第二，本条规定的重新审理适用的程序为一审普通程序。根据刑事诉讼法的有关规定，简易程序和速裁程序适用于基层人民法院审理的案件。而根据第二百九十一条的规定，被告人在境外的缺席审判案件，由犯罪地或者被告人离境前居住地的中级人民法院或者最高人民法院指定的中级人民法院组成合议庭审理。因此，这里的重新审理应当是按照普通程序进行审理，而不能适用简易程序、速裁程序审理。

相关规定

《中华人民共和国刑事诉讼法》第 2 条、第 103 条、第 238 条、第 245 条、第 291 条、第 292 条；《中华人民共和国刑法》第 67 条；《中华人民共和国引渡法》第 8 条；《中华人民共和国国家赔偿法》第 18 条

修改后的刑事诉讼法第二百九十六条规定："因被告人患有严重疾病无法出庭，中止审理超过六个月，被告人仍无法出庭，被告人及其法定代理人、近亲属申请或者同意恢复审理的，人民法院可以在被告人不出庭的情况下缺席审理，依法作出判决。"

条文主旨

本条是关于因被告人患有严重疾病无法出庭，中止审理的案件，在符合一定的条件时可以缺席审判的规定。

立法背景

1. 实践需求

中止审理是 2012 年修改刑事诉讼法时增加的制度。中止审理是指人民法院在受理案件后，作出判决前，出现了一些使审判在一定时间内无法继续进行的情况，决定暂时停止案件审理，待有关情形消失以后，再行恢复审判活动的制度。根据刑事诉讼法第二百零六条的规定，人民法院可以中止审理的情形包括被告人

患有严重疾病，无法出庭的；被告人脱逃的；自诉人患有严重疾病，无法出庭，未委托诉讼代理人出庭的；由于不能抗拒的原因四种。这里的“患有严重疾病，无法出庭”主要指的是因患严重疾病无法辨认、控制自己的行为，无法表达自己的真实意思，也包括出庭可能影响其生命健康等，而不是一患重病，就中止审理。这里的被告人既包括公诉案件的被告人，也包括自诉案件的被告人。根据刑事诉讼法第二百零六条的规定，中止审理的原因消失后，应当恢复审理。

规定中止审理制度后，解决了法院在审判过程中，一些案件因客观原因在较长时间内无法继续审理，程序上应当如何处理的问题。但在司法实践中，也出现了一些新的问题和需求，有的司法机关反映，在被告人因患有严重疾病，无法出庭而中止审理的案件中，案件中止审理一段时间后，有的被告人或者其近亲属因为一些特定原因，向法院提出恢复法庭审理的要求。如有的被告人因严重疾病难以治愈，一直无法出庭，但希望案子能有个了结；有的被告人成为精神病人或者失去知觉的“植物人”，短时间内无痊愈可能，但其法定代理人、近亲属或相关人希望案件能有个结果；有的案件涉及财产的处理，被告人及其法定代理人、近亲属或相关利害关系人希望案件能早有定论，以便尽早依法对财产作出处理。

上述意见都是从审判实践的需要提出的，都有一定道理。同时，考虑到中止审理毕竟是一种悬而不决、暂时性的制度安排，长时间的中止审理不利于固定证据、查明案情，可能会导致之后的审判遇到困难，也不利于法律关系的稳定，而实践中被告人和相关利害关系人也有合理诉求，为使刑事诉讼程序进一步科学化和精细化，有必要新增加因患有严重疾病无法出庭而中止审理的案件，若中止审理超过了一定时限，被告人及其法定代理人、近亲属愿意恢复审理的，法院可以在被告人不出庭的情况下审理，依法作出判决的规定。

2. 本条规定的缺席审判是非典型的缺席审判

本条规定的被告人因病不能出庭案件的缺席审判是一种非典型的缺席审判制度，与刑事诉讼法第二百九十一条至第二百九十五条规定的缺席审判有很大的区别。第一，前文规定的缺席审判，被告人是不在案的，针对的是被告人犯有特定罪行而在境外逃避审判的情形；而本条规定的缺席审判，被告人是在案的，只是因为身体原因而导致客观上没有办法出庭。第二，本条规定的缺席审判对被告人的权利是有充分保障的。这里的被告人是在案的，对案情、证据情况以及不出庭导致的法律后果是有充分认识的，也可以由辩护人出庭辩护，可以做到其权利保障与出庭审理没有本质区别。第三，本条规定是有利于被告人的。本条规定的缺席审判程序，是经被告人及其法定代理人、近亲属申请或者同意的，非经其申请或同意，程序不会启动。可以说，本条规定赋予了被告人及其法定代理人、近亲属程序上的一种选择权，可以选择继续保持中止审理状态，也可以选择中止审理一定期限后缺席审理。第四，前文规定的缺席审判是为了加强追逃追赃工作，本条规定的缺席审判的目的在于尽快了结案件，结束法律关系不稳定的状态。第五，本条规定的缺席审判不是强制性的，而是可选择的。首先是须经被告人及其法定代理人、近亲属申请或者同意，其次是人民法院根据情况，可以在被告人不出庭的情况下缺席审判，也可以根据情况决定继续中止审理。

3. 有关考虑

本条规定的缺席审判虽然在适用对象、条件等方面与前文规定的缺席审判不完全一样，但被告人都不能亲自出席法庭与证人对质，不能亲自就自己的定罪及量刑问题在法庭上发表意见，不能亲自发表最后陈述意见。因此，对这一制度与刑事诉讼通常所要求的公正审判、程序参与等刑事诉讼原则是否存在一定程度的冲突，如何理解其与刑事诉讼价值、原则和被告人法庭审理的在场权等的关系，需要有所考虑：

一是，关于刑事诉讼公正与效率价值的权衡。刑事诉讼的价值目标应当是以公正为基础的，公正与效率的统一。公正为首要目标，同时，应兼顾效率。被告人接受审判时在场是程序公正的基本要求，但司法实践中，被告人因病不能出庭的，如果单纯考虑程序公正而不允许缺席审判，可能导致一些案件久拖不决，被犯罪所破坏的社会关系难以恢复，有的情况下也不利于被告人自身权利的保护。因此，允许在一定条件下的缺席审判，并辅以相应的救济、保障措施，可能在有的情况下，更有利于实现公正与效率价值的最大化。

二是，关于程序参与原则。刑事诉讼的程序参与原则要求程序所涉及的利害关系人或者他们的代理人，能够参加诉讼，对与自己的人身、财产等权利有关的事项，有知悉权和发表意见权。根据中止审理的有关规定，中止审理时，被告人已经作为犯罪嫌疑人接受过公安机关、检察机关等有关机关的讯问，大部分被告人在法院也到过庭，对检察院的指控事项以及证据情况有了解，其知情权得到了一定程度的保障。被告人中止审理的案件，被告人主动申请缺席审判，属于其主动或者自愿的缺席，法庭并没有限制其参与审判并发表意见的途径和机会。同时，被告人还可以通过辩护人或者其他途径发表意见，人民法院实际上有条件保障被告人对程序的实质参与。

三是，关于被告人法庭审理的在场权。法庭审理在场权是被告人的重要诉讼权利，是其享有的其他一系列诉讼权利的基础和前提。同时，也应当允许被告人在一定条件下，放弃法庭审理的在场权。被告人作为诉讼主体，享有一系列的诉讼权利，可以在法律规定的范围内，根据自由意志行使或者放弃这些权利，国家应当尊重被告人的选择权。从其他国家的规定来看，美国、俄罗斯、德国、英国、法国、意大利、日本等国都有针对一定案件，在特定情况下经被告人申请或者同意后，进行缺席审判的规定。如美国联邦刑事诉讼规则规定，对于法定刑为罚金或者一年以下监禁，或者两者并处的案件，被告人书面同意不出庭的，不需要被告人到庭即可进行审判；对于其他案件（包括重罪案件），被告人在初次到庭后在后续的审判活动中自愿不到庭的，视为放弃到庭的权利，法院可在被告人缺席的情况下继续进行审判。又如法国刑事诉讼法规定，对于可能判处罚金或者二年以下监禁的案件，被传唤的被告人致函法院要求不出庭的，法院可以在被告人不在场的情况下进行审理，但应当听取其辩护人的意见，这一审判视为对席审判。

被告人主动缺席的审判程序，意味着其自愿放弃了审判时在场的权利，但其获得公正审判的权利并不因未到场而丧失。本条规定的被告人因病不能出庭案件的缺席审判，被告人是在案的，对案情和证据情况有充分认识，启动要经其申请或同意，可以委托辩护人出庭辩护，可以说其权利得到了充分的保障。

条文解读

建立被告人因病不能出庭案件的缺席审判制度，有利于及时固定证据，避免因时过境迁导致证人记忆减退、实物证据变质灭失等情形发生，可以防止案件久拖不决，尽快修复被犯罪破坏的社会关系，实现公正与效率的平衡。因此，总体上看，该制度对于提高诉讼效率，完善刑事审判制度是必要的，但因为被告人不能出席法庭，刑事审判程序中规定的讯问被告人的环节和被告人提出证据、质证、辩论和最后陈述等诉讼权利不能予以充分保障。相对于被告人出庭的审判，缺席审判终归是一种有“天然缺陷”的程序制度，只能作为被告人审判时应当在场的例外、补充情形而存在，对其适用需要慎重，要严格限制条件，并且对被告人的权利给予充分的保障和救济。

根据本条规定，被告人因病不能出庭案件的缺席审判的条件主要包括以下两个方面：一是，中止审理超过六个月，被告人仍无法出庭。被告人因患严重疾病不能出庭，法院首先得依2012年修改后的刑事诉讼法，根据情况决定中止审理。中止审理超过六个月，被告人仍无法出庭时，才存在缺席审理的可能。

二是，需经被告人及其法定代理人、近亲属申请或同意才能恢复审理。这里的“法定代理人”是指依照法律规定对无行为能力的被告人负有监护义务的人，如被告人的配偶、父母或其他监护人。根据我国民法总则的规定，无民事行为能力人、限制民事行为能力人的监护人是其法定代理人。这里的“近亲属”是指被告人的夫、妻、父、母、子、女、同胞兄弟姊妹。根据本条规定，只有被告人及其法定代理人、近亲属申请或者同意恢复案件审理，也就是放弃法庭审理的在场权时，才能缺席审理。

在符合以上两个条件的情况下，人民法院可以在被告人不出庭的情况下缺席审理。需要特别注意的是，这里规定的是“可以”，而非“应当”。这就赋予了人民法院一定的程序选择权，人民法院可以根据案件的具体情况，决定是否缺席审理。实践中，案件的证据情况，被告人不出庭对查明案情的影响，被害人等其他当事人对缺席审理的意见，缺席审理可能的效果等，都可以是人民法院决定是否缺席审理的考虑因素。

在本条的理解适用中，还需要注意以下几个方面的问题：

第一，因为刑事诉讼的性质，人民法院在审理案件的过程中，要特别注意保障被告人放弃权利的自愿性，避免违背被告人的意愿进行缺席审理的情形发生。

第二，被告人的辩护权应依法予以保障。被告人可以根据刑事诉讼法第三十五条的规定，随时委托辩护人，辩护人可以出庭为其辩护。被告人没有委托辩护人，但符合法律援助情形和条件的，法律援助机构应当指派律师为其提供辩护。

第三，在人民法院缺席审理的过程中，被告人因身体状况好转而申请出庭的，人民法院应当允许其出庭。当然，被告人出庭前法院依法已经进行的审理活动是有效的。

第四，人民法院对于缺席审理的案件，在作出判决时，也是依照刑事诉讼法第二百条的规定，根据已经查明的事实、证据和有关的法律规定，分别作出判决。即，案件事实清楚，证据确实、充分，依据法律认定被告人有罪的，应当作出有罪判决；依据法律认定被告人无罪的，应当作出无罪判决；证据不足，不能认定被告人有罪的，应当作出证据不足、指控的犯罪不能成立的无罪判决。不能因系缺席审理而降低证明标准。

第五，被告人的权利救济应依法予以保障。如根据刑事诉讼法第二百二十七条至第二百三十条的规定，被告人及其法定代理人可以上诉，被告人的辩护人和近亲属，经被告人同意，可以上诉。人民检察院可以提出抗诉。根据刑事诉讼法第五章的规定，也可以依审判监督程序提请再审等。

第六，对于其他没有特别规定的事项，应适用刑事诉讼法的一般规定。被告人因病不能出庭案件的缺席审判是一种特殊的法庭审理程序，对于法律有特别规定的，应当适用该特别规定，对于法律未作特别规定的，则应适用刑事诉讼法的一般规定。

相关规定

《中华人民共和国刑事诉讼法》第2条、第34条、第35条、第101条、第108条、第200－202条、第206条；《中华人民共和国民法总则》第23条、第27条、第28条、第36条

修改后的刑事诉讼法第二百九十七条规定："被告人死亡的，人民法院应当裁定终止审理，但有证据证明被告人无罪，人民法院经缺席审理确认无罪的，应当依法作出判决。

"人民法院按照审判监督程序重新审判的案件，被告人死亡的，人民法院可以缺席审理，依法作出判决。"

条文主旨

本条是关于被告人死亡案件可以缺席审判的规定。

立法背景

本条是2018年10月26日第十三届全国人民代表大会常务委员会第六次会议通过的关于修改刑事诉讼法的决定新增加的规定。在刑事审判的过程中，如果被告人死亡的，应当如何处理？一般来说，刑事诉讼法的目的是追究犯罪人的刑事责任，如果犯罪人死亡，刑事责任也就无从追究。因此，在刑事审判过程中，被告人死亡的，刑事诉讼法明确规定应当裁定终止审理。对此，本法第十六条、2012年《最高人民法院关于适用中华人民共和国刑事诉讼法的解释》、2012年《最高人民法院、最高人民检察院、公安部、国家安全部、司法部、全国人大常委会法制工作委员会关于实施刑事诉讼法若干问题的规定》都作了明确规定，即人民法院在审理案件过程中，被告人死亡的，应当裁定终止审理。同时，考虑到有的案件已经审理，且根据已查明的案件事实和认定的证据，能够确认被告人无罪。对这类符合作出无罪判决的条件的案件，依法宣告无罪，更有利于保护公民及相关人员的权利，也有利于一些相关事项的处理，司法解释又进一步明确，这种情况下，应当判决宣告被告人无罪。

近年来，有意见提出还有几种情形，也可以在法律中作出规定：一是，被告人死亡时，根据已在庭审中质证的证据，尚无法确认被告人无罪，但案件还存在未在庭审中质证的证据，这些证据可能足以证明被告人无罪，能否继续开庭审理？二是，人民法院按照审判监督程序重新审判的案件中，有的被告人已经死亡，这种被告人死亡的案件在重新审理中，是没有被告人出庭的，也相当于是一种缺席审判的情形。为此，2018年修改刑事诉讼法，根据司法实践情况、需求和有关方面的意见，增加了本条规定。

条文解读

本条共分两款。第一款是关于被告人死亡的，人民法院应当裁定终止审理，但有证据证明被告人无罪，人民法院经缺席审理确认无罪的，应当依法作出判决。

本款含有两层意思：一是，对于被告人在审判阶段死亡的，人民法院原则上应当裁定终止审理。因为根据我国刑法规定，只有对实施犯罪的人才能追究刑事责任，不能株连他人。被告人既然死亡了，没有科刑的对象，再追究其刑事责任就没有实际意义，所以就不必继续追究。需要指出的是，适用本规定的前提是被告人在人民法院审理案件过程中死亡，如果犯罪嫌疑人死亡不是发生在人民法院审判阶段，而是发生在侦查和审查起诉过程中，应当依照本法第十六条的规定，由公安机关撤销案件或者由人民检察院作不起诉处理。

二是，被告人在审判阶段死亡，但有证据证明被告人无罪，人民法院经缺席审理确认无罪的，应当依法作出判决。“有证据证明被告人无罪”是指有确切的证据证明被告人不构成犯罪，比如，有证据证明没有犯罪事实发生、犯罪事实不是被告人所为、被告人的行为属于正当防卫、紧急避险行为等。对于被告人死亡，但有证据证明被告人无罪的案件，人民法院经审理确认已经死亡的被告人无罪的，应当依法作出被告人无罪的判决。实践中，如果案件经缺席审理后不能认定已经死亡的被告人无罪的，应当根据本款第一句的规定和本法第十六条的规定，裁定终止审理。

值得注意的是，在全国人大常委会审议法律草案和向社会征求意见过程中，都有意见关注本款规定和本法第十六条的关系问题。有的意见提出，本法第十六条和相关司法解释已经明确人民法院在审理案件过程中，被告人死亡的处理程序，即一般应当裁定终止审理，如果根据已查明的案件事实和认定的证据，能够确认无罪的，应当判决宣告被告人无罪，对于情节显著轻微、危害不大，不认为是犯罪的，应当作出判决，宣告无罪。是否还有必要在本款中作出规定，内容是否有重复？实际上可以理解，本款的规定与本法第十六条的规定在精神上是一致的，即不能追究已经死亡的人的刑事责任的前提下，对于无罪者要还以清白。同时，两条也存在区别：本法第十六条是从处理结果的角度对被害人死亡案件的处理作出规定，本款则是从程序角度作出规定，即可以对被害人死亡案件进行缺席审理，为被告人死亡后有证据证明被告人无罪的案件提供了可以继续开庭审理的法律依据，同时在处理结果上对本法第十六条的规定作了补充。由此，对于法院审理过程中被告人死亡的案件，有证据证明被告人无罪的，可以继续开庭审理。

本条第二款是关于被告人死亡的，再审案件可以缺席审判的规定。本款的规定主要是为被告人已经死亡，按照审判监督程序重新审判的案件提供缺席审判的法律依据。“再审案件”是指根据本法第三编第五章“审判监督程序”的规定，人民法院对符合条件的已经发生法律效力的判决、裁定，按照审判监督程序进行重新审判的案件。如果人民法院再审的案件，被告人已经死亡，事实上案件只能在没有被告人出庭的情况下审理。本款规定对于人民法院按照审判监督程序重新审判的案件，被告人死亡的，人民法院可以缺席审理，依法作出判决，为办理此类案件提供了程序上的法律依据。需要注意的是，与本条第一款的规定不同，再审的案件，是发现已经生效的裁判确有错误等法定原因而提起的。因此，经过再审后，需要根据案件审理的实际情况作出相应判决，而不是一律都是判决无罪。

在本条的理解适用中，还需要注意以下问题：

一是，结合本条第一款和本法第十六条以及相关司法解释的规定，对于人民法院在审理案件过程中，被告人死亡的，应当区别以下情况分别作出处理：（1）一般应当裁定终止审理；（2）根据已查明的案件事实和认定的证据，能够确认被告人无罪的，应当判决宣告被告人无罪；（3）有证据证明被告人可能无罪，经缺席审理确认无罪的，应当判决宣告被告人无罪；（4）对于情节显著轻微、危害不大，不认为是犯罪的，也应当作出判决，宣告被告人无罪。

二是，本条虽然规定在“缺席审判程序”一章中，但是与本章除第二百九十六条之外的其他条款规定的并不是同一性质的问题，除本条和第二百九十六条之外，本章其他条款的主要内容是建立犯罪嫌疑人、被告人在境外的缺席审判制度和具体的审判程序，并对这种情况下如何保障缺席被告人的诉讼权利等作出规定。本条是关于被告人死亡案件可以缺席审判的规定，属于衔接性规定。因此，本法第二百九十三条、第二百九十四条规定的被告人近亲属享有的代为委托辩护人、有权提起上诉等专为保障潜逃境外的缺席被告人诉讼权利而作出的规定，不适用于本条中的被告人的近亲属。

相关规定

《中华人民共和国刑事诉讼法》第16条、第241－247条、第293条、第294条、第296条

二十六、将第二百九十条改为第三百零八条，修改为：“军队保卫部门对军队内部发生的刑事案件行使侦查权。

“中国海警局履行海上维权执法职责，对海上发生的刑事案件行使侦查权。

“对罪犯在监狱内犯罪的案件由监狱进行侦查。

“军队保卫部门、中国海警局、监狱办理刑事案件，适用本法的有关规定。”

条文主旨

本条是关于军队保卫部门、中国海警局、监狱的侦查权，以及适用本法有关规定办理刑事案件的规定。

立法背景

2013年3月14日，全国人大通过了《国务院机构改革和职能转换方案》，为推进海上统一执法，提高执法效能，将国家海洋局及其中国海监、公安部边防海警、农业部中国渔政、海关总署海上缉私警察的队伍和职责整合，重新组建国家海洋局，由国土资源部管理。重组后的国家海洋局的主要职责是，拟订海洋发展规划，实施海上维权执法，监督管理海域使用、海洋环境保护等。国家海洋局以中国海警局名义开展海上维权执法，接受公安

部业务指导。根据这一决定，中国海警局行使原公安边防海警、海关总署海上缉私警察的刑事执法权。此后，中国海警局依法履行职权，侦查办理海上发生的案件，如走私、毒品、偷越国（边）境、非法捕捞、破坏海洋资源等刑事案件，对于维护海上治安和安全，维护国家海洋权益，发挥了重要作用。

2018 年，为了有效维护我国海洋权益，根据党的十九大和十九届三中全会精神，按照《深化党和国家机构改革方案》和党中央、中央军委关于武警部队改革的决策部署，海警队伍转隶武警部队，调整组建中国人民武装警察部队海警总队，对外称中国海警局，统一履行海上维权执法职责，行使公安机关、有关行政机关的相应执法职权。海警转隶后，由于其领导指挥体制、运行机制、协作关系等都将发生重大变化，2013 年十二届全国人大一次会议审议通过的《国务院机构改革和职能转变方案》关于中国海警局履行海上维权执法职责的相关规定，以及《刑事诉讼法》《治安管理处罚法》《渔业法》《海关法》《海域使用管理法》《海洋环境保护法》《海岛保护法》《野生动物保护法》等法律中关于海警队伍执行海上维权执法任务、行使公安机关和有关行政机关相应执法职权等的有关规定，需要作出调整修改，以适应重新调整组建的中国海警局履行维权执法职能，打击海上违法犯罪的需要。

为了保证机构改革方案的顺利完成，平稳有序调整法律规定的行政机关职责和工作，确保行政机关依法履行职责、开展工作，推进国家机构设置和职能配置优化协同高效，全国人大常委会于 2018 年 4 月 27 日通过了《关于国务院机构改革涉及法律规定的行政机关职责调整问题的决定》，明确规定，现行法律规定的行政机关职责和工作，《国务院机构改革方案》确定由组建后的行政机关或者划入职责的行政机关承担的，在有关法律规定尚未修改之前，调整适用有关法律规定，由组建后的行政机关或者划入职责的行政机关承担；相关职责尚未调整到位之前，由原承担该职责和工作的行政机关继续承担。同时，为了保证海警队伍改革于法有据、稳妥推进，转隶后海上维权执法任务接续完成，考虑到改革任务较为紧迫，而法律修改的周期较长，2018 年6 月22 日第十三届全国人民代表大会常务委员会第三次会议通过了《全国人民代表大会常务委员会关于中国海警局行使海上维权执法职权的决定》(以下简称《决定》)。《决定》作了三个方面的规定：一是，明确中国海警局海上维权执法职责任务。中国海警局履行海上维权执法职责，包括执行打击海上违法犯罪活动、维护海上治安和安全保卫、海洋资源开发利用、海洋生态环境保护、海洋渔业管理、海上缉私等方面的执法任务，以及协调指导地方海上执法工作。二是，明确中国海警局履行海上维权执法相应法定职权。中国海警局执行打击海上违法犯罪活动、维护海上治安和安全保卫等任务，行使法律规定的公安机关相应执法职权；执行海洋资源开发利用、海洋生态环境保护、海洋渔业管理、海上缉私等方面的执法任务，行使法律规定的有关行政机关相应执法职权。主要包括执行海上打击违法犯罪活动、维护治安和安全保卫等任务时，行使《刑事诉讼法》《治安管理处罚法》等法律规定的公安机关相应执法职权；执行海洋资源开发利用、海洋生态环境保护、海洋渔业管理、海上缉私等方面执法任务时，行使《渔业法》《海关法》《海域使用管理法》《海洋环境保护法》《海岛保护法》《野生动物保护法》等法律规定的有关行政机关相应执法职权。《决定》还明确规定中国海警局与公安机关、有关行政机关建立执法协作机制。三是，明确了制定和修改有关法律的要求。为了确保立法与改革紧密衔接，明确条件成熟时及时制定和修改完善中国海警局履行海上维权执法职责的现行有关法律法规，提供更加完备的法律保障。条件成熟时，有关方面应当及时提出制定、修改有关法律的议案，依照法定程序提请审议。《决定》自2018年7月1日起施行。在这次修改刑事诉讼法征求意见过程中，有关方面和社会公众提出，为做好与《决定》的衔接，保障打击海上犯罪工作依法顺利开展，建议在刑事诉讼法中增加相应规定，明确中国海警局的侦查主体地位。2018年修改刑事诉讼法，在附则中增加一款，规定中国海警局履行海上维权执法职责，对海上发生的刑事案件行使侦查权；中国海警局办理刑事案件适用刑事诉讼法的有关规定。

条文解读

本条共分四款。第一款是关于军队保卫部门对军队内部发生的刑事案件行使侦查权的规定。1979年刑事诉讼法未对军队保卫部门的侦查权作出规定。1993年全国人大常委会通过的《关于中国人民解放军保卫部门对军队内部发生的刑事案件行使公安机关的侦查、拘留、预审和执行逮捕的职权的决定》规定："中国人民解放军保卫部门承担军队内部发生的刑事案件的侦查工作，同公安机关对刑事案件的侦查工作性质是相同的，因此，军队保卫部门对军队内部发生的刑事案件，可以行使宪法和法律规定的公安机关的侦查、拘留、预审和执行逮捕的职权。"1996年修改刑事诉讼法时吸收了相关内容。根据本款的规定，军队保卫部门负责军队内部发生的刑事案件的侦查工作，其性质同公安机关对刑事案件的侦查是相同的，因此享有同公安机关相同的侦查权，包括拘留、执行逮捕、预审等职权以及讯问犯罪嫌疑人、询问证人、勘验、检查、搜查、扣押物证、书证、鉴定等侦查手段。这里所说的军队内部发生的刑事案件，主要是指军队现役军人、文职干部、在编职工犯罪的案件。军队现役军人、文职干部、在编职工在地方上作案的，也属于军队内部的刑事案件，由军队保卫部门侦查。对于军队和地方互涉的案件，最高人民法院、最高人民检察院、公安部、总政治部于 1982 年 11 月 25 日作出了《关于军队和地方互涉案件几个问题的规定》，1987 年 12 月 21 日又作出了《关于军队和地方互涉案件侦查工作的补充规定》。这些规定对军地互涉案件军队和地方的分工处理作了明确规定。2012 年刑事诉讼法修改后，最高人民法院、最高人民检察院、公安部等的司法解释和规范性文件均明确要求军队和地方互涉刑事案件，按照有关规定确定管辖。

第二款是关于中国海警局履行海上维权执法职责，对海上发生的刑事案件行使侦查权的规定。在刑事诉讼法中增加中国海警局行使侦查权的条款，使全国人大常委会的决定与刑事诉讼法相衔接，确保国家法律体系的统一，也符合当前国际上关于海上刑事侦查权的通行做法。根据本款规定，中国海警局是履行海上维权执法职责，行使海上刑事案件侦查权的机关。对于在海上发生的刑事案件，包括走私、毒品、偷越国（边）境、非法捕捞、破坏海洋资源等刑事案件，可以依法行使侦查权。海警局的侦查权性质上同公安机关对刑事案件的侦查是相同的，享有同公安机关相同的侦查权，包括拘留、执行逮捕、预审等职权以及讯问犯罪嫌疑人、询问证人、勘验、检查、搜查、扣押物证、书证、鉴定等侦查手段。刑事诉讼法是公安机关等在办理案件中的重要依据，海警局对海上发生的案件行使刑事侦查权的过程中，要严格遵守刑事诉讼法规定的各种制度和程序。侦查终结后，海警局认为应当追究犯罪嫌疑人刑事责任的，应当写出起诉意见书，连同案卷材料、证据一并移送人民检察院审查起诉。

第三款是关于监狱对罪犯在监狱内犯罪的案件行使侦查权的规定。1994 年全国人大常委会通过的监狱法第六十条规定，对罪犯在监狱内犯罪的案件，由监狱进行侦查。1996 年修改刑事诉讼法时吸收了相关内容。根据本款的规定，监狱对监狱内发生的刑事案件进行侦查，也享有公安机关侦查案件的职权，包括预审、讯问犯罪嫌疑人、询问证人、勘验、检查、搜查、扣押物证、书证、鉴定等。侦查终结后，监狱认为应当追究犯罪嫌疑人刑事责任的，应当写出起诉意见书，连同案卷材料、证据一并移送人民检察院审查起诉。

第四款是关于军队保卫部门、中国海警局、监狱办理刑事案件适用本法有关规定的规定。本款规定共包含两层意思：一是军队保卫部门、中国海警局、监狱办理刑事案件，享有本法规定的侦查刑事案件的职权，可以行使本法规定的侦查案件的权力；二是军队保卫部门、中国海警局、监狱办理刑事案件，应当遵守本法关于侦查的有关规定，受本法有关规定的约束，如讯问犯罪嫌疑人时侦查人员不得少于二人；不得侵犯犯罪嫌疑人的诉讼权利；侦查实验，禁止一切足以造成危险、侮辱人格或者有伤风化的行为等。当然，人民检察院对案件进行审查起诉、人民法院对案件进行审判过程中，在适用程序、证据审查和采纳、事实认定等方面，对军队保卫部门、中国海警局、监狱要与对公安机关一样，严格适用刑事诉讼法的有关规定。

相关规定

《全国人民代表大会常务委员会关于中国人民解放军保卫部门对军队内部发生的刑事案件行使公安机关的侦查、拘留、预审和执行逮捕的职权的决定》；《中华人民共和国监狱法》第60条；《全国人民代表大会常务委员会关于中国海警局行使海上维权执法职权的决定》

刑事诉讼法的有关章节及条文序号，根据本决定作相应调整。

条文解读

本款是关于刑事诉讼法中有关条文序号调整依据的规定。

2018年修改刑事诉讼法时在刑事诉讼法第五编特别程序中新增加了缺席审判程序一章，在第二编第三章第一审程序中新增加了速裁程序一节，同时还在刑事诉讼法中作了相应增加，这就使得条文序号有了一定的变化，需要对其进行相应调整。其中，本次刑事诉讼法修改中涉及的条文，其新的序号已在关于修改刑事诉讼法的决定各条中予以明确；本次刑事诉讼法修改没有涉及的章节、条文也需要根据刑事诉讼法修改的情况作重新调整；同时，对刑事诉讼法中引用的条文序号有变化的，也应根据修改后的刑事诉讼法条文顺序对引用的条文序号作相应调整。

本次修改刑事诉讼法的有关章节、条文后，需要对整部法律的章节序号作重新调整。因此，本款规定刑事诉讼法的有关章节及条文序号根据关于修改刑事诉讼法的决定作相应的调整。

本决定自公布之日起施行。

条文解读

本款是关于修改刑事诉讼法的决定的施行时间的规定。

根据本款规定，修改刑事诉讼法的决定已于 2018 年 10 月 26 日经第十三届全国人民代表大会常务委员会第六次会议审议通过并予以公布，自公布之日起施行。

本次修改刑事诉讼法的决定之所以公布即施行，主要是考虑到本次刑事诉讼法修改是根据中央决策部署，对国家监察体制改革、反腐败追逃追赃、认罪认罚从宽与速裁程序三个方面进行的修改完善，指向明确、内容特定、幅度有限，不涉及对刑事诉讼法主要程序和基本原则的修改。一是，监察法已于 2018 年 3 月 20 日通过并施行，本次修改刑事诉讼法需与监察法及时做好衔接，避免出现法律规定不一致的情形。二是，党的十八大以来，反腐力度不断加强，国际追逃追赃工作取得重大进展，刑事诉讼法相关修改及时施行，有利于反腐败追逃追赃工作的进一步展开。三是，全国人大常委会于 2016 年 9 月作出《关于授权最高人民法院、最高人民检察院在部分地区开展刑事案件认罪认罚从宽制度试点工作的决定》，并将速裁程序试点工作纳入认罪认罚从宽试点继续进行。上述试点的授权期限为两年，自试点办法印发之日起计算。现需要将可复制、可推广的行之有效的做法及时上升为法律规范，在全国范围内实行。综合以上情况，2018 年修改刑事诉讼法是在需要与监察法相衔接、为反腐败追逃追赃、认罪认罚从宽制度和速裁程序及时提供法律依据的情况下，进行的一次有针对性的修改与完善，符合立即实施的要求和条件。

《中华人民共和国刑事诉讼法》根据本决定作相应修改，重新公布。

条文解读

本条是关于刑事诉讼法修改后重新公布的规定。

现行刑事诉讼法是1979年7月1日由第五届全国人民代表大会第二次会议通过的。1996年3月17日，第八届全国人民代表大会第四次会议通过了《关于修改〈中华人民共和国刑事诉讼法〉的决定》。2012年3月14日，第十一届全国人民代表大会第五次会议通过了《关于修改〈中华人民共和国刑事诉讼法〉的决定》。2018年10月26日，第十三届全国人民代表大会常务委员会第六次会议再次通过《关于修改〈中华人民共和国刑事诉讼法〉的决定》，对刑事诉讼法作了第三次重要修改。

关于修改刑事诉讼法的决定，共二十六条，其中有些是对刑事诉讼法原有规定的补充修改，有些是根据司法实践的需要新增加的规定，有些仅对刑事诉讼法章节条文序号作出了调整。总体看，本次修改内容较为重要，有必要根据决定对刑事诉讼法的文本进行相应修改，重新公布，以便于监察机关、司法机关准确适用修改后的刑事诉讼法，便于广大人民群众学习、掌握修改后的刑事诉讼法。

附　录

全国人民代表大会常务委员会关于修改《中华人民共和国刑事诉讼法》的决定

（2018 年 10 月 26 日第十三届全国人民代表大会常务委员会第六次会议通过）

第十三届全国人民代表大会常务委员会第六次会议决定对《中华人民共和国刑事诉讼法》作如下修改：

一、增加一条，作为第十五条："犯罪嫌疑人、被告人自愿如实供述自己的罪行，承认指控的犯罪事实，愿意接受处罚的，可以依法从宽处理。"

二、将第十八条改为第十九条，第二款修改为："人民检察院在对诉讼活动实行法律监督中发现的司法工作人员利用职权实施的非法拘禁、刑讯逼供、非法搜查等侵犯公民权利、损害司法公正的犯罪，可以由人民检察院立案侦查。对于公安机关管辖的国家机关工作人员利用职权实施的重大犯罪案件，需要由人民检察院直接受理的时候，经省级以上人民检察院决定，可以由人民检察院立案侦查。"

三、将第三十二条改为第三十三条，增加一款，作为第三款："被开除公职和被吊销律师、公证员执业证书的人，不得担任辩护人，但系犯罪嫌疑人、被告人的监护人、近亲属的除外。"

四、增加一条，作为第三十六条："法律援助机构可以在人民法院、看守所等场所派驻值班律师。犯罪嫌疑人、被告人没有委托辩护人，法律援助机构没有指派律师为其提供辩护的，由值班律师为犯罪嫌疑人、被告人提供法律咨询、程序选择建议、申请变更强制措施、对案件处理提出意见等法律帮助。

“人民法院、人民检察院、看守所应当告知犯罪嫌疑人、被告人有权约见值班律师，并为犯罪嫌疑人、被告人约见值班律师提供便利。”

五、将第三十七条改为第三十九条，第三款修改为：“危害国家安全犯罪、恐怖活动犯罪案件，在侦查期间辩护律师会见在押的犯罪嫌疑人，应当经侦查机关许可。上述案件，侦查机关应当事先通知看守所。”

六、将第七十三条改为第七十五条，第一款修改为：“监视居住应当在犯罪嫌疑人、被告人的住处执行；无固定住处的，可以在指定的居所执行。对于涉嫌危害国家安全犯罪、恐怖活动犯罪，在住处执行可能有碍侦查的，经上一级公安机关批准，也可以在指定的居所执行。但是，不得在羁押场所、专门的办案场所执行。”

七、将第七十九条改为第八十一条，增加一款，作为第二款：“批准或者决定逮捕，应当将犯罪嫌疑人、被告人涉嫌犯罪的性质、情节，认罪认罚等情况，作为是否可能发生社会危险性的考虑因素。”

八、将第一百零六条改为第一百零八条，第一项修改为：“（一）‘侦查’是指公安机关、人民检察院对于刑事案件，依照法律进行的收集证据、查明案情的工作和有关的强制性措施”。

九、将第一百一十八条改为第一百二十条，第二款修改为：“侦查人员在讯问犯罪嫌疑人的时候，应当告知犯罪嫌疑人享有的诉讼权利，如实供述自己罪行可以从宽处理和认罪认罚的法律规定。”

十、将第一百四十八条改为第一百五十条，第二款修改为：

"人民检察院在立案后，对于利用职权实施的严重侵犯公民人身权利的重大犯罪案件，根据侦查犯罪的需要，经过严格的批准手续，可以采取技术侦查措施，按照规定交有关机关执行。"

十一、将第一百六十条改为第一百六十二条，增加一款，作为第二款："犯罪嫌疑人自愿认罪的，应当记录在案，随案移送，并在起诉意见书中写明有关情况。"

十二、增加一条，作为第一百七十条："人民检察院对于监察机关移送起诉的案件，依照本法和监察法的有关规定进行审查。人民检察院经审查，认为需要补充核实的，应当退回监察机关补充调查，必要时可以自行补充侦查。

"对于监察机关移送起诉的已采取留置措施的案件，人民检察院应当对犯罪嫌疑人先行拘留，留置措施自动解除。人民检察院应当在拘留后的十日以内作出是否逮捕、取保候审或者监视居住的决定。在特殊情况下，决定的时间可以延长一日至四日。人民检察院决定采取强制措施的期间不计入审查起诉期限。"

十三、将第一百六十九条改为第一百七十二条，第一款修改为："人民检察院对于监察机关、公安机关移送起诉的案件，应当在一个月以内作出决定，重大、复杂的案件，可以延长十五日；犯罪嫌疑人认罪认罚，符合速裁程序适用条件的，应当在十日以内作出决定，对可能判处的有期徒刑超过一年的，可以延长至十五日。"

十四、将第一百七十条改为第一百七十三条，修改为："人民检察院审查案件，应当讯问犯罪嫌疑人，听取辩护人或者值班律师、被害人及其诉讼代理人的意见，并记录在案。辩护人或者值班律师、被害人及其诉讼代理人提出书面意见的，应当附卷。

"犯罪嫌疑人认罪认罚的，人民检察院应当告知其享有的诉讼权利和认罪认罚的法律规定，听取犯罪嫌疑人、辩护人或者值班律师、被害人及其诉讼代理人对下列事项的意见，并记录在案：

“（一）涉嫌的犯罪事实、罪名及适用的法律规定；

“（二）从轻、减轻或者免除处罚等从宽处罚的建议；

“（三）认罪认罚后案件审理适用的程序；

“（四）其他需要听取意见的事项。

“人民检察院依照前两款规定听取值班律师意见的，应当提前为值班律师了解案件有关情况提供必要的便利。”

十五、增加一条，作为第一百七十四条：“犯罪嫌疑人自愿认罪，同意量刑建议和程序适用的，应当在辩护人或者值班律师在场的情况下签署认罪认罚具结书。

“犯罪嫌疑人认罪认罚，有下列情形之一的，不需要签署认罪认罚具结书：

“（一）犯罪嫌疑人是盲、聋、哑人，或者是尚未完全丧失辨认或者控制自己行为能力的精神病人的；

“（二）未成年犯罪嫌疑人的法定代理人、辩护人对未成年人认罪认罚有异议的；

“（三）其他不需要签署认罪认罚具结书的情形。”

十六、将第一百七十二条改为第一百七十六条，增加一款，作为第二款：“犯罪嫌疑人认罪认罚的，人民检察院应当就主刑、附加刑、是否适用缓刑等提出量刑建议，并随案移送认罪认罚具结书等材料。”

十七、将第一百七十三条改为第一百七十七条，第三款修改为：“人民检察院决定不起诉的案件，应当同时对侦查中查封、扣押、冻结的财物解除查封、扣押、冻结。对被不起诉人需要给予行政处罚、处分或者需要没收其违法所得的，人民检察院应当提出检察意见，移送有关主管机关处理。有关主管机关应当将处理结果及时通知人民检察院。”

十八、第二编第三章增加一条，作为第一百八十二条：“犯罪嫌疑人自愿如实供述涉嫌犯罪的事实，有重大立功或者案件涉及国家重大利益的，经最高人民检察院核准，公安机关可以撤销案件，人民检察院可以作出不起诉决定，也可以对涉嫌数罪中的一项或者多项不起诉。

“根据前款规定不起诉或者撤销案件的，人民检察院、公安机关应当及时对查封、扣押、冻结的财物及其孳息作出处理。”

十九、将第一百七十八条改为第一百八十三条，修改为：“基层人民法院、中级人民法院审判第一审案件，应当由审判员三人或者由审判员和人民陪审员共三人或者七人组成合议庭进行，但是基层人民法院适用简易程序、速裁程序的案件可以由审判员一人独任审判。

“高级人民法院审判第一审案件，应当由审判员三人至七人或者由审判员和人民陪审员共三人或者七人组成合议庭进行。

“最高人民法院审判第一审案件，应当由审判员三人至七人组成合议庭进行。

“人民法院审判上诉和抗诉案件，由审判员三人或者五人组成合议庭进行。

“合议庭的成员人数应当是单数。”

二十、将第一百八十五条改为第一百九十条，增加一款，作为第二款：“被告人认罪认罚的，审判长应当告知被告人享有的诉讼权利和认罪认罚的法律规定，审查认罪认罚的自愿性和认罪认罚具结书内容的真实性、合法性。”

二十一、增加一条，作为第二百零一条：“对于认罪认罚案件，人民法院依法作出判决时，一般应当采纳人民检察院指控的罪名和量刑建议，但有下列情形的除外：

“（一）被告人的行为不构成犯罪或者不应当追究其刑事责任的；

“（二）被告人违背意愿认罪认罚的；

“（三）被告人否认指控的犯罪事实的；

“（四）起诉指控的罪名与审理认定的罪名不一致的；

“（五）其他可能影响公正审判的情形。

“人民法院经审理认为量刑建议明显不当，或者被告人、辩护人对量刑建议提出异议的，人民检察院可以调整量刑建议。人民检察院不调整量刑建议或者调整量刑建议后仍然明显不当的，人民法院应当依法作出判决。”

二十二、第三编第二章增加一节，作为第四节：

“第四节　速裁程序

“第二百二十二条　基层人民法院管辖的可能判处三年有期徒刑以下刑罚的案件，案件事实清楚，证据确实、充分，被告人认罪认罚并同意适用速裁程序的，可以适用速裁程序，由审判员一人独任审判。

“人民检察院在提起公诉的时候，可以建议人民法院适用速裁程序。

“第二百二十三条　有下列情形之一的，不适用速裁程序：

“（一）被告人是盲、聋、哑人，或者是尚未完全丧失辨认或者控制自己行为能力的精神病人的；

“（二）被告人是未成年人的；

“（三）案件有重大社会影响的；

“（四）共同犯罪案件中部分被告人对指控的犯罪事实、罪名、量刑建议或者适用速裁程序有异议的；

“（五）被告人与被害人或者其法定代理人没有就附带民事诉讼赔偿等事项达成调解或者和解协议的；

“（六）其他不宜适用速裁程序审理的。

“第二百二十四条　适用速裁程序审理案件，不受本章第一节规定的送达期限的限制，一般不进行法庭调查、法庭辩论，但在判决宣告前应当听取辩护人的意见和被告人的最后陈述意见。

“适用速裁程序审理案件，应当当庭宣判。

“第二百二十五条　适用速裁程序审理案件，人民法院应当在受理后十日以内审结；对可能判处的有期徒刑超过一年的，可以延长至十五日。

“第二百二十六条　人民法院在审理过程中，发现有被告人的行为不构成犯罪或者不应当追究其刑事责任、被告人违背意愿认罪认罚、被告人否认指控的犯罪事实或者其他不宜适用速裁程序审理的情形的，应当按照本章第一节或者第三节的规定重新审理。”

二十三、将第二百五十条改为第二百六十一条，第二款修改为：“被判处死刑缓期二年执行的罪犯，在死刑缓期执行期间，如果没有故意犯罪，死刑缓期执行期满，应当予以减刑的，由执行机关提出书面意见，报请高级人民法院裁定；如果故意犯罪，情节恶劣，查证属实，应当执行死刑的，由高级人民法院报请最高人民法院核准；对于故意犯罪未执行死刑的，死刑缓期执行的期间重新计算，并报最高人民法院备案。”

二十四、将第二百六十条改为第二百七十一条，修改为：“被判处罚金的罪犯，期满不缴纳的，人民法院应当强制缴纳；如果由于遭遇不能抗拒的灾祸等原因缴纳确实有困难的，经人民法院裁定，可以延期缴纳、酌情减少或者免除。”

二十五、第五编增加一章，作为第三章：

“第三章　缺席审判程序

“第二百九十一条　对于贪污贿赂犯罪案件，以及需要及时进行审判，经最高人民检察院核准的严重危害国家安全犯罪、恐怖活动犯罪案件，犯罪嫌疑人、被告人在境外，监察机关、公安机关移送起诉，人民检察院认为犯罪事实已经查清，证据确实、充分，依法应当追究刑事责任的，可以向人民法院提起公诉。人民法院进行审查后，对于起诉书中有明确的指控犯罪事实，符合缺席审判程序适用条件的，应当决定开庭审判。

“前款案件，由犯罪地、被告人离境前居住地或者最高人民法院指定的中级人民法院组成合议庭进行审理。

“第二百九十二条　人民法院应当通过有关国际条约规定的或者外交途径提出的司法协助方式，或者被告人所在地法律允许的其他方式，将传票和人民检察院的起诉书副本送达被告人。传票和起诉书副本送达后，被告人未按要求到案的，人民法院应当开庭审理，依法作出判决，并对违法所得及其他涉案财产作出处理。

“第二百九十三条　人民法院缺席审判案件，被告人有权委托辩护人，被告人的近亲属可以代为委托辩护人。被告人及其近亲属没有委托辩护人的，人民法院应当通知法律援助机构指派律师为其提供辩护。

“第二百九十四条　人民法院应当将判决书送达被告人及其近亲属、辩护人。被告人或者其近亲属不服判决的，有权向上一级人民法院上诉。辩护人经被告人或者其近亲属同意，可以提出上诉。

“人民检察院认为人民法院的判决确有错误的，应当向上一级人民法院提出抗诉。

“第二百九十五条　在审理过程中，被告人自动投案或者被抓获的，人民法院应当重新审理。

“罪犯在判决、裁定发生法律效力后到案的，人民法院应当将罪犯交付执行刑罚。交付执行刑罚前，人民法院应当告知罪犯有权对判决、裁定提出异议。罪犯对判决、裁定提出异议的，人民法院应当重新审理。

“依照生效判决、裁定对罪犯的财产进行的处理确有错误的，应当予以返还、赔偿。

“第二百九十六条　因被告人患有严重疾病无法出庭，中止审理超过六个月，被告人仍无法出庭，被告人及其法定代理人、近亲属申请或者同意恢复审理的，人民法院可以在被告人不出庭的情况下缺席审理，依法作出判决。

“第二百九十七条　被告人死亡的，人民法院应当裁定终止审理，但有证据证明被告人无罪，人民法院经缺席审理确认无罪的，应当依法作出判决。

“人民法院按照审判监督程序重新审判的案件，被告人死亡的，人民法院可以缺席审理，依法作出判决。”

二十六、将第二百九十条改为第三百零八条，修改为：“军队保卫部门对军队内部发生的刑事案件行使侦查权。

“中国海警局履行海上维权执法职责，对海上发生的刑事案件行使侦查权。

“对罪犯在监狱内犯罪的案件由监狱进行侦查。

“军队保卫部门、中国海警局、监狱办理刑事案件，适用本法的有关规定。”

刑事诉讼法的有关章节及条文序号，根据本决定作相应调整。

本决定自公布之日起施行。

《中华人民共和国刑事诉讼法》根据本决定作相应修改，重新公布。

中华人民共和国刑事诉讼法

（1979年7月1日第五届全国人民代表大会第二次会议通过　根据1996年3月17日第八届全国人民代表大会第四次会议《关于修改〈中华人民共和国刑事诉讼法〉的决定》第一次修正　根据2012年3月14日第十一届全国人民代表大会第五次会议《关于修改〈中华人民共和国刑事诉讼法〉的决定》第二次修正　根据2018年10月26日第十三届全国人民代表大会常务委员会第六次会议《关于修改〈中华人民共和国刑事诉讼法〉的决定》第三次修正）

第一编　总　　则

第一章　任务和基本原则

第一条　为了保证刑法的正确实施，惩罚犯罪，保护人民，保障国家安全和社会公共安全，维护社会主义社会秩序，根据宪法，制定本法。

第二条　中华人民共和国刑事诉讼法的任务，是保证准确、及时地查明犯罪事实，正确应用法律，惩罚犯罪分子，保障无罪的人不受刑事追究，教育公民自觉遵守法律，积极同犯罪行为作斗争，维护社会主义法制，尊重和保障人权，保护公民的人身权利、财产权利、民主权利和其他权利，保障社会主义建设事业的顺利进行。

第三条 对刑事案件的侦查、拘留、执行逮捕、预审，由公安机关负责。检察、批准逮捕、检察机关直接受理的案件的侦查、提起公诉，由人民检察院负责。审判由人民法院负责。除法律特别规定的以外，其他任何机关、团体和个人都无权行使这些权力。

人民法院、人民检察院和公安机关进行刑事诉讼，必须严格遵守本法和其他法律的有关规定。

第四条 国家安全机关依照法律规定，办理危害国家安全的刑事案件，行使与公安机关相同的职权。

第五条 人民法院依照法律规定独立行使审判权，人民检察院依照法律规定独立行使检察权，不受行政机关、社会团体和个人的干涉。

第六条 人民法院、人民检察院和公安机关进行刑事诉讼，必须依靠群众，必须以事实为根据，以法律为准绳。对于一切公民，在适用法律上一律平等，在法律面前，不允许有任何特权。

第七条 人民法院、人民检察院和公安机关进行刑事诉讼，应当分工负责，互相配合，互相制约，以保证准确有效地执行法律。

第八条 人民检察院依法对刑事诉讼实行法律监督。

第九条 各民族公民都有用本民族语言文字进行诉讼的权利。人民法院、人民检察院和公安机关对于不通晓当地通用的语言文字的诉讼参与人，应当为他们翻译。

在少数民族聚居或者多民族杂居的地区，应当用当地通用的语言进行审讯，用当地通用的文字发布判决书、布告和其他文件。

第十条 人民法院审判案件，实行两审终审制。

第十一条 人民法院审判案件，除本法另有规定的以外，一律公开进行。被告人有权获得辩护，人民法院有义务保证被告人获得辩护。

第十二条 未经人民法院依法判决，对任何人都不得确定有罪。

第十三条 人民法院审判案件，依照本法实行人民陪审员陪审的制度。

第十四条 人民法院、人民检察院和公安机关应当保障犯罪嫌疑人、被告人和其他诉讼参与人依法享有的辩护权和其他诉讼权利。

诉讼参与人对于审判人员、检察人员和侦查人员侵犯公民诉讼权利和人身侮辱的行为，有权提出控告。

第十五条 犯罪嫌疑人、被告人自愿如实供述自己的罪行，承认指控的犯罪事实，愿意接受处罚的，可以依法从宽处理。

第十六条 有下列情形之一的，不追究刑事责任，已经追究的，应当撤销案件，或者不起诉，或者终止审理，或者宣告无罪：

（一）情节显著轻微、危害不大，不认为是犯罪的；

（二）犯罪已过追诉时效期限的；

（三）经特赦令免除刑罚的；

（四）依照刑法告诉才处理的犯罪，没有告诉或者撤回告诉的；

（五）犯罪嫌疑人、被告人死亡的；

（六）其他法律规定免予追究刑事责任的。

第十七条 对于外国人犯罪应当追究刑事责任的，适用本法的规定。

对于享有外交特权和豁免权的外国人犯罪应当追究刑事责任的，通过外交途径解决。

第十八条 根据中华人民共和国缔结或者参加的国际条约，

或者按照互惠原则，我国司法机关和外国司法机关可以相互请求刑事司法协助。

第二章　管　辖

第十九条　刑事案件的侦查由公安机关进行，法律另有规定的除外。

人民检察院在对诉讼活动实行法律监督中发现的司法工作人员利用职权实施的非法拘禁、刑讯逼供、非法搜查等侵犯公民权利、损害司法公正的犯罪，可以由人民检察院立案侦查。对于公安机关管辖的国家机关工作人员利用职权实施的重大犯罪案件，需要由人民检察院直接受理的时候，经省级以上人民检察院决定，可以由人民检察院立案侦查。

自诉案件，由人民法院直接受理。

第二十条　基层人民法院管辖第一审普通刑事案件，但是依照本法由上级人民法院管辖的除外。

第二十一条　中级人民法院管辖下列第一审刑事案件：

（一）危害国家安全、恐怖活动案件；

（二）可能判处无期徒刑、死刑的案件。

第二十二条　高级人民法院管辖的第一审刑事案件，是全省（自治区、直辖市）性的重大刑事案件。

第二十三条　最高人民法院管辖的第一审刑事案件，是全国性的重大刑事案件。

第二十四条　上级人民法院在必要的时候，可以审判下级人民法院管辖的第一审刑事案件；下级人民法院认为案情重大、复杂需要由上级人民法院审判的第一审刑事案件，可以请求移送上一级人民法院审判。

第二十五条 刑事案件由犯罪地的人民法院管辖。如果由被告人居住地的人民法院审判更为适宜的，可以由被告人居住地的人民法院管辖。

第二十六条 几个同级人民法院都有权管辖的案件，由最初受理的人民法院审判。在必要的时候，可以移送主要犯罪地的人民法院审判。

第二十七条 上级人民法院可以指定下级人民法院审判管辖不明的案件，也可以指定下级人民法院将案件移送其他人民法院审判。

第二十八条 专门人民法院案件的管辖另行规定。

第三章 回 避

第二十九条 审判人员、检察人员、侦查人员有下列情形之一的，应当自行回避，当事人及其法定代理人也有权要求他们回避：

（一）是本案的当事人或者是当事人的近亲属的；

（二）本人或者他的近亲属和本案有利害关系的；

（三）担任过本案的证人、鉴定人、辩护人、诉讼代理人的；

（四）与本案当事人有其他关系，可能影响公正处理案件的。

第三十条 审判人员、检察人员、侦查人员不得接受当事人及其委托的人的请客送礼，不得违反规定会见当事人及其委托的人。

审判人员、检察人员、侦查人员违反前款规定的，应当依法追究法律责任。当事人及其法定代理人有权要求他们回避。

第三十一条 审判人员、检察人员、侦查人员的回避，应当分别由院长、检察长、公安机关负责人决定；院长的回避，由本院审判委员会决定；检察长和公安机关负责人的回避，由同级人民检察院检察委员会决定。

对侦查人员的回避作出决定前，侦查人员不能停止对案件的侦查。

对驳回申请回避的决定，当事人及其法定代理人可以申请复议一次。

第三十二条 本章关于回避的规定适用于书记员、翻译人员和鉴定人。

辩护人、诉讼代理人可以依照本章的规定要求回避、申请复议。

第四章 辩护与代理

第三十三条 犯罪嫌疑人、被告人除自己行使辩护权以外，还可以委托一至二人作为辩护人。下列的人可以被委托为辩护人：

（一）律师；

（二）人民团体或者犯罪嫌疑人、被告人所在单位推荐的人；

（三）犯罪嫌疑人、被告人的监护人、亲友。

正在被执行刑罚或者依法被剥夺、限制人身自由的人，不得担任辩护人。

被开除公职和被吊销律师、公证员执业证书的人，不得担任辩护人，但系犯罪嫌疑人、被告人的监护人、近亲属的除外。

第三十四条 犯罪嫌疑人自被侦查机关第一次讯问或者采取强制措施之日起，有权委托辩护人；在侦查期间，只能委托律师作为辩护人。被告人有权随时委托辩护人。

侦查机关在第一次讯问犯罪嫌疑人或者对犯罪嫌疑人采取强

制措施的时候，应当告知犯罪嫌疑人有权委托辩护人。人民检察院自收到移送审查起诉的案件材料之日起三日以内，应当告知犯罪嫌疑人有权委托辩护人。人民法院自受理案件之日起三日以内，应当告知被告人有权委托辩护人。犯罪嫌疑人、被告人在押期间要求委托辩护人的，人民法院、人民检察院和公安机关应当及时转达其要求。

犯罪嫌疑人、被告人在押的，也可以由其监护人、近亲属代为委托辩护人。

辩护人接受犯罪嫌疑人、被告人委托后，应当及时告知办理案件的机关。

第三十五条 犯罪嫌疑人、被告人因经济困难或者其他原因没有委托辩护人的，本人及其近亲属可以向法律援助机构提出申请。对符合法律援助条件的，法律援助机构应当指派律师为其提供辩护。

犯罪嫌疑人、被告人是盲、聋、哑人，或者是尚未完全丧失辨认或者控制自己行为能力的精神病人，没有委托辩护人的，人民法院、人民检察院和公安机关应当通知法律援助机构指派律师为其提供辩护。

犯罪嫌疑人、被告人可能被判处无期徒刑、死刑，没有委托辩护人的，人民法院、人民检察院和公安机关应当通知法律援助机构指派律师为其提供辩护。

第三十六条 法律援助机构可以在人民法院、看守所等场所派驻值班律师。犯罪嫌疑人、被告人没有委托辩护人，法律援助机构没有指派律师为其提供辩护的，由值班律师为犯罪嫌疑人、被告人提供法律咨询、程序选择建议、申请变更强制措施、对案件处理提出意见等法律帮助。

人民法院、人民检察院、看守所应当告知犯罪嫌疑人、被告人有权约见值班律师，并为犯罪嫌疑人、被告人约见值班律师提供便利。

第三十七条 辩护人的责任是根据事实和法律，提出犯罪嫌疑人、被告人无罪、罪轻或者减轻、免除其刑事责任的材料和意见，维护犯罪嫌疑人、被告人的诉讼权利和其他合法权益。

第三十八条 辩护律师在侦查期间可以为犯罪嫌疑人提供法律帮助；代理申诉、控告；申请变更强制措施；向侦查机关了解犯罪嫌疑人涉嫌的罪名和案件有关情况，提出意见。

第三十九条 辩护律师可以同在押的犯罪嫌疑人、被告人会见和通信。其他辩护人经人民法院、人民检察院许可，也可以同在押的犯罪嫌疑人、被告人会见和通信。

辩护律师持律师执业证书、律师事务所证明和委托书或者法律援助公函要求会见在押的犯罪嫌疑人、被告人的，看守所应当及时安排会见，至迟不得超过四十八小时。

危害国家安全犯罪、恐怖活动犯罪案件，在侦查期间辩护律师会见在押的犯罪嫌疑人，应当经侦查机关许可。上述案件，侦查机关应当事先通知看守所。

辩护律师会见在押的犯罪嫌疑人、被告人，可以了解案件有关情况，提供法律咨询等；自案件移送审查起诉之日起，可以向犯罪嫌疑人、被告人核实有关证据。辩护律师会见犯罪嫌疑人、被告人时不被监听。

辩护律师同被监视居住的犯罪嫌疑人、被告人会见、通信，适用第一款、第三款、第四款的规定。

第四十条 辩护律师自人民检察院对案件审查起诉之日起，可以查阅、摘抄、复制本案的案卷材料。其他辩护人经人民法院、人民检察院许可，也可以查阅、摘抄、复制上述材料。

第四十一条 辩护人认为在侦查、审查起诉期间公安机关、人民检察院收集的证明犯罪嫌疑人、被告人无罪或者罪轻的证据材料未提交的，有权申请人民检察院、人民法院调取。

第四十二条 辩护人收集的有关犯罪嫌疑人不在犯罪现场、未达到刑事责任年龄、属于依法不负刑事责任的精神病人的证据，应当及时告知公安机关、人民检察院。

第四十三条 辩护律师经证人或者其他有关单位和个人同意，可以向他们收集与本案有关的材料，也可以申请人民检察院、人民法院收集、调取证据，或者申请人民法院通知证人出庭作证。

辩护律师经人民检察院或者人民法院许可，并且经被害人或者其近亲属、被害人提供的证人同意，可以向他们收集与本案有关的材料。

第四十四条 辩护人或者其他任何人，不得帮助犯罪嫌疑人、被告人隐匿、毁灭、伪造证据或者串供，不得威胁、引诱证人作伪证以及进行其他干扰司法机关诉讼活动的行为。

违反前款规定的，应当依法追究法律责任，辩护人涉嫌犯罪的，应当由办理辩护人所承办案件的侦查机关以外的侦查机关办理。辩护人是律师的，应当及时通知其所在的律师事务所或者所属的律师协会。

第四十五条 在审判过程中，被告人可以拒绝辩护人继续为他辩护，也可以另行委托辩护人辩护。

第四十六条 公诉案件的被害人及其法定代理人或者近亲属，附带民事诉讼的当事人及其法定代理人，自案件移送审查起诉之日起，有权委托诉讼代理人。自诉案件的自诉人及其法定代理人，附带民事诉讼的当事人及其法定代理人，有权随时委托诉讼代理人。

人民检察院自收到移送审查起诉的案件材料之日起三日以内，应当告知被害人及其法定代理人或者其近亲属、附带民事诉讼的当事人及其法定代理人有权委托诉讼代理人。人民法院自受理自诉案件之日起三日以内，应当告知自诉人及其法定代理人、附带民事诉讼的当事人及其法定代理人有权委托诉讼代理人。

第四十七条 委托诉讼代理人，参照本法第三十三条的规定执行。

第四十八条 辩护律师对在执业活动中知悉的委托人的有关情况和信息，有权予以保密。但是，辩护律师在执业活动中知悉委托人或者其他人，准备或者正在实施危害国家安全、公共安全以及严重危害他人人身安全的犯罪的，应当及时告知司法机关。

第四十九条 辩护人、诉讼代理人认为公安机关、人民检察院、人民法院及其工作人员阻碍其依法行使诉讼权利的，有权向同级或者上一级人民检察院申诉或者控告。人民检察院对申诉或者控告应当及时进行审查，情况属实的，通知有关机关予以纠正。

第五章 证 据

第五十条 可以用于证明案件事实的材料，都是证据。

证据包括：

（一）物证；

（二）书证；

（三）证人证言；

（四）被害人陈述；

（五）犯罪嫌疑人、被告人供述和辩解；

（六）鉴定意见；

（七）勘验、检查、辨认、侦查实验等笔录；

（八）视听资料、电子数据。

证据必须经过查证属实，才能作为定案的根据。

第五十一条 公诉案件中被告人有罪的举证责任由人民检察院承担，自诉案件中被告人有罪的举证责任由自诉人承担。

第五十二条 审判人员、检察人员、侦查人员必须依照法定程序，收集能够证实犯罪嫌疑人、被告人有罪或者无罪、犯罪情节轻重的各种证据。严禁刑讯逼供和以威胁、引诱、欺骗以及其他非法方法收集证据，不得强迫任何人证实自己有罪。必须保证一切与案件有关或者了解案情的公民，有客观地充分地提供证据的条件，除特殊情况外，可以吸收他们协助调查。

第五十三条 公安机关提请批准逮捕书、人民检察院起诉书、人民法院判决书，必须忠实于事实真象。故意隐瞒事实真象的，应当追究责任。

第五十四条 人民法院、人民检察院和公安机关有权向有关单位和个人收集、调取证据。有关单位和个人应当如实提供证据。

行政机关在行政执法和查办案件过程中收集的物证、书证、视听资料、电子数据等证据材料，在刑事诉讼中可以作为证据使用。

对涉及国家秘密、商业秘密、个人隐私的证据，应当保密。

凡是伪造证据、隐匿证据或者毁灭证据的，无论属于何方，必须受法律追究。

第五十五条 对一切案件的判处都要重证据，重调查研究，不轻信口供。只有被告人供述，没有其他证据的，不能认定被告人有罪和处以刑罚；没有被告人供述，证据确实、充分的，可以认定被告人有罪和处以刑罚。

证据确实、充分，应当符合以下条件：

（一）定罪量刑的事实都有证据证明；

（二）据以定案的证据均经法定程序查证属实；

（三）综合全案证据，对所认定事实已排除合理怀疑。

第五十六条 采用刑讯逼供等非法方法收集的犯罪嫌疑人、被告人供述和采用暴力、威胁等非法方法收集的证人证言、被害人陈述，应当予以排除。收集物证、书证不符合法定程序，可能严重影响司法公正的，应当予以补正或者作出合理解释；不能补正或者作出合理解释的，对该证据应当予以排除。

在侦查、审查起诉、审判时发现有应当排除的证据的，应当依法予以排除，不得作为起诉意见、起诉决定和判决的依据。

第五十七条 人民检察院接到报案、控告、举报或者发现侦查人员以非法方法收集证据的，应当进行调查核实。对于确有以非法方法收集证据情形的，应当提出纠正意见；构成犯罪的，依法追究刑事责任。

第五十八条 法庭审理过程中，审判人员认为可能存在本法第五十六条规定的以非法方法收集证据情形的，应当对证据收集的合法性进行法庭调查。

当事人及其辩护人、诉讼代理人有权申请人民法院对以非法方法收集的证据依法予以排除。申请排除以非法方法收集的证据的，应当提供相关线索或者材料。

第五十九条 在对证据收集的合法性进行法庭调查的过程中，人民检察院应当对证据收集的合法性加以证明。

现有证据材料不能证明证据收集的合法性的，人民检察院可以提请人民法院通知有关侦查人员或者其他人员出庭说明情况；人民法院可以通知有关侦查人员或者其他人员出庭说明情况。有关侦查人员或者其他人员也可以要求出庭说明情况。经人民法院通知，有关人员应当出庭。

第六十条 对于经过法庭审理，确认或者不能排除存在本法第五十六条规定的以非法方法收集证据情形的，对有关证据应当予以排除。

第六十一条 证人证言必须在法庭上经过公诉人、被害人和被告人、辩护人双方质证并且查实以后，才能作为定案的根据。法庭查明证人有意作伪证或者隐匿罪证的时候，应当依法处理。

第六十二条 凡是知道案件情况的人，都有作证的义务。

生理上、精神上有缺陷或者年幼，不能辨别是非、不能正确表达的人，不能作证人。

第六十三条 人民法院、人民检察院和公安机关应当保障证人及其近亲属的安全。

对证人及其近亲属进行威胁、侮辱、殴打或者打击报复，构成犯罪的，依法追究刑事责任；尚不够刑事处罚的，依法给予治安管理处罚。

第六十四条 对于危害国家安全犯罪、恐怖活动犯罪、黑社会性质的组织犯罪、毒品犯罪等案件，证人、鉴定人、被害人因在诉讼中作证，本人或者其近亲属的人身安全面临危险的，人民法院、人民检察院和公安机关应当采取以下一项或者多项保护措施：

（一）不公开真实姓名、住址和工作单位等个人信息；

（二）采取不暴露外貌、真实声音等出庭作证措施；

（三）禁止特定的人员接触证人、鉴定人、被害人及其近亲属；

（四）对人身和住宅采取专门性保护措施；

（五）其他必要的保护措施。

证人、鉴定人、被害人认为因在诉讼中作证，本人或者其近亲属的人身安全面临危险的，可以向人民法院、人民检察院、公安机关请求予以保护。

人民法院、人民检察院、公安机关依法采取保护措施，有关单位和个人应当配合。

第六十五条 证人因履行作证义务而支出的交通、住宿、就餐等费用，应当给予补助。证人作证的补助列入司法机关业务经费，由同级政府财政予以保障。

有工作单位的证人作证，所在单位不得克扣或者变相克扣其工资、奖金及其他福利待遇。

第六章 强制措施

第六十六条 人民法院、人民检察院和公安机关根据案件情况，对犯罪嫌疑人、被告人可以拘传、取保候审或者监视居住。

第六十七条 人民法院、人民检察院和公安机关对有下列情形之一的犯罪嫌疑人、被告人，可以取保候审：

（一）可能判处管制、拘役或者独立适用附加刑的；

（二）可能判处有期徒刑以上刑罚，采取取保候审不致发生社会危险性的；

（三）患有严重疾病、生活不能自理，怀孕或者正在哺乳自己婴儿的妇女，采取取保候审不致发生社会危险性的；

（四）羁押期限届满，案件尚未办结，需要采取取保候审的。

取保候审由公安机关执行。

第六十八条 人民法院、人民检察院和公安机关决定对犯罪嫌疑人、被告人取保候审，应当责令犯罪嫌疑人、被告人提出保证人或者交纳保证金。

第六十九条 保证人必须符合下列条件：

（一）与本案无牵连；

（二）有能力履行保证义务；

（三）享有政治权利，人身自由未受到限制；

（四）有固定的住处和收入。

第七十条 保证人应当履行以下义务：

（一）监督被保证人遵守本法第七十一条的规定；

（二）发现被保证人可能发生或者已经发生违反本法第七十一条规定的行为的，应当及时向执行机关报告。

被保证人有违反本法第七十一条规定的行为，保证人未履行保证义务的，对保证人处以罚款，构成犯罪的，依法追究刑事责任。

第七十一条 被取保候审的犯罪嫌疑人、被告人应当遵守以下规定：

（一）未经执行机关批准不得离开所居住的市、县；

（二）住址、工作单位和联系方式发生变动的，在二十四小时以内向执行机关报告；

（三）在传讯的时候及时到案；

（四）不得以任何形式干扰证人作证；

（五）不得毁灭、伪造证据或者串供。

人民法院、人民检察院和公安机关可以根据案件情况，责令被取保候审的犯罪嫌疑人、被告人遵守以下一项或者多项规定：

（一）不得进入特定的场所；

（二）不得与特定的人员会见或者通信；

（三）不得从事特定的活动；

（四）将护照等出入境证件、驾驶证件交执行机关保存。

被取保候审的犯罪嫌疑人、被告人违反前两款规定，已交纳保证金的，没收部分或者全部保证金，并且区别情形，责令犯罪嫌疑人、被告人具结悔过，重新交纳保证金、提出保证人，或者监视居住、予以逮捕。

对违反取保候审规定，需要予以逮捕的，可以对犯罪嫌疑人、被告人先行拘留。

第七十二条 取保候审的决定机关应当综合考虑保证诉讼活动正常进行的需要，被取保候审人的社会危险性，案件的性质、情节，可能判处刑罚的轻重，被取保候审人的经济状况等情况，确定保证金的数额。

提供保证金的人应当将保证金存入执行机关指定银行的专门账户。

第七十三条 犯罪嫌疑人、被告人在取保候审期间未违反本法第七十一条规定的，取保候审结束的时候，凭解除取保候审的通知或者有关法律文书到银行领取退还的保证金。

第七十四条 人民法院、人民检察院和公安机关对符合逮捕条件，有下列情形之一的犯罪嫌疑人、被告人，可以监视居住：

（一）患有严重疾病、生活不能自理的；

（二）怀孕或者正在哺乳自己婴儿的妇女；

（三）系生活不能自理的人的唯一扶养人；

（四）因为案件的特殊情况或者办理案件的需要，采取监视居住措施更为适宜的；

（五）羁押期限届满，案件尚未办结，需要采取监视居住措施的。

对符合取保候审条件，但犯罪嫌疑人、被告人不能提出保证人，也不交纳保证金的，可以监视居住。

监视居住由公安机关执行。

第七十五条 监视居住应当在犯罪嫌疑人、被告人的住处执行；无固定住处的，可以在指定的居所执行。对于涉嫌危害国家安全犯罪、恐怖活动犯罪，在住处执行可能有碍侦查的，经上一级公安机关批准，也可以在指定的居所执行。但是，不得在羁押场所、专门的办案场所执行。

指定居所监视居住的，除无法通知的以外，应当在执行监视居住后二十四小时以内，通知被监视居住人的家属。

被监视居住的犯罪嫌疑人、被告人委托辩护人，适用本法第三十四条的规定。

人民检察院对指定居所监视居住的决定和执行是否合法实行监督。

第七十六条 指定居所监视居住的期限应当折抵刑期。被判处管制的，监视居住一日折抵刑期一日；被判处拘役、有期徒刑的，监视居住二日折抵刑期一日。

第七十七条 被监视居住的犯罪嫌疑人、被告人应当遵守以下规定：

（一）未经执行机关批准不得离开执行监视居住的处所；

（二）未经执行机关批准不得会见他人或者通信；

（三）在传讯的时候及时到案；

（四）不得以任何形式干扰证人作证；

（五）不得毁灭、伪造证据或者串供；

（六）将护照等出入境证件、身份证件、驾驶证件交执行机关保存。

被监视居住的犯罪嫌疑人、被告人违反前款规定，情节严重的，可以予以逮捕；需要予以逮捕的，可以对犯罪嫌疑人、被告人先行拘留。

第七十八条 执行机关对被监视居住的犯罪嫌疑人、被告人，可以采取电子监控、不定期检查等监视方法对其遵守监视居住规定的情况进行监督；在侦查期间，可以对被监视居住的犯罪嫌疑人的通信进行监控。

第七十九条 人民法院、人民检察院和公安机关对犯罪嫌疑人、被告人取保候审最长不得超过十二个月，监视居住最长不得超过六个月。

在取保候审、监视居住期间，不得中断对案件的侦查、起诉和审理。对于发现不应当追究刑事责任或者取保候审、监视居住期限届满的，应当及时解除取保候审、监视居住。解除取保候审、监视居住，应当及时通知被取保候审、监视居住人和有关单位。

第八十条 逮捕犯罪嫌疑人、被告人，必须经过人民检察院批准或者人民法院决定，由公安机关执行。

第八十一条 对有证据证明有犯罪事实，可能判处徒刑以上刑罚的犯罪嫌疑人、被告人，采取取保候审尚不足以防止发生下列社会危险性的，应当予以逮捕：

（一）可能实施新的犯罪的；

（二）有危害国家安全、公共安全或者社会秩序的现实危险的；

（三）可能毁灭、伪造证据，干扰证人作证或者串供的；

（四）可能对被害人、举报人、控告人实施打击报复的；

（五）企图自杀或者逃跑的。

批准或者决定逮捕，应当将犯罪嫌疑人、被告人涉嫌犯罪的性质、情节，认罪认罚等情况，作为是否可能发生社会危险性的考虑因素。

对有证据证明有犯罪事实，可能判处十年有期徒刑以上刑罚的，或者有证据证明有犯罪事实，可能判处徒刑以上刑罚，曾经故意犯罪或者身份不明的，应当予以逮捕。

被取保候审、监视居住的犯罪嫌疑人、被告人违反取保候审、监视居住规定，情节严重的，可以予以逮捕。

第八十二条 公安机关对于现行犯或者重大嫌疑分子，如果有下列情形之一的，可以先行拘留：

（一）正在预备犯罪、实行犯罪或者在犯罪后即时被发觉的；

（二）被害人或者在场亲眼看见的人指认他犯罪的；

（三）在身边或者住处发现有犯罪证据的；

（四）犯罪后企图自杀、逃跑或者在逃的；

（五）有毁灭、伪造证据或者串供可能的；

（六）不讲真实姓名、住址，身份不明的；

（七）有流窜作案、多次作案、结伙作案重大嫌疑的。

第八十三条 公安机关在异地执行拘留、逮捕的时候，应当通知被拘留、逮捕人所在地的公安机关，被拘留、逮捕人所在地的公安机关应当予以配合。

第八十四条 对于有下列情形的人，任何公民都可以立即扭送公安机关、人民检察院或者人民法院处理：

（一）正在实行犯罪或者在犯罪后即时被发觉的；

（二）通缉在案的；

（三）越狱逃跑的；

（四）正在被追捕的。

第八十五条 公安机关拘留人的时候，必须出示拘留证。

拘留后，应当立即将被拘留人送看守所羁押，至迟不得超过二十四小时。除无法通知或者涉嫌危害国家安全犯罪、恐怖活动犯罪通知可能有碍侦查的情形以外，应当在拘留后二十四小时以内，通知被拘留人的家属。有碍侦查的情形消失以后，应当立即通知被拘留人的家属。

第八十六条 公安机关对被拘留的人，应当在拘留后的二十四小时以内进行讯问。在发现不应当拘留的时候，必须立即释放，发给释放证明。

第八十七条 公安机关要求逮捕犯罪嫌疑人的时候，应当写出提请批准逮捕书，连同案卷材料、证据，一并移送同级人民检察院审查批准。必要的时候，人民检察院可以派人参加公安机关对于重大案件的讨论。

第八十八条 人民检察院审查批准逮捕，可以讯问犯罪嫌疑人；有下列情形之一的，应当讯问犯罪嫌疑人：

（一）对是否符合逮捕条件有疑问的；

（二）犯罪嫌疑人要求向检察人员当面陈述的；

（三）侦查活动可能有重大违法行为的。

人民检察院审查批准逮捕，可以询问证人等诉讼参与人，听取辩护律师的意见；辩护律师提出要求的，应当听取辩护律师的意见。

第八十九条 人民检察院审查批准逮捕犯罪嫌疑人由检察长决定。重大案件应当提交检察委员会讨论决定。

第九十条 人民检察院对于公安机关提请批准逮捕的案件进行审查后，应当根据情况分别作出批准逮捕或者不批准逮捕的决定。对于批准逮捕的决定，公安机关应当立即执行，并且将执行情况及时通知人民检察院。对于不批准逮捕的，人民检察院应当说明理由，需要补充侦查的，应当同时通知公安机关。

第九十一条 公安机关对被拘留的人，认为需要逮捕的，应当在拘留后的三日以内，提请人民检察院审查批准。在特殊情况下，提请审查批准的时间可以延长一日至四日。

对于流窜作案、多次作案、结伙作案的重大嫌疑分子，提请审查批准的时间可以延长至三十日。

人民检察院应当自接到公安机关提请批准逮捕书后的七日以内，作出批准逮捕或者不批准逮捕的决定。人民检察院不批准逮捕的，公安机关应当在接到通知后立即释放，并且将执行情况及时通知人民检察院。对于需要继续侦查，并且符合取保候审、监视居住条件的，依法取保候审或者监视居住。

第九十二条 公安机关对人民检察院不批准逮捕的决定，认为有错误的时候，可以要求复议，但是必须将被拘留的人立即释放。如果意见不被接受，可以向上一级人民检察院提请复核。上级人民检察院应当立即复核，作出是否变更的决定，通知下级人民检察院和公安机关执行。

第九十三条 公安机关逮捕人的时候，必须出示逮捕证。

逮捕后，应当立即将被逮捕人送看守所羁押。除无法通知的以外，应当在逮捕后二十四小时以内，通知被逮捕人的家属。

第九十四条 人民法院、人民检察院对于各自决定逮捕的人，公安机关对于经人民检察院批准逮捕的人，都必须在逮捕后的二十四小时以内进行讯问。在发现不应当逮捕的时候，必须立即释放，发给释放证明。

第九十五条 犯罪嫌疑人、被告人被逮捕后，人民检察院仍应当对羁押的必要性进行审查。对不需要继续羁押的，应当建议予以释放或者变更强制措施。有关机关应当在十日以内将处理情况通知人民检察院。

第九十六条 人民法院、人民检察院和公安机关如果发现对犯罪嫌疑人、被告人采取强制措施不当的，应当及时撤销或者变更。公安机关释放被逮捕的人或者变更逮捕措施的，应当通知原批准的人民检察院。

第九十七条 犯罪嫌疑人、被告人及其法定代理人、近亲属或者辩护人有权申请变更强制措施。人民法院、人民检察院和公安机关收到申请后，应当在三日以内作出决定；不同意变更强制措施的，应当告知申请人，并说明不同意的理由。

第九十八条 犯罪嫌疑人、被告人被羁押的案件，不能在本法规定的侦查羁押、审查起诉、一审、二审期限内办结的，对犯罪嫌疑人、被告人应当予以释放；需要继续查证、审理的，对犯罪嫌疑人、被告人可以取保候审或者监视居住。

第九十九条 人民法院、人民检察院或者公安机关对被采取强制措施法定期限届满的犯罪嫌疑人、被告人，应当予以释放、解除取保候审、监视居住或者依法变更强制措施。犯罪嫌疑人、被告人及其法定代理人、近亲属或者辩护人对于人民法院、人民检察院或者公安机关采取强制措施法定期限届满的，有权要求解除强制措施。

第一百条 人民检察院在审查批准逮捕工作中，如果发现公安机关的侦查活动有违法情况，应当通知公安机关予以纠正，公安机关应当将纠正情况通知人民检察院。

第七章 附带民事诉讼

第一百零一条 被害人由于被告人的犯罪行为而遭受物质损失的，在刑事诉讼过程中，有权提起附带民事诉讼。被害人死亡或者丧失行为能力的，被害人的法定代理人、近亲属有权提起附带民事诉讼。

如果是国家财产、集体财产遭受损失的，人民检察院在提起公诉的时候，可以提起附带民事诉讼。

第一百零二条 人民法院在必要的时候，可以采取保全措施，查封、扣押或者冻结被告人的财产。附带民事诉讼原告人或者人民检察院可以申请人民法院采取保全措施。人民法院采取保全措施，适用民事诉讼法的有关规定。

第一百零三条 人民法院审理附带民事诉讼案件，可以进行调解，或者根据物质损失情况作出判决、裁定。

第一百零四条 附带民事诉讼应当同刑事案件一并审判，只有为了防止刑事案件审判的过分迟延，才可以在刑事案件审判后，由同一审判组织继续审理附带民事诉讼。

第八章 期间、送达

第一百零五条 期间以时、日、月计算。

期间开始的时和日不算在期间以内。

法定期间不包括路途上的时间。上诉状或者其他文件在期满前已经交邮的，不算过期。

期间的最后一日为节假日的，以节假日后的第一日为期满日期，但犯罪嫌疑人、被告人或者罪犯在押期间，应当至期满之日为止，不得因节假日而延长。

第一百零六条 当事人由于不能抗拒的原因或者有其他正当理由而耽误期限的，在障碍消除后五日以内，可以申请继续进行应当在期满以前完成的诉讼活动。

前款申请是否准许，由人民法院裁定。

第一百零七条 送达传票、通知书和其他诉讼文件应当交给收件人本人；如果本人不在，可以交给他的成年家属或者所在单位的负责人员代收。

收件人本人或者代收人拒绝接收或者拒绝签名、盖章的时候，送达人可以邀请他的邻居或者其他见证人到场，说明情况，把文件留在他的住处，在送达证上记明拒绝的事由、送达的日期，由送达人签名，即认为已经送达。

第九章　其他规定

第一百零八条　本法下列用语的含意是：

（一）“侦查”是指公安机关、人民检察院对于刑事案件，依照法律进行的收集证据、查明案情的工作和有关的强制性措施；

（二）“当事人”是指被害人、自诉人、犯罪嫌疑人、被告人、附带民事诉讼的原告人和被告人；

（三）“法定代理人”是指被代理人的父母、养父母、监护人和负有保护责任的机关、团体的代表；

（四）“诉讼参与人”是指当事人、法定代理人、诉讼代理人、辩护人、证人、鉴定人和翻译人员；

（五）“诉讼代理人”是指公诉案件的被害人及其法定代理人或者近亲属、自诉案件的自诉人及其法定代理人委托代为参加诉讼的人和附带民事诉讼的当事人及其法定代理人委托代为参加诉讼的人；

（六）“近亲属”是指夫、妻、父、母、子、女、同胞兄弟姊妹。

第二编　立案、侦查和提起公诉

第一章　立　案

第一百零九条　公安机关或者人民检察院发现犯罪事实或者犯罪嫌疑人，应当按照管辖范围，立案侦查。

第一百一十条 任何单位和个人发现有犯罪事实或者犯罪嫌疑人，有权利也有义务向公安机关、人民检察院或者人民法院报案或者举报。

被害人对侵犯其人身、财产权利的犯罪事实或者犯罪嫌疑人，有权向公安机关、人民检察院或者人民法院报案或者控告。

公安机关、人民检察院或者人民法院对于报案、控告、举报，都应当接受。对于不属于自己管辖的，应当移送主管机关处理，并且通知报案人、控告人、举报人；对于不属于自己管辖而又必须采取紧急措施的，应当先采取紧急措施，然后移送主管机关。

犯罪人向公安机关、人民检察院或者人民法院自首的，适用第三款规定。

第一百一十一条 报案、控告、举报可以用书面或者口头提出。接受口头报案、控告、举报的工作人员，应当写成笔录，经宣读无误后，由报案人、控告人、举报人签名或者盖章。

接受控告、举报的工作人员，应当向控告人、举报人说明诬告应负的法律责任。但是，只要不是捏造事实，伪造证据，即使控告、举报的事实有出入，甚至是错告的，也要和诬告严格加以区别。

公安机关、人民检察院或者人民法院应当保障报案人、控告人、举报人及其近亲属的安全。报案人、控告人、举报人如果不愿公开自己的姓名和报案、控告、举报的行为，应当为他保守秘密。

第一百一十二条 人民法院、人民检察院或者公安机关对于报案、控告、举报和自首的材料，应当按照管辖范围，迅速进行审查，认为有犯罪事实需要追究刑事责任的时候，应当立案；认为没有犯罪事实，或者犯罪事实显著轻微，不需要追究刑事责任的时候，不予立案，并且将不立案的原因通知控告人。控告人如果不服，可以申请复议。

第一百一十三条 人民检察院认为公安机关对应当立案侦查的案件而不立案侦查的，或者被害人认为公安机关对应当立案侦查的案件而不立案侦查，向人民检察院提出的，人民检察院应当要求公安机关说明不立案的理由。人民检察院认为公安机关不立案理由不能成立的，应当通知公安机关立案，公安机关接到通知后应当立案。

第一百一十四条 对于自诉案件，被害人有权向人民法院直接起诉。被害人死亡或者丧失行为能力的，被害人的法定代理人、近亲属有权向人民法院起诉。人民法院应当依法受理。

第二章 侦　　查

第一节 一 般 规 定

第一百一十五条 公安机关对已经立案的刑事案件，应当进行侦查，收集、调取犯罪嫌疑人有罪或者无罪、罪轻或者罪重的证据材料。对现行犯或者重大嫌疑分子可以依法先行拘留，对符合逮捕条件的犯罪嫌疑人，应当依法逮捕。

第一百一十六条 公安机关经过侦查，对有证据证明有犯罪事实的案件，应当进行预审，对收集、调取的证据材料予以核实。

第一百一十七条 当事人和辩护人、诉讼代理人、利害关系人对于司法机关及其工作人员有下列行为之一的，有权向该机关申诉或者控告：

（一）采取强制措施法定期限届满，不予以释放、解除或者变更的；

（二）应当退还取保候审保证金不退还的；

（三）对与案件无关的财物采取查封、扣押、冻结措施的；

（四）应当解除查封、扣押、冻结不解除的；

（五）贪污、挪用、私分、调换、违反规定使用查封、扣押、冻结的财物的。

受理申诉或者控告的机关应当及时处理。对处理不服的，可以向同级人民检察院申诉；人民检察院直接受理的案件，可以向上一级人民检察院申诉。人民检察院对申诉应当及时进行审查，情况属实的，通知有关机关予以纠正。

第二节　讯问犯罪嫌疑人

第一百一十八条　讯问犯罪嫌疑人必须由人民检察院或者公安机关的侦查人员负责进行。讯问的时候，侦查人员不得少于二人。

犯罪嫌疑人被送交看守所羁押以后，侦查人员对其进行讯问，应当在看守所内进行。

第一百一十九条　对不需要逮捕、拘留的犯罪嫌疑人，可以传唤到犯罪嫌疑人所在市、县内的指定地点或者到他的住处进行讯问，但是应当出示人民检察院或者公安机关的证明文件。对在现场发现的犯罪嫌疑人，经出示工作证件，可以口头传唤，但应当在讯问笔录中注明。

传唤、拘传持续的时间不得超过十二小时；案情特别重大、复杂，需要采取拘留、逮捕措施的，传唤、拘传持续的时间不得超过二十四小时。

不得以连续传唤、拘传的形式变相拘禁犯罪嫌疑人。传唤、拘传犯罪嫌疑人，应当保证犯罪嫌疑人的饮食和必要的休息时间。

第一百二十条　侦查人员在讯问犯罪嫌疑人的时候，应当首先讯问犯罪嫌疑人是否有犯罪行为，让他陈述有罪的情节或者无罪的辩解，然后向他提出问题。犯罪嫌疑人对侦查人员的提问，应当如实回答。但是对与本案无关的问题，有拒绝回答的权利。

侦查人员在讯问犯罪嫌疑人的时候，应当告知犯罪嫌疑人享有的诉讼权利，如实供述自己罪行可以从宽处理和认罪认罚的法律规定。

第一百二十一条 讯问聋、哑的犯罪嫌疑人，应当有通晓聋、哑手势的人参加，并且将这种情况记明笔录。

第一百二十二条 讯问笔录应当交犯罪嫌疑人核对，对于没有阅读能力的，应当向他宣读。如果记载有遗漏或者差错，犯罪嫌疑人可以提出补充或者改正。犯罪嫌疑人承认笔录没有错误后，应当签名或者盖章。侦查人员也应当在笔录上签名。犯罪嫌疑人请求自行书写供述的，应当准许。必要的时候，侦查人员也可以要犯罪嫌疑人亲笔书写供词。

第一百二十三条 侦查人员在讯问犯罪嫌疑人的时候，可以对讯问过程进行录音或者录像；对于可能判处无期徒刑、死刑的案件或者其他重大犯罪案件，应当对讯问过程进行录音或者录像。

录音或者录像应当全程进行，保持完整性。

第三节　询问证人

第一百二十四条 侦查人员询问证人，可以在现场进行，也可以到证人所在单位、住处或者证人提出的地点进行，在必要的时候，可以通知证人到人民检察院或者公安机关提供证言。在现场询问证人，应当出示工作证件，到证人所在单位、住处或者证人提出的地点询问证人，应当出示人民检察院或者公安机关的证明文件。

询问证人应当个别进行。

第一百二十五条 询问证人，应当告知他应当如实地提供证据、证言和有意作伪证或者隐匿罪证要负的法律责任。

第一百二十六条 本法第一百二十二条的规定，也适用于询问证人。

第一百二十七条 询问被害人，适用本节各条规定。

第四节 勘验、检查

第一百二十八条 侦查人员对于与犯罪有关的场所、物品、人身、尸体应当进行勘验或者检查。在必要的时候，可以指派或者聘请具有专门知识的人，在侦查人员的主持下进行勘验、检查。

第一百二十九条 任何单位和个人，都有义务保护犯罪现场，并且立即通知公安机关派员勘验。

第一百三十条 侦查人员执行勘验、检查，必须持有人民检察院或者公安机关的证明文件。

第一百三十一条 对于死因不明的尸体，公安机关有权决定解剖，并且通知死者家属到场。

第一百三十二条 为了确定被害人、犯罪嫌疑人的某些特征、伤害情况或者生理状态，可以对人身进行检查，可以提取指纹信息，采集血液、尿液等生物样本。

犯罪嫌疑人如果拒绝检查，侦查人员认为必要的时候，可以强制检查。

检查妇女的身体，应当由女工作人员或者医师进行。

第一百三十三条 勘验、检查的情况应当写成笔录，由参加勘验、检查的人和见证人签名或者盖章。

第一百三十四条 人民检察院审查案件的时候，对公安机关的勘验、检查，认为需要复验、复查时，可以要求公安机关复验、复查，并且可以派检察人员参加。

第一百三十五条 为了查明案情，在必要的时候，经公安机关负责人批准，可以进行侦查实验。

侦查实验的情况应当写成笔录，由参加实验的人签名或者盖章。

侦查实验，禁止一切足以造成危险、侮辱人格或者有伤风化的行为。

第五节 搜　查

第一百三十六条 为了收集犯罪证据、查获犯罪人，侦查人员可以对犯罪嫌疑人以及可能隐藏罪犯或者犯罪证据的人的身体、物品、住处和其他有关的地方进行搜查。

第一百三十七条 任何单位和个人，有义务按照人民检察院和公安机关的要求，交出可以证明犯罪嫌疑人有罪或者无罪的物证、书证、视听资料等证据。

第一百三十八条 进行搜查，必须向被搜查人出示搜查证。

在执行逮捕、拘留的时候，遇有紧急情况，不另用搜查证也可以进行搜查。

第一百三十九条 在搜查的时候，应当有被搜查人或者他的家属，邻居或者其他见证人在场。

搜查妇女的身体，应当由女工作人员进行。

第一百四十条 搜查的情况应当写成笔录，由侦查人员和被搜查人或者他的家属，邻居或者其他见证人签名或者盖章。如果被搜查人或者他的家属在逃或者拒绝签名、盖章，应当在笔录上注明。

第六节 查封、扣押物证、书证

第一百四十一条 在侦查活动中发现的可用以证明犯罪嫌疑人有罪或者无罪的各种财物、文件，应当查封、扣押；与案件无关的财物、文件，不得查封、扣押。

对查封、扣押的财物、文件，要妥善保管或者封存，不得使用、调换或者损毁。

第一百四十二条 对查封、扣押的财物、文件，应当会同在场见证人和被查封、扣押财物、文件持有人查点清楚，当场开列清单一式二份，由侦查人员、见证人和持有人签名或者盖章，一份交给持有人，另一份附卷备查。

第一百四十三条 侦查人员认为需要扣押犯罪嫌疑人的邮件、电报的时候，经公安机关或者人民检察院批准，即可通知邮电机关将有关的邮件、电报检交扣押。

不需要继续扣押的时候，应即通知邮电机关。

第一百四十四条 人民检察院、公安机关根据侦查犯罪的需要，可以依照规定查询、冻结犯罪嫌疑人的存款、汇款、债券、股票、基金份额等财产。有关单位和个人应当配合。

犯罪嫌疑人的存款、汇款、债券、股票、基金份额等财产已被冻结的，不得重复冻结。

第一百四十五条 对查封、扣押的财物、文件、邮件、电报或者冻结的存款、汇款、债券、股票、基金份额等财产，经查明确实与案件无关的，应当在三日以内解除查封、扣押、冻结，予以退还。

第七节 鉴　　定

第一百四十六条 为了查明案情，需要解决案件中某些专门性问题的时候，应当指派、聘请有专门知识的人进行鉴定。

第一百四十七条 鉴定人进行鉴定后，应当写出鉴定意见，并且签名。

鉴定人故意作虚假鉴定的，应当承担法律责任。

第一百四十八条 侦查机关应当将用作证据的鉴定意见告知犯罪嫌疑人、被害人。如果犯罪嫌疑人、被害人提出申请，可以补充鉴定或者重新鉴定。

第一百四十九条 对犯罪嫌疑人作精神病鉴定的期间不计入办案期限。

第八节 技术侦查措施

第一百五十条 公安机关在立案后，对于危害国家安全犯罪、恐怖活动犯罪、黑社会性质的组织犯罪、重大毒品犯罪或者其他严重危害社会的犯罪案件，根据侦查犯罪的需要，经过严格的批准手续，可以采取技术侦查措施。

人民检察院在立案后，对于利用职权实施的严重侵犯公民人身权利的重大犯罪案件，根据侦查犯罪的需要，经过严格的批准手续，可以采取技术侦查措施，按照规定交有关机关执行。

追捕被通缉或者批准、决定逮捕的在逃的犯罪嫌疑人、被告人，经过批准，可以采取追捕所必需的技术侦查措施。

第一百五十一条 批准决定应当根据侦查犯罪的需要，确定采取技术侦查措施的种类和适用对象。批准决定自签发之日起三个月以内有效。对于不需要继续采取技术侦查措施的，应当及时解除；对于复杂、疑难案件，期限届满仍有必要继续采取技术侦查措施的，经过批准，有效期可以延长，每次不得超过三个月。

第一百五十二条 采取技术侦查措施，必须严格按照批准的措施种类、适用对象和期限执行。

侦查人员对采取技术侦查措施过程中知悉的国家秘密、商业秘密和个人隐私，应当保密；对采取技术侦查措施获取的与案件无关的材料，必须及时销毁。

采取技术侦查措施获取的材料，只能用于对犯罪的侦查、起诉和审判，不得用于其他用途。

公安机关依法采取技术侦查措施，有关单位和个人应当配合，并对有关情况予以保密。

第一百五十三条 为了查明案情，在必要的时候，经公安机关负责人决定，可以由有关人员隐匿其身份实施侦查。但是，不得诱使他人犯罪，不得采用可能危害公共安全或者发生重大人身危险的方法。

对涉及给付毒品等违禁品或者财物的犯罪活动，公安机关根据侦查犯罪的需要，可以依照规定实施控制下交付。

第一百五十四条 依照本节规定采取侦查措施收集的材料在刑事诉讼中可以作为证据使用。如果使用该证据可能危及有关人员的人身安全，或者可能产生其他严重后果的，应当采取不暴露有关人员身份、技术方法等保护措施，必要的时候，可以由审判人员在庭外对证据进行核实。

第九节 通 缉

第一百五十五条 应当逮捕的犯罪嫌疑人如果在逃，公安机关可以发布通缉令，采取有效措施，追捕归案。

各级公安机关在自己管辖的地区以内，可以直接发布通缉令；超出自己管辖的地区，应当报请有权决定的上级机关发布。

第十节 侦查终结

第一百五十六条 对犯罪嫌疑人逮捕后的侦查羁押期限不得超过二个月。案情复杂、期限届满不能终结的案件，可以经上一级人民检察院批准延长一个月。

第一百五十七条 因为特殊原因，在较长时间内不宜交付审判的特别重大复杂的案件，由最高人民检察院报请全国人民代表大会常务委员会批准延期审理。

第一百五十八条 下列案件在本法第一百五十六条规定的期限届满不能侦查终结的，经省、自治区、直辖市人民检察院批准或者决定，可以延长二个月：

（一）交通十分不便的边远地区的重大复杂案件；

（二）重大的犯罪集团案件；

（三）流窜作案的重大复杂案件；

（四）犯罪涉及面广，取证困难的重大复杂案件。

第一百五十九条 对犯罪嫌疑人可能判处十年有期徒刑以上刑罚，依照本法第一百五十八条规定延长期限届满，仍不能侦查终结的，经省、自治区、直辖市人民检察院批准或者决定，可以再延长二个月。

第一百六十条 在侦查期间，发现犯罪嫌疑人另有重要罪行的，自发现之日起依照本法第一百五十六条的规定重新计算侦查羁押期限。

犯罪嫌疑人不讲真实姓名、住址，身份不明的，应当对其身份进行调查，侦查羁押期限自查清其身份之日起计算，但是不得停止对其犯罪行为的侦查取证。对于犯罪事实清楚，证据确实、充分，确实无法查明其身份的，也可以按其自报的姓名起诉、审判。

第一百六十一条 在案件侦查终结前，辩护律师提出要求的，侦查机关应当听取辩护律师的意见，并记录在案。辩护律师提出书面意见的，应当附卷。

第一百六十二条 公安机关侦查终结的案件，应当做到犯罪事实清楚，证据确实、充分，并且写出起诉意见书，连同案卷材料、证据一并移送同级人民检察院审查决定；同时将案件移送情况告知犯罪嫌疑人及其辩护律师。

犯罪嫌疑人自愿认罪的，应当记录在案，随案移送，并在起诉意见书中写明有关情况。

第一百六十三条 在侦查过程中，发现不应对犯罪嫌疑人追究刑事责任的，应当撤销案件；犯罪嫌疑人已被逮捕的，应当立即释放，发给释放证明，并且通知原批准逮捕的人民检察院。

第十一节 人民检察院对直接受理的案件的侦查

第一百六十四条 人民检察院对直接受理的案件的侦查适用本章规定。

第一百六十五条 人民检察院直接受理的案件中符合本法第八十一条、第八十二条第四项、第五项规定情形，需要逮捕、拘留犯罪嫌疑人的，由人民检察院作出决定，由公安机关执行。

第一百六十六条 人民检察院对直接受理的案件中被拘留的人，应当在拘留后的二十四小时以内进行讯问。在发现不应当拘留的时候，必须立即释放，发给释放证明。

第一百六十七条 人民检察院对直接受理的案件中被拘留的人，认为需要逮捕的，应当在十四日以内作出决定。在特殊情况下，决定逮捕的时间可以延长一日至三日。对不需要逮捕的，应当立即释放；对需要继续侦查，并且符合取保候审、监视居住条件的，依法取保候审或者监视居住。

第一百六十八条 人民检察院侦查终结的案件，应当作出提起公诉、不起诉或者撤销案件的决定。

第三章 提起公诉

第一百六十九条 凡需要提起公诉的案件，一律由人民检察院审查决定。

第一百七十条 人民检察院对于监察机关移送起诉的案件，依照本法和监察法的有关规定进行审查。人民检察院经审查，认为需要补充核实的，应当退回监察机关补充调查，必要时可以自行补充侦查。

对于监察机关移送起诉的已采取留置措施的案件，人民检察院应当对犯罪嫌疑人先行拘留，留置措施自动解除。人民检察院应当在拘留后的十日以内作出是否逮捕、取保候审或者监视居住的决定。在特殊情况下，决定的时间可以延长一日至四日。人民检察院决定采取强制措施的期间不计入审查起诉期限。

第一百七十一条 人民检察院审查案件的时候，必须查明：

（一）犯罪事实、情节是否清楚，证据是否确实、充分，犯罪性质和罪名的认定是否正确；

（二）有无遗漏罪行和其他应当追究刑事责任的人；

（三）是否属于不应追究刑事责任的；

（四）有无附带民事诉讼；

（五）侦查活动是否合法。

第一百七十二条 人民检察院对于监察机关、公安机关移送起诉的案件，应当在一个月以内作出决定，重大、复杂的案件，可以延长十五日；犯罪嫌疑人认罪认罚，符合速裁程序适用条件的，应当在十日以内作出决定，对可能判处的有期徒刑超过一年的，可以延长至十五日。

人民检察院审查起诉的案件，改变管辖的，从改变后的人民检察院收到案件之日起计算审查起诉期限。

第一百七十三条 人民检察院审查案件，应当讯问犯罪嫌疑人，听取辩护人或者值班律师、被害人及其诉讼代理人的意见，并记录在案。辩护人或者值班律师、被害人及其诉讼代理人提出书面意见的，应当附卷。

犯罪嫌疑人认罪认罚的，人民检察院应当告知其享有的诉讼权利和认罪认罚的法律规定，听取犯罪嫌疑人、辩护人或者值班律师、被害人及其诉讼代理人对下列事项的意见，并记录在案：

（一）涉嫌的犯罪事实、罪名及适用的法律规定；

（二）从轻、减轻或者免除处罚等从宽处罚的建议；

（三）认罪认罚后案件审理适用的程序；

（四）其他需要听取意见的事项。

人民检察院依照前两款规定听取值班律师意见的，应当提前为值班律师了解案件有关情况提供必要的便利。

第一百七十四条 犯罪嫌疑人自愿认罪，同意量刑建议和程序适用的，应当在辩护人或者值班律师在场的情况下签署认罪认罚具结书。

犯罪嫌疑人认罪认罚，有下列情形之一的，不需要签署认罪认罚具结书：

（一）犯罪嫌疑人是盲、聋、哑人，或者是尚未完全丧失辨认或者控制自己行为能力的精神病人的；

（二）未成年犯罪嫌疑人的法定代理人、辩护人对未成年人认罪认罚有异议的；

（三）其他不需要签署认罪认罚具结书的情形。

第一百七十五条 人民检察院审查案件，可以要求公安机关提供法庭审判所必需的证据材料；认为可能存在本法第五十六条规定的以非法方法收集证据情形的，可以要求其对证据收集的合法性作出说明。

人民检察院审查案件，对于需要补充侦查的，可以退回公安机关补充侦查，也可以自行侦查。

对于补充侦查的案件，应当在一个月以内补充侦查完毕。补充侦查以二次为限。补充侦查完毕移送人民检察院后，人民检察院重新计算审查起诉期限。

对于二次补充侦查的案件，人民检察院仍然认为证据不足，不符合起诉条件的，应当作出不起诉的决定。

第一百七十六条 人民检察院认为犯罪嫌疑人的犯罪事实已经查清，证据确实、充分，依法应当追究刑事责任的，应当作出起诉决定，按照审判管辖的规定，向人民法院提起公诉，并将案卷材料、证据移送人民法院。

犯罪嫌疑人认罪认罚的，人民检察院应当就主刑、附加刑、是否适用缓刑等提出量刑建议，并随案移送认罪认罚具结书等材料。

第一百七十七条 犯罪嫌疑人没有犯罪事实，或者有本法第十六条规定的情形之一的，人民检察院应当作出不起诉决定。

对于犯罪情节轻微，依照刑法规定不需要判处刑罚或者免除刑罚的，人民检察院可以作出不起诉决定。

人民检察院决定不起诉的案件，应当同时对侦查中查封、扣押、冻结的财物解除查封、扣押、冻结。对被不起诉人需要给予行政处罚、处分或者需要没收其违法所得的，人民检察院应当提出检察意见，移送有关主管机关处理。有关主管机关应当将处理结果及时通知人民检察院。

第一百七十八条 不起诉的决定，应当公开宣布，并且将不起诉决定书送达被不起诉人和他的所在单位。如果被不起诉人在押，应当立即释放。

第一百七十九条 对于公安机关移送起诉的案件，人民检察院决定不起诉的，应当将不起诉决定书送达公安机关。公安机关认为不起诉的决定有错误的时候，可以要求复议，如果意见不被接受，可以向上一级人民检察院提请复核。

第一百八十条 对于有被害人的案件，决定不起诉的，人民检察院应当将不起诉决定书送达被害人。被害人如果不服，可以自收到决定书后七日以内向上一级人民检察院申诉，请求提起公诉。人民检察院应当将复查决定告知被害人。对人民检察院维持不起诉决定的，被害人可以向人民法院起诉。被害人也可以不经申诉，直接向人民法院起诉。人民法院受理案件后，人民检察院应当将有关案件材料移送人民法院。

第一百八十一条 对于人民检察院依照本法第一百七十七条第二款规定作出的不起诉决定，被不起诉人如果不服，可以自收到决定书后七日以内向人民检察院申诉。人民检察院应当作出复查决定，通知被不起诉的人，同时抄送公安机关。

第一百八十二条 犯罪嫌疑人自愿如实供述涉嫌犯罪的事实，有重大立功或者案件涉及国家重大利益的，经最高人民检察院核准，公安机关可以撤销案件，人民检察院可以作出不起诉决定，也可以对涉嫌数罪中的一项或者多项不起诉。

根据前款规定不起诉或者撤销案件的，人民检察院、公安机关应当及时对查封、扣押、冻结的财物及其孳息作出处理。

第三编 审 判

第一章 审判组织

第一百八十三条 基层人民法院、中级人民法院审判第一审案件，应当由审判员三人或者由审判员和人民陪审员共三人或者七人组成合议庭进行，但是基层人民法院适用简易程序、速裁程序的案件可以由审判员一人独任审判。

高级人民法院审判第一审案件，应当由审判员三人至七人或者由审判员和人民陪审员共三人或者七人组成合议庭进行。

最高人民法院审判第一审案件，应当由审判员三人至七人组成合议庭进行。

人民法院审判上诉和抗诉案件，由审判员三人或者五人组成合议庭进行。

合议庭的成员人数应当是单数。

第一百八十四条 合议庭进行评议的时候，如果意见分歧，应当按多数人的意见作出决定，但是少数人的意见应当写入笔录。评议笔录由合议庭的组成人员签名。

第一百八十五条 合议庭开庭审理并且评议后，应当作出判决。对于疑难、复杂、重大的案件，合议庭认为难以作出决定的，由合议庭提请院长决定提交审判委员会讨论决定。审判委员会的决定，合议庭应当执行。

第二章 第一审程序

第一节 公 诉 案 件

第一百八十六条 人民法院对提起公诉的案件进行审查后，对于起诉书中有明确的指控犯罪事实的，应当决定开庭审判。

第一百八十七条 人民法院决定开庭审判后，应当确定合议庭的组成人员，将人民检察院的起诉书副本至迟在开庭十日以前送达被告人及其辩护人。

在开庭以前，审判人员可以召集公诉人、当事人和辩护人、诉讼代理人，对回避、出庭证人名单、非法证据排除等与审判相关的问题，了解情况，听取意见。

人民法院确定开庭日期后，应当将开庭的时间、地点通知人民检察院，传唤当事人，通知辩护人、诉讼代理人、证人、鉴定人和翻译人员，传票和通知书至迟在开庭三日以前送达。公开审判的案件，应当在开庭三日以前先期公布案由、被告人姓名、开庭时间和地点。

上述活动情形应当写入笔录，由审判人员和书记员签名。

第一百八十八条 人民法院审判第一审案件应当公开进行。但是有关国家秘密或者个人隐私的案件，不公开审理；涉及商业秘密的案件，当事人申请不公开审理的，可以不公开审理。

不公开审理的案件，应当当庭宣布不公开审理的理由。

第一百八十九条 人民法院审判公诉案件，人民检察院应当派员出席法庭支持公诉。

第一百九十条 开庭的时候，审判长查明当事人是否到庭，宣布案由；宣布合议庭的组成人员、书记员、公诉人、辩护人、诉讼代理人、鉴定人和翻译人员的名单；告知当事人有权对合议庭组成人员、书记员、公诉人、鉴定人和翻译人员申请回避；告知被告人享有辩护权利。

被告人认罪认罚的，审判长应当告知被告人享有的诉讼权利和认罪认罚的法律规定，审查认罪认罚的自愿性和认罪认罚具结书内容的真实性、合法性。

第一百九十一条 公诉人在法庭上宣读起诉书后，被告人、被害人可以就起诉书指控的犯罪进行陈述，公诉人可以讯问被告人。

被害人、附带民事诉讼的原告人和辩护人、诉讼代理人，经审判长许可，可以向被告人发问。

审判人员可以讯问被告人。

第一百九十二条 公诉人、当事人或者辩护人、诉讼代理人对证人证言有异议，且该证人证言对案件定罪量刑有重大影响，人民法院认为证人有必要出庭作证的，证人应当出庭作证。

人民警察就其执行职务时目击的犯罪情况作为证人出庭作证，适用前款规定。

公诉人、当事人或者辩护人、诉讼代理人对鉴定意见有异议，人民法院认为鉴定人有必要出庭的，鉴定人应当出庭作证。经人民法院通知，鉴定人拒不出庭作证的，鉴定意见不得作为定案的根据。

第一百九十三条 经人民法院通知，证人没有正当理由不出庭作证的，人民法院可以强制其到庭，但是被告人的配偶、父母、子女除外。

证人没有正当理由拒绝出庭或者出庭后拒绝作证的，予以训诫，情节严重的，经院长批准，处以十日以下的拘留。被处罚人对拘留决定不服的，可以向上一级人民法院申请复议。复议期间不停止执行。

第一百九十四条 证人作证，审判人员应当告知他要如实地提供证言和有意作伪证或者隐匿罪证要负的法律责任。公诉人、当事人和辩护人、诉讼代理人经审判长许可，可以对证人、鉴定人发问。审判长认为发问的内容与案件无关的时候，应当制止。

审判人员可以询问证人、鉴定人。

第一百九十五条 公诉人、辩护人应当向法庭出示物证，让当事人辨认，对未到庭的证人的证言笔录、鉴定人的鉴定意见、勘验笔录和其他作为证据的文书，应当当庭宣读。审判人员应当听取公诉人、当事人和辩护人、诉讼代理人的意见。

第一百九十六条 法庭审理过程中，合议庭对证据有疑问的，可以宣布休庭，对证据进行调查核实。

人民法院调查核实证据，可以进行勘验、检查、查封、扣押、鉴定和查询、冻结。

第一百九十七条 法庭审理过程中，当事人和辩护人、诉讼代理人有权申请通知新的证人到庭，调取新的物证，申请重新鉴定或者勘验。

公诉人、当事人和辩护人、诉讼代理人可以申请法庭通知有专门知识的人出庭，就鉴定人作出的鉴定意见提出意见。

法庭对于上述申请，应当作出是否同意的决定。

第二款规定的有专门知识的人出庭，适用鉴定人的有关规定。

第一百九十八条 法庭审理过程中，对与定罪、量刑有关的事实、证据都应当进行调查、辩论。

经审判长许可，公诉人、当事人和辩护人、诉讼代理人可以对证据和案件情况发表意见并且可以互相辩论。

审判长在宣布辩论终结后，被告人有最后陈述的权利。

第一百九十九条 在法庭审判过程中，如果诉讼参与人或者旁听人员违反法庭秩序，审判长应当警告制止。对不听制止的，可以强行带出法庭；情节严重的，处以一千元以下的罚款或者十五日以下的拘留。罚款、拘留必须经院长批准。被处罚人对罚款、拘留的决定不服的，可以向上一级人民法院申请复议。复议期间不停止执行。

对聚众哄闹、冲击法庭或者侮辱、诽谤、威胁、殴打司法工作人员或者诉讼参与人，严重扰乱法庭秩序，构成犯罪的，依法追究刑事责任。

第二百条 在被告人最后陈述后，审判长宣布休庭，合议庭进行评议，根据已经查明的事实、证据和有关的法律规定，分别作出以下判决：

（一）案件事实清楚，证据确实、充分，依据法律认定被告人有罪的，应当作出有罪判决；

（二）依据法律认定被告人无罪的，应当作出无罪判决；

（三）证据不足，不能认定被告人有罪的，应当作出证据不足、指控的犯罪不能成立的无罪判决。

第二百零一条 对于认罪认罚案件，人民法院依法作出判决时，一般应当采纳人民检察院指控的罪名和量刑建议，但有下列情形的除外：

（一）被告人的行为不构成犯罪或者不应当追究其刑事责任的；

（二）被告人违背意愿认罪认罚的；

（三）被告人否认指控的犯罪事实的；

（四）起诉指控的罪名与审理认定的罪名不一致的；

（五）其他可能影响公正审判的情形。

人民法院经审理认为量刑建议明显不当，或者被告人、辩护人对量刑建议提出异议的，人民检察院可以调整量刑建议。人民检察院不调整量刑建议或者调整量刑建议后仍然明显不当的，人民法院应当依法作出判决。

第二百零二条 宣告判决，一律公开进行。

当庭宣告判决的，应当在五日以内将判决书送达当事人和提起公诉的人民检察院；定期宣告判决的，应当在宣告后立即将判决书送达当事人和提起公诉的人民检察院。判决书应当同时送达辩护人、诉讼代理人。

第二百零三条 判决书应当由审判人员和书记员署名，并且写明上诉的期限和上诉的法院。

第二百零四条　在法庭审判过程中，遇有下列情形之一，影响审判进行的，可以延期审理：

（一）需要通知新的证人到庭，调取新的物证，重新鉴定或者勘验的；

（二）检察人员发现提起公诉的案件需要补充侦查，提出建议的；

（三）由于申请回避而不能进行审判的。

第二百零五条　依照本法第二百零四条第二项的规定延期审理的案件，人民检察院应当在一个月以内补充侦查完毕。

第二百零六条　在审判过程中，有下列情形之一，致使案件在较长时间内无法继续审理的，可以中止审理：

（一）被告人患有严重疾病，无法出庭的；

（二）被告人脱逃的；

（三）自诉人患有严重疾病，无法出庭，未委托诉讼代理人出庭的；

（四）由于不能抗拒的原因。

中止审理的原因消失后，应当恢复审理。中止审理的期间不计入审理期限。

第二百零七条　法庭审判的全部活动，应当由书记员写成笔录，经审判长审阅后，由审判长和书记员签名。

法庭笔录中的证人证言部分，应当当庭宣读或者交给证人阅读。证人在承认没有错误后，应当签名或者盖章。

法庭笔录应当交给当事人阅读或者向他宣读。当事人认为记载有遗漏或者差错的，可以请求补充或者改正。当事人承认没有错误后，应当签名或者盖章。

第二百零八条　人民法院审理公诉案件，应当在受理后二个月以内宣判，至迟不得超过三个月。对于可能判处死刑的案件或者附带民事诉讼的案件，以及有本法第一百五十八条规定情形之一的，经上一级人民法院批准，可以延长三个月；因特殊情况还需要延长的，报请最高人民法院批准。

人民法院改变管辖的案件，从改变后的人民法院收到案件之日起计算审理期限。

人民检察院补充侦查的案件，补充侦查完毕移送人民法院后，人民法院重新计算审理期限。

第二百零九条 人民检察院发现人民法院审理案件违反法律规定的诉讼程序，有权向人民法院提出纠正意见。

第二节 自诉案件

第二百一十条 自诉案件包括下列案件：

（一）告诉才处理的案件；

（二）被害人有证据证明的轻微刑事案件；

（三）被害人有证据证明对被告人侵犯自己人身、财产权利的行为应当依法追究刑事责任，而公安机关或者人民检察院不予追究被告人刑事责任的案件。

第二百一十一条 人民法院对于自诉案件进行审查后，按照下列情形分别处理：

（一）犯罪事实清楚，有足够证据的案件，应当开庭审判；

（二）缺乏罪证的自诉案件，如果自诉人提不出补充证据，应当说服自诉人撤回自诉，或者裁定驳回。

自诉人经两次依法传唤，无正当理由拒不到庭的，或者未经法庭许可中途退庭的，按撤诉处理。

法庭审理过程中，审判人员对证据有疑问，需要调查核实的，适用本法第一百九十六条的规定。

第二百一十二条 人民法院对自诉案件，可以进行调解；自诉人在宣告判决前，可以同被告人自行和解或者撤回自诉。本法第二百一十条第三项规定的案件不适用调解。

人民法院审理自诉案件的期限，被告人被羁押的，适用本法第二百零八条第一款、第二款的规定；未被羁押的，应当在受理后六个月以内宣判。

第二百一十三条 自诉案件的被告人在诉讼过程中，可以对自诉人提起反诉。反诉适用自诉的规定。

第三节 简易程序

第二百一十四条 基层人民法院管辖的案件，符合下列条件的，可以适用简易程序审判：

（一）案件事实清楚、证据充分的；

（二）被告人承认自己所犯罪行，对指控的犯罪事实没有异议的；

（三）被告人对适用简易程序没有异议的。

人民检察院在提起公诉的时候，可以建议人民法院适用简易程序。

第二百一十五条 有下列情形之一的，不适用简易程序：

（一）被告人是盲、聋、哑人，或者是尚未完全丧失辨认或者控制自己行为能力的精神病人的；

（二）有重大社会影响的；

（三）共同犯罪案件中部分被告人不认罪或者对适用简易程序有异议的；

（四）其他不宜适用简易程序审理的。

第二百一十六条 适用简易程序审理案件，对可能判处三年有期徒刑以下刑罚的，可以组成合议庭进行审判，也可以由审判员一人独任审判；对可能判处的有期徒刑超过三年的，应当组成合议庭进行审判。

适用简易程序审理公诉案件，人民检察院应当派员出席法庭。

第二百一十七条 适用简易程序审理案件，审判人员应当询问被告人对指控的犯罪事实的意见，告知被告人适用简易程序审理的法律规定，确认被告人是否同意适用简易程序审理。

第二百一十八条 适用简易程序审理案件，经审判人员许可，被告人及其辩护人可以同公诉人、自诉人及其诉讼代理人互相辩论。

第二百一十九条 适用简易程序审理案件，不受本章第一节关于送达期限、讯问被告人、询问证人、鉴定人、出示证据、法庭辩论程序规定的限制。但在判决宣告前应当听取被告人的最后陈述意见。

第二百二十条 适用简易程序审理案件，人民法院应当在受理后二十日以内审结；对可能判处的有期徒刑超过三年的，可以延长至一个半月。

第二百二十一条 人民法院在审理过程中，发现不宜适用简易程序的，应当按照本章第一节或者第二节的规定重新审理。

第四节 速裁程序

第二百二十二条 基层人民法院管辖的可能判处三年有期徒刑以下刑罚的案件，案件事实清楚，证据确实、充分，被告人认罪认罚并同意适用速裁程序的，可以适用速裁程序，由审判员一人独任审判。

人民检察院在提起公诉的时候，可以建议人民法院适用速裁程序。

第二百二十三条 有下列情形之一的，不适用速裁程序：

（一）被告人是盲、聋、哑人，或者是尚未完全丧失辨认或者控制自己行为能力的精神病人的；

（二）被告人是未成年人的；

（三）案件有重大社会影响的；

（四）共同犯罪案件中部分被告人对指控的犯罪事实、罪名、量刑建议或者适用速裁程序有异议的；

（五）被告人与被害人或者其法定代理人没有就附带民事诉讼赔偿等事项达成调解或者和解协议的；

（六）其他不宜适用速裁程序审理的。

第二百二十四条 适用速裁程序审理案件，不受本章第一节规定的送达期限的限制，一般不进行法庭调查、法庭辩论，但在判决宣告前应当听取辩护人的意见和被告人的最后陈述意见。

适用速裁程序审理案件，应当当庭宣判。

第二百二十五条 适用速裁程序审理案件，人民法院应当在受理后十日以内审结；对可能判处的有期徒刑超过一年的，可以延长至十五日。

第二百二十六条 人民法院在审理过程中，发现有被告人的行为不构成犯罪或者不应当追究其刑事责任、被告人违背意愿认罪认罚、被告人否认指控的犯罪事实或者其他不宜适用速裁程序审理的情形的，应当按照本章第一节或者第三节的规定重新审理。

第三章 第二审程序

第二百二十七条 被告人、自诉人和他们的法定代理人，不服地方各级人民法院第一审的判决、裁定，有权用书状或者口头向上一级人民法院上诉。被告人的辩护人和近亲属，经被告人同意，可以提出上诉。

附带民事诉讼的当事人和他们的法定代理人，可以对地方各级人民法院第一审的判决、裁定中的附带民事诉讼部分，提出上诉。

对被告人的上诉权，不得以任何借口加以剥夺。

第二百二十八条 地方各级人民检察院认为本级人民法院第一审的判决、裁定确有错误的时候，应当向上一级人民法院提出抗诉。

第二百二十九条 被害人及其法定代理人不服地方各级人民法院第一审的判决的，自收到判决书后五日以内，有权请求人民检察院提出抗诉。人民检察院自收到被害人及其法定代理人的请求后五日以内，应当作出是否抗诉的决定并且答复请求人。

第二百三十条 不服判决的上诉和抗诉的期限为十日，不服裁定的上诉和抗诉的期限为五日，从接到判决书、裁定书的第二日起算。

第二百三十一条 被告人、自诉人、附带民事诉讼的原告人和被告人通过原审人民法院提出上诉的，原审人民法院应当在三日以内将上诉状连同案卷、证据移送上一级人民法院，同时将上诉状副本送交同级人民检察院和对方当事人。

被告人、自诉人、附带民事诉讼的原告人和被告人直接向第二审人民法院提出上诉的，第二审人民法院应当在三日以内将上诉状交原审人民法院送交同级人民检察院和对方当事人。

第二百三十二条 地方各级人民检察院对同级人民法院第一审判决、裁定的抗诉，应当通过原审人民法院提出抗诉书，并且将抗诉书抄送上一级人民检察院。原审人民法院应当将抗诉书连同案卷、证据移送上一级人民法院，并且将抗诉书副本送交当事人。

上级人民检察院如果认为抗诉不当，可以向同级人民法院撤回抗诉，并且通知下级人民检察院。

第二百三十三条 第二审人民法院应当就第一审判决认定的事实和适用法律进行全面审查，不受上诉或者抗诉范围的限制。

共同犯罪的案件只有部分被告人上诉的，应当对全案进行审查，一并处理。

第二百三十四条 第二审人民法院对于下列案件，应当组成合议庭，开庭审理：

(一) 被告人、自诉人及其法定代理人对第一审认定的事实、证据提出异议，可能影响定罪量刑的上诉案件；

(二) 被告人被判处死刑的上诉案件；

(三) 人民检察院抗诉的案件；

(四) 其他应当开庭审理的案件。

第二审人民法院决定不开庭审理的，应当讯问被告人，听取其他当事人、辩护人、诉讼代理人的意见。

第二审人民法院开庭审理上诉、抗诉案件，可以到案件发生地或者原审人民法院所在地进行。

第二百三十五条 人民检察院提出抗诉的案件或者第二审人民法院开庭审理的公诉案件，同级人民检察院都应当派员出席法庭。第二审人民法院应当在决定开庭审理后及时通知人民检察院查阅案卷。人民检察院应当在一个月以内查阅完毕。人民检察院查阅案卷的时间不计入审理期限。

第二百三十六条 第二审人民法院对不服第一审判决的上诉、

抗诉案件，经过审理后，应当按照下列情形分别处理：

（一）原判决认定事实和适用法律正确、量刑适当的，应当裁定驳回上诉或者抗诉，维持原判；

（二）原判决认定事实没有错误，但适用法律有错误，或者量刑不当的，应当改判；

（三）原判决事实不清楚或者证据不足的，可以在查清事实后改判；也可以裁定撤销原判，发回原审人民法院重新审判。

原审人民法院对于依照前款第三项规定发回重新审判的案件作出判决后，被告人提出上诉或者人民检察院提出抗诉的，第二审人民法院应当依法作出判决或者裁定，不得再发回原审人民法院重新审判。

第二百三十七条 第二审人民法院审理被告人或者他的法定代理人、辩护人、近亲属上诉的案件，不得加重被告人的刑罚。第二审人民法院发回原审人民法院重新审判的案件，除有新的犯罪事实，人民检察院补充起诉的以外，原审人民法院也不得加重被告人的刑罚。

人民检察院提出抗诉或者自诉人提出上诉的，不受前款规定的限制。

第二百三十八条 第二审人民法院发现第一审人民法院的审理有下列违反法律规定的诉讼程序的情形之一的，应当裁定撤销原判，发回原审人民法院重新审判：

（一）违反本法有关公开审判的规定的；

（二）违反回避制度的；

（三）剥夺或者限制了当事人的法定诉讼权利，可能影响公正审判的；

（四）审判组织的组成不合法的；

（五）其他违反法律规定的诉讼程序，可能影响公正审判的。

第二百三十九条 原审人民法院对于发回重新审判的案件，应当另行组成合议庭，依照第一审程序进行审判。对于重新审判后的判决，依照本法第二百二十七条、第二百二十八条、第二百二十九条的规定可以上诉、抗诉。

第二百四十条 第二审人民法院对不服第一审裁定的上诉或者抗诉，经过审查后，应当参照本法第二百三十六条、第二百三十八条和第二百三十九条的规定，分别情形用裁定驳回上诉、抗诉，或者撤销、变更原裁定。

第二百四十一条 第二审人民法院发回原审人民法院重新审判的案件，原审人民法院从收到发回的案件之日起，重新计算审理期限。

第二百四十二条 第二审人民法院审判上诉或者抗诉案件的程序，除本章已有规定的以外，参照第一审程序的规定进行。

第二百四十三条 第二审人民法院受理上诉、抗诉案件，应当在二个月以内审结。对于可能判处死刑的案件或者附带民事诉讼的案件，以及有本法第一百五十八条规定情形之一的，经省、自治区、直辖市高级人民法院批准或者决定，可以延长二个月；因特殊情况还需要延长的，报请最高人民法院批准。

最高人民法院受理上诉、抗诉案件的审理期限，由最高人民法院决定。

第二百四十四条 第二审的判决、裁定和最高人民法院的判决、裁定，都是终审的判决、裁定。

第二百四十五条 公安机关、人民检察院和人民法院对查封、扣押、冻结的犯罪嫌疑人、被告人的财物及其孳息，应当妥善保管，以供核查，并制作清单，随案移送。任何单位和个人不得挪用或者自行处理。对被害人的合法财产，应当及时返还。对违禁品或者不宜长期保存的物品，应当依照国家有关规定处理。

对作为证据使用的实物应当随案移送，对不宜移送的，应当将其清单、照片或者其他证明文件随案移送。

人民法院作出的判决，应当对查封、扣押、冻结的财物及其孳息作出处理。

人民法院作出的判决生效以后，有关机关应当根据判决对查封、扣押、冻结的财物及其孳息进行处理。对查封、扣押、冻结的赃款赃物及其孳息，除依法返还被害人的以外，一律上缴国库。

司法工作人员贪污、挪用或者私自处理查封、扣押、冻结的财物及其孳息的，依法追究刑事责任；不构成犯罪的，给予处分。

第四章　死刑复核程序

第二百四十六条　死刑由最高人民法院核准。

第二百四十七条　中级人民法院判处死刑的第一审案件，被告人不上诉的，应当由高级人民法院复核后，报请最高人民法院核准。高级人民法院不同意判处死刑的，可以提审或者发回重新审判。

高级人民法院判处死刑的第一审案件被告人不上诉的，和判处死刑的第二审案件，都应当报请最高人民法院核准。

第二百四十八条　中级人民法院判处死刑缓期二年执行的案件，由高级人民法院核准。

第二百四十九条　最高人民法院复核死刑案件，高级人民法院复核死刑缓期执行的案件，应当由审判员三人组成合议庭进行。

第二百五十条　最高人民法院复核死刑案件，应当作出核准或者不核准死刑的裁定。对于不核准死刑的，最高人民法院可以发回重新审判或者予以改判。

第二百五十一条 最高人民法院复核死刑案件，应当讯问被告人，辩护律师提出要求的，应当听取辩护律师的意见。

在复核死刑案件过程中，最高人民检察院可以向最高人民法院提出意见。最高人民法院应当将死刑复核结果通报最高人民检察院。

第五章 审判监督程序

第二百五十二条 当事人及其法定代理人、近亲属，对已经发生法律效力的判决、裁定，可以向人民法院或者人民检察院提出申诉，但是不能停止判决、裁定的执行。

第二百五十三条 当事人及其法定代理人、近亲属的申诉符合下列情形之一的，人民法院应当重新审判：

（一）有新的证据证明原判决、裁定认定的事实确有错误，可能影响定罪量刑的；

（二）据以定罪量刑的证据不确实、不充分、依法应当予以排除，或者证明案件事实的主要证据之间存在矛盾的；

（三）原判决、裁定适用法律确有错误的；

（四）违反法律规定的诉讼程序，可能影响公正审判的；

（五）审判人员在审理该案件的时候，有贪污受贿，徇私舞弊，枉法裁判行为的。

第二百五十四条 各级人民法院院长对本院已经发生法律效力的判决和裁定，如果发现在认定事实上或者在适用法律上确有错误，必须提交审判委员会处理。

最高人民法院对各级人民法院已经发生法律效力的判决和裁定，上级人民法院对下级人民法院已经发生法律效力的判决和裁定，如果发现确有错误，有权提审或者指令下级人民法院再审。

最高人民检察院对各级人民法院已经发生法律效力的判决和裁定，上级人民检察院对下级人民法院已经发生法律效力的判决和裁定，如果发现确有错误，有权按照审判监督程序向同级人民法院提出抗诉。

人民检察院抗诉的案件，接受抗诉的人民法院应当组成合议庭重新审理，对于原判决事实不清楚或者证据不足的，可以指令下级人民法院再审。

第二百五十五条 上级人民法院指令下级人民法院再审的，应当指令原审人民法院以外的下级人民法院审理；由原审人民法院审理更为适宜的，也可以指令原审人民法院审理。

第二百五十六条 人民法院按照审判监督程序重新审判的案件，由原审人民法院审理的，应当另行组成合议庭进行。如果原来是第一审案件，应当依照第一审程序进行审判，所作的判决、裁定，可以上诉、抗诉；如果原来是第二审案件，或者是上级人民法院提审的案件，应当依照第二审程序进行审判，所作的判决、裁定，是终审的判决、裁定。

人民法院开庭审理的再审案件，同级人民检察院应当派员出席法庭。

第二百五十七条 人民法院决定再审的案件，需要对被告人采取强制措施的，由人民法院依法决定；人民检察院提出抗诉的再审案件，需要对被告人采取强制措施的，由人民检察院依法决定。

人民法院按照审判监督程序审判的案件，可以决定中止原判决、裁定的执行。

第二百五十八条 人民法院按照审判监督程序重新审判的案件，应当在作出提审、再审决定之日起三个月以内审结，需要延长期限的，不得超过六个月。

接受抗诉的人民法院按照审判监督程序审判抗诉的案件，审理期限适用前款规定；对需要指令下级人民法院再审的，应当自接受抗诉之日起一个月以内作出决定，下级人民法院审理案件的期限适用前款规定。

第四编 执 行

第二百五十九条 判决和裁定在发生法律效力后执行。

下列判决和裁定是发生法律效力的判决和裁定：

（一）已过法定期限没有上诉、抗诉的判决和裁定；

（二）终审的判决和裁定；

（三）最高人民法院核准的死刑的判决和高级人民法院核准的死刑缓期二年执行的判决。

第二百六十条 第一审人民法院判决被告人无罪、免除刑事处罚的，如果被告人在押，在宣判后应当立即释放。

第二百六十一条 最高人民法院判处和核准的死刑立即执行的判决，应当由最高人民法院院长签发执行死刑的命令。

被判处死刑缓期二年执行的罪犯，在死刑缓期执行期间，如果没有故意犯罪，死刑缓期执行期满，应当予以减刑的，由执行机关提出书面意见，报请高级人民法院裁定；如果故意犯罪，情节恶劣，查证属实，应当执行死刑的，由高级人民法院报请最高人民法院核准；对于故意犯罪未执行死刑的，死刑缓期执行的期间重新计算，并报最高人民法院备案。

第二百六十二条 下级人民法院接到最高人民法院执行死刑的命令后，应当在七日以内交付执行。但是发现有下列情形之一的，应当停止执行，并且立即报告最高人民法院，由最高人民法院作出裁定：

（一）在执行前发现判决可能有错误的；

（二）在执行前罪犯揭发重大犯罪事实或者有其他重大立功表现，可能需要改判的；

（三）罪犯正在怀孕。

前款第一项、第二项停止执行的原因消失后，必须报请最高人民法院院长再签发执行死刑的命令才能执行；由于前款第三项原因停止执行的，应当报请最高人民法院依法改判。

第二百六十三条 人民法院在交付执行死刑前，应当通知同级人民检察院派员临场监督。

死刑采用枪决或者注射等方法执行。

死刑可以在刑场或者指定的羁押场所内执行。

指挥执行的审判人员，对罪犯应当验明正身，讯问有无遗言、信札，然后交付执行人员执行死刑。在执行前，如果发现可能有错误，应当暂停执行，报请最高人民法院裁定。

执行死刑应当公布，不应示众。

执行死刑后，在场书记员应当写成笔录。交付执行的人民法院应当将执行死刑情况报告最高人民法院。

执行死刑后，交付执行的人民法院应当通知罪犯家属。

第二百六十四条 罪犯被交付执行刑罚的时候，应当由交付执行的人民法院在判决生效后十日以内将有关的法律文书送达公安机关、监狱或者其他执行机关。

对被判处死刑缓期二年执行、无期徒刑、有期徒刑的罪犯，由公安机关依法将该罪犯送交监狱执行刑罚。对被判处有期徒刑的罪犯，在被交付执行刑罚前，剩余刑期在三个月以下的，由看守所代为执行。对被判处拘役的罪犯，由公安机关执行。

对未成年犯应当在未成年犯管教所执行刑罚。

执行机关应当将罪犯及时收押，并且通知罪犯家属。

判处有期徒刑、拘役的罪犯，执行期满，应当由执行机关发给释放证明书。

第二百六十五条 对被判处有期徒刑或者拘役的罪犯，有下列情形之一的，可以暂予监外执行：

（一）有严重疾病需要保外就医的；

（二）怀孕或者正在哺乳自己婴儿的妇女；

（三）生活不能自理，适用暂予监外执行不致危害社会的。

对被判处无期徒刑的罪犯，有前款第二项规定情形的，可以暂予监外执行。

对适用保外就医可能有社会危险性的罪犯，或者自伤自残的罪犯，不得保外就医。

对罪犯确有严重疾病，必须保外就医的，由省级人民政府指定的医院诊断并开具证明文件。

在交付执行前，暂予监外执行由交付执行的人民法院决定；在交付执行后，暂予监外执行由监狱或者看守所提出书面意见，报省级以上监狱管理机关或者设区的市一级以上公安机关批准。

第二百六十六条 监狱、看守所提出暂予监外执行的书面意见的，应当将书面意见的副本抄送人民检察院。人民检察院可以向决定或者批准机关提出书面意见。

第二百六十七条 决定或者批准暂予监外执行的机关应当将

暂予监外执行决定抄送人民检察院。人民检察院认为暂予监外执行不当的，应当自接到通知之日起一个月以内将书面意见送交决定或者批准暂予监外执行的机关，决定或者批准暂予监外执行的机关接到人民检察院的书面意见后，应当立即对该决定进行重新核查。

第二百六十八条 对暂予监外执行的罪犯，有下列情形之一的，应当及时收监：

（一）发现不符合暂予监外执行条件的；

（二）严重违反有关暂予监外执行监督管理规定的；

（三）暂予监外执行的情形消失后，罪犯刑期未满的。

对于人民法院决定暂予监外执行的罪犯应当予以收监的，由人民法院作出决定，将有关的法律文书送达公安机关、监狱或者其他执行机关。

不符合暂予监外执行条件的罪犯通过贿赂等非法手段被暂予监外执行的，在监外执行的期间不计入执行刑期。罪犯在暂予监外执行期间脱逃的，脱逃的期间不计入执行刑期。

罪犯在暂予监外执行期间死亡的，执行机关应当及时通知监狱或者看守所。

第二百六十九条 对被判处管制、宣告缓刑、假释或者暂予监外执行的罪犯，依法实行社区矫正，由社区矫正机构负责执行。

第二百七十条 对被判处剥夺政治权利的罪犯，由公安机关执行。执行期满，应当由执行机关书面通知本人及其所在单位、居住地基层组织。

第二百七十一条 被判处罚金的罪犯，期满不缴纳的，人民法院应当强制缴纳；如果由于遭遇不能抗拒的灾祸等原因缴纳确实有困难的，经人民法院裁定，可以延期缴纳、酌情减少或者免除。

第二百七十二条 没收财产的判决，无论附加适用或者独立适用，都由人民法院执行；在必要的时候，可以会同公安机关执行。

第二百七十三条 罪犯在服刑期间又犯罪的，或者发现了判决的时候所没有发现的罪行，由执行机关移送人民检察院处理。

被判处管制、拘役、有期徒刑或者无期徒刑的罪犯，在执行期间确有悔改或者立功表现，应当依法予以减刑、假释的时候，由执行机关提出建议书，报请人民法院审核裁定，并将建议书副本抄送人民检察院。人民检察院可以向人民法院提出书面意见。

第二百七十四条 人民检察院认为人民法院减刑、假释的裁定不当，应当在收到裁定书副本后二十日以内，向人民法院提出书面纠正意见。人民法院应当在收到纠正意见后一个月以内重新组成合议庭进行审理，作出最终裁定。

第二百七十五条 监狱和其他执行机关在刑罚执行中，如果认为判决有错误或者罪犯提出申诉，应当转请人民检察院或者原判人民法院处理。

第二百七十六条 人民检察院对执行机关执行刑罚的活动是否合法实行监督。如果发现有违法的情况，应当通知执行机关纠正。

第五编 特别程序

第一章 未成年人刑事案件诉讼程序

第二百七十七条 对犯罪的未成年人实行教育、感化、挽救的方针，坚持教育为主、惩罚为辅的原则。

人民法院、人民检察院和公安机关办理未成年人刑事案件，应当保障未成年人行使其诉讼权利，保障未成年人得到法律帮助，并由熟悉未成年人身心特点的审判人员、检察人员、侦查人员承办。

第二百七十八条 未成年犯罪嫌疑人、被告人没有委托辩护人的，人民法院、人民检察院、公安机关应当通知法律援助机构指派律师为其提供辩护。

第二百七十九条 公安机关、人民检察院、人民法院办理未成年人刑事案件，根据情况可以对未成年犯罪嫌疑人、被告人的成长经历、犯罪原因、监护教育等情况进行调查。

第二百八十条 对未成年犯罪嫌疑人、被告人应当严格限制适用逮捕措施。人民检察院审查批准逮捕和人民法院决定逮捕，应当讯问未成年犯罪嫌疑人、被告人，听取辩护律师的意见。

对被拘留、逮捕和执行刑罚的未成年人与成年人应当分别关押、分别管理、分别教育。

第二百八十一条 对于未成年人刑事案件，在讯问和审判的时候，应当通知未成年犯罪嫌疑人、被告人的法定代理人到场。无法通知、法定代理人不能到场或者法定代理人是共犯的，也可以通知未成年犯罪嫌疑人、被告人的其他成年亲属，所在学校、单位、居住地基层组织或者未成年人保护组织的代表到场，并将有关情况记录在案。到场的法定代理人可以代为行使未成年犯罪嫌疑人、被告人的诉讼权利。

到场的法定代理人或者其他人员认为办案人员在讯问、审判中侵犯未成年人合法权益的，可以提出意见。讯问笔录、法庭笔录应当交给到场的法定代理人或者其他人员阅读或者向他宣读。

讯问女性未成年犯罪嫌疑人，应当有女工作人员在场。

审判未成年人刑事案件，未成年被告人最后陈述后，其法定代理人可以进行补充陈述。

询问未成年被害人、证人，适用第一款、第二款、第三款的规定。

第二百八十二条 对于未成年人涉嫌刑法分则第四章、第五章、第六章规定的犯罪，可能判处一年有期徒刑以下刑罚，符合起诉条件，但有悔罪表现的，人民检察院可以作出附条件不起诉的决定。人民检察院在作出附条件不起诉的决定以前，应当听取公安机关、被害人的意见。

对附条件不起诉的决定，公安机关要求复议、提请复核或者被害人申诉的，适用本法第一百七十九条、第一百八十条的规定。

未成年犯罪嫌疑人及其法定代理人对人民检察院决定附条件不起诉有异议的，人民检察院应当作出起诉的决定。

第二百八十三条 在附条件不起诉的考验期内，由人民检察院对被附条件不起诉的未成年犯罪嫌疑人进行监督考察。未成年犯罪嫌疑人的监护人，应当对未成年犯罪嫌疑人加强管教，配合人民检察院做好监督考察工作。

附条件不起诉的考验期为六个月以上一年以下，从人民检察院作出附条件不起诉的决定之日起计算。

被附条件不起诉的未成年犯罪嫌疑人，应当遵守下列规定：

（一）遵守法律法规，服从监督；

（二）按照考察机关的规定报告自己的活动情况；

（三）离开所居住的市、县或者迁居，应当报经考察机关批准；

（四）按照考察机关的要求接受矫治和教育。

第二百八十四条 被附条件不起诉的未成年犯罪嫌疑人，在考验期内有下列情形之一的，人民检察院应当撤销附条件不起诉的决定，提起公诉：

（一）实施新的犯罪或者发现决定附条件不起诉以前还有其他犯罪需要追诉的；

（二）违反治安管理规定或者考察机关有关附条件不起诉的监督管理规定，情节严重的。

被附条件不起诉的未成年犯罪嫌疑人，在考验期内没有上述情形，考验期满的，人民检察院应当作出不起诉的决定。

第二百八十五条 审判的时候被告人不满十八周岁的案件，不公开审理。但是，经未成年被告人及其法定代理人同意，未成年被告人所在学校和未成年人保护组织可以派代表到场。

第二百八十六条 犯罪的时候不满十八周岁，被判处五年有期徒刑以下刑罚的，应当对相关犯罪记录予以封存。

犯罪记录被封存的，不得向任何单位和个人提供，但司法机关为办案需要或者有关单位根据国家规定进行查询的除外。依法进行查询的单位，应当对被封存的犯罪记录的情况予以保密。

第二百八十七条 办理未成年人刑事案件，除本章已有规定的以外，按照本法的其他规定进行。

第二章 当事人和解的公诉案件诉讼程序

第二百八十八条 下列公诉案件，犯罪嫌疑人、被告人真诚悔罪，通过向被害人赔偿损失、赔礼道歉等方式获得被害人谅解，被害人自愿和解的，双方当事人可以和解：

（一）因民间纠纷引起，涉嫌刑法分则第四章、第五章规定的犯罪案件，可能判处三年有期徒刑以下刑罚的；

（二）除渎职犯罪以外的可能判处七年有期徒刑以下刑罚的过

失犯罪案件。

犯罪嫌疑人、被告人在五年以内曾经故意犯罪的，不适用本章规定的程序。

第二百八十九条 双方当事人和解的，公安机关、人民检察院、人民法院应当听取当事人和其他有关人员的意见，对和解的自愿性、合法性进行审查，并主持制作和解协议书。

第二百九十条 对于达成和解协议的案件，公安机关可以向人民检察院提出从宽处理的建议。人民检察院可以向人民法院提出从宽处罚的建议；对于犯罪情节轻微，不需要判处刑罚的，可以作出不起诉的决定。人民法院可以依法对被告人从宽处罚。

第三章 缺席审判程序

第二百九十一条 对于贪污贿赂犯罪案件，以及需要及时进行审判，经最高人民检察院核准的严重危害国家安全犯罪、恐怖活动犯罪案件，犯罪嫌疑人、被告人在境外，监察机关、公安机关移送起诉，人民检察院认为犯罪事实已经查清，证据确实、充分，依法应当追究刑事责任的，可以向人民法院提起公诉。人民法院进行审查后，对于起诉书中有明确的指控犯罪事实，符合缺席审判程序适用条件的，应当决定开庭审判。

前款案件，由犯罪地、被告人离境前居住地或者最高人民法院指定的中级人民法院组成合议庭进行审理。

第二百九十二条 人民法院应当通过有关国际条约规定的或者外交途径提出的司法协助方式，或者被告人所在地法律允许的其他方式，将传票和人民检察院的起诉书副本送达被告人。传票和起诉书副本送达后，被告人未按要求到案的，人民法院应当开庭审理，依法作出判决，并对违法所得及其他涉案财产作出处理。

第二百九十三条 人民法院缺席审判案件，被告人有权委托辩护人，被告人的近亲属可以代为委托辩护人。被告人及其近亲属没有委托辩护人的，人民法院应当通知法律援助机构指派律师为其提供辩护。

第二百九十四条 人民法院应当将判决书送达被告人及其近亲属、辩护人。被告人或者其近亲属不服判决的，有权向上一级人民法院上诉。辩护人经被告人或者其近亲属同意，可以提出上诉。

人民检察院认为人民法院的判决确有错误的，应当向上一级人民法院提出抗诉。

第二百九十五条 在审理过程中，被告人自动投案或者被抓获的，人民法院应当重新审理。

罪犯在判决、裁定发生法律效力后到案的，人民法院应当将罪犯交付执行刑罚。交付执行刑罚前，人民法院应当告知罪犯有权对判决、裁定提出异议。罪犯对判决、裁定提出异议的，人民法院应当重新审理。

依照生效判决、裁定对罪犯的财产进行的处理确有错误的，应当予以返还、赔偿。

第二百九十六条 因被告人患有严重疾病无法出庭，中止审理超过六个月，被告人仍无法出庭，被告人及其法定代理人、近亲属申请或者同意恢复审理的，人民法院可以在被告人不出庭的情况下缺席审理，依法作出判决。

第二百九十七条 被告人死亡的，人民法院应当裁定终止审理，但有证据证明被告人无罪，人民法院经缺席审理确认无罪的，应当依法作出判决。

人民法院按照审判监督程序重新审判的案件，被告人死亡的，人民法院可以缺席审理，依法作出判决。

第四章　犯罪嫌疑人、被告人逃匿、死亡案件违法所得的没收程序

第二百九十八条　对于贪污贿赂犯罪、恐怖活动犯罪等重大犯罪案件，犯罪嫌疑人、被告人逃匿，在通缉一年后不能到案，或者犯罪嫌疑人、被告人死亡，依照刑法规定应当追缴其违法所得及其他涉案财产的，人民检察院可以向人民法院提出没收违法所得的申请。

公安机关认为有前款规定情形的，应当写出没收违法所得意见书，移送人民检察院。

没收违法所得的申请应当提供与犯罪事实、违法所得相关的证据材料，并列明财产的种类、数量、所在地及查封、扣押、冻结的情况。

人民法院在必要的时候，可以查封、扣押、冻结申请没收的财产。

第二百九十九条　没收违法所得的申请，由犯罪地或者犯罪嫌疑人、被告人居住地的中级人民法院组成合议庭进行审理。

人民法院受理没收违法所得的申请后，应当发出公告。公告期间为六个月。犯罪嫌疑人、被告人的近亲属和其他利害关系人有权申请参加诉讼，也可以委托诉讼代理人参加诉讼。

人民法院在公告期满后对没收违法所得的申请进行审理。利害关系人参加诉讼的，人民法院应当开庭审理。

第三百条　人民法院经审理，对经查证属于违法所得及其他

涉案财产，除依法返还被害人的以外，应当裁定予以没收；对不属于应当追缴的财产的，应当裁定驳回申请，解除查封、扣押、冻结措施。

对于人民法院依照前款规定作出的裁定，犯罪嫌疑人、被告人的近亲属和其他利害关系人或者人民检察院可以提出上诉、抗诉。

第三百零一条 在审理过程中，在逃的犯罪嫌疑人、被告人自动投案或者被抓获的，人民法院应当终止审理。

没收犯罪嫌疑人、被告人财产确有错误的，应当予以返还、赔偿。

第五章 依法不负刑事责任的精神病人的强制医疗程序

第三百零二条 实施暴力行为，危害公共安全或者严重危害公民人身安全，经法定程序鉴定依法不负刑事责任的精神病人，有继续危害社会可能的，可以予以强制医疗。

第三百零三条 根据本章规定对精神病人强制医疗的，由人民法院决定。

公安机关发现精神病人符合强制医疗条件的，应当写出强制医疗意见书，移送人民检察院。对于公安机关移送的或者在审查起诉过程中发现的精神病人符合强制医疗条件的，人民检察院应当向人民法院提出强制医疗的申请。人民法院在审理案件过程中发现被告人符合强制医疗条件的，可以作出强制医疗的决定。

对实施暴力行为的精神病人，在人民法院决定强制医疗前，公安机关可以采取临时的保护性约束措施。

第三百零四条 人民法院受理强制医疗的申请后，应当组成合议庭进行审理。

人民法院审理强制医疗案件，应当通知被申请人或者被告人的法定代理人到场。被申请人或者被告人没有委托诉讼代理人的，人民法院应当通知法律援助机构指派律师为其提供法律帮助。

第三百零五条 人民法院经审理，对于被申请人或者被告人符合强制医疗条件的，应当在一个月以内作出强制医疗的决定。

被决定强制医疗的人、被害人及其法定代理人、近亲属对强制医疗决定不服的，可以向上一级人民法院申请复议。

第三百零六条 强制医疗机构应当定期对被强制医疗的人进行诊断评估。对于已不具有人身危险性，不需要继续强制医疗的，应当及时提出解除意见，报决定强制医疗的人民法院批准。

被强制医疗的人及其近亲属有权申请解除强制医疗。

第三百零七条 人民检察院对强制医疗的决定和执行实行监督。

附　　则

第三百零八条 军队保卫部门对军队内部发生的刑事案件行使侦查权。

中国海警局履行海上维权执法职责，对海上发生的刑事案件行使侦查权。

对罪犯在监狱内犯罪的案件由监狱进行侦查。

军队保卫部门、中国海警局、监狱办理刑事案件，适用本法的有关规定。

关于《中华人民共和国刑事诉讼法（修正草案）》的说明

——2018 年 4 月 25 日在第十三届全国人民代表大会常务委员会第二次会议上

全国人大常委会法制工作委员会主任　沈春耀

委员长、各位副委员长、秘书长、各位委员：

我受委员长会议的委托，作关于《中华人民共和国刑事诉讼法（修正草案）》的说明。

一、修改刑事诉讼法的必要性

党的十八大以来，以习近平同志为核心的党中央协调推进“四个全面”战略布局，在深化国家监察体制改革、反腐败追逃追赃、深化司法体制改革等方面作出了一系列重大决策部署，取得了重大成果和进展。从刑事诉讼制度来看，应当及时调整跟进。一是为保障国家监察体制改革顺利进行，需要完善监察与刑事诉讼的衔接机制；二是为加强境外追逃工作力度和手段，需要建立刑事缺席审判制度；三是总结认罪认罚从宽制度、速裁程序试点工作经验，需要将可复制、可推广的行之有效做法上升为法律规范，在全国范围内实行。从上述三个方面，有针对性地对刑事诉讼法作出适当的修改补充，是必要的。

二、草案起草的工作过程和指导思想

刑事诉讼法（修改）已列入《全国人大常委会 2018 年立法工作计划》。全国人大常委会高度重视刑事诉讼法修改工作，认真学习贯彻中央有关决策部署精神，明确了刑事诉讼法修改的思路和时间表。2015 年以来，法制工作委员会密切关注有关司法改革试点工作进展情况，及时总结试点经验；深入研究有关诉讼理论，借鉴国外法律规定和有益做法；广泛开展调研，深入听取各方面对修改刑事诉讼法的意见；加强沟通协调，会同中央纪委、中央政法委、最高人民法院、最高人民检察院、外交部、公安部、司法部有关方面在工作层面反复共同研究，并多次听取有关专家学者的意见，在各方面基本形成共识的基础上，形成了《中华人民共和国刑事诉讼法（修正草案)》。经委员长会议讨论，决定将刑事诉讼法（修正草案）提请本次常委会会议审议。

起草工作的指导思想是：深入学习贯彻习近平新时代中国特色社会主义思想和党的十九大精神，紧紧围绕推进全面深化改革、全面依法治国、全面从严治党、全面建成小康社会，坚决贯彻落实党中央关于深化国家监察体制改革、建立刑事缺席审判制度、实行认罪认罚从宽制度和速裁程序的决策部署，进一步完善中国特色刑事诉讼制度，深化司法体制改革，推进国家治理体系和治理能力现代化。

起草工作遵循以下原则：一是，坚持法治思维，维护司法公正，遵循诉讼规律。二是，坚持问题导向，总结实践经验，以立法形式巩固和推广实践证明行之有效的改革成果。三是，注意处理好刑事诉讼法与监察法、刑法、律师法、公证法等法律的衔接，维护法律体系内部协调统一。四是，坚持立足国情和实际，合理借鉴国外相关制度有益经验。

三、草案的主要内容

草案共 24 条，包括以下主要内容：

（一）完善与监察法的衔接机制，调整人民检察院侦查职权

深化国家监察体制改革是以习近平同志为核心的党中央作出

的重大决策部署。全国人大常委会于2016年12月、2017年11月先后作出在北京市、山西省、浙江省开展国家监察体制改革试点工作的决定和在全国各地推开国家监察体制改革试点工作的决定，暂时调整或者暂时停止适用刑事诉讼法关于检察机关对直接受理的案件进行侦查的有关规定。2018年3月，十三届全国人大一次会议审议通过了宪法修正案和监察法。为落实宪法有关规定，做好与监察法的衔接，保障国家监察体制改革顺利进行，拟对刑事诉讼法作以下修改补充：

1. 删去人民检察院对贪污贿赂等案件行使侦查权的规定，保留人民检察院在诉讼活动法律监督中发现司法工作人员利用职权实施的非法拘禁、刑讯逼供、非法搜查等侵犯公民权利、损害司法公正的犯罪的侦查权。

2. 相应修改有关程序规定，在刑事诉讼法关于侦查期间辩护律师会见经许可、指定居所监视居住、采取技术侦查措施的规定中，删去有关贪污贿赂犯罪的内容，并完善刑事诉讼法关于"侦查"定义的表述。

3. 对人民检察院审查起诉监察机关移送的案件、留置措施与刑事强制措施之间的衔接机制作出规定。明确人民检察院对于监察机关移送起诉的案件，依照刑事诉讼法和监察法的有关规定进行审查；认为需要补充核实的，应当退回监察机关补充调查，必要时可以自行补充侦查；对于监察机关采取留置措施的案件，人民检察院应当对犯罪嫌疑人先行拘留，留置措施自动解除，人民检察院应当在十日以内作出是否逮捕、取保候审或者监视居住的决定。在特殊情况下，决定的时间可以延长。

（二）建立刑事缺席审判制度

党中央高度重视反腐败和国际追逃追赃工作及相关法律制度

建设。党的十八大以来，国际追逃追赃工作取得重大进展，得到人民群众的广泛拥护。根据中央统一部署，2016 年 7 月，法制工作委员会提出了关于建立刑事缺席审判制度的研究报告。中央纪委建议在配合监察体制改革修改刑事诉讼法时，对刑事缺席审判制度作出规定。拟在刑事诉讼法第五编特别程序中增设缺席审判程序一章，主要规定以下内容：

1. 建立犯罪嫌疑人、被告人潜逃境外的缺席审判程序，规定对于贪污贿赂等犯罪案件，犯罪嫌疑人、被告人潜逃境外，监察机关移送起诉，人民检察院认为犯罪事实已经查清，证据确实、充分，依法应当追究刑事责任的，可以向人民法院提起公诉。

2. 规定犯罪嫌疑人、被告人潜逃境外的缺席审判的具体程序。一是，明确由犯罪地或者被告人居住地的中级人民法院组成合议庭进行审理（必要时仍可以依照刑事诉讼法的规定指定管辖）。二是，规定人民法院通过司法协助方式或者受送达人所在地法律允许的其他方式，将传票和起诉书副本送达被告人。三是，规定被告人未按要求归案的，人民法院应当开庭审理，依法作出判决，并对违法所得及其他涉案财产作出处理。

3. 充分保障被告人的诉讼权利。一是，对委托辩护和提供法律援助作出规定。二是，赋予被告人的近亲属上诉权。三是，规定人民法院应当告知罪犯有权对判决、裁定提出异议。罪犯提出异议的，人民法院应当重新审理。这样规定，不违反刑事诉讼的公正审判和程序参与原则，也符合国际上通行的司法准则的要求。

4. 根据司法实践情况和需求，增加对被告人患有严重疾病中止审理和被告人死亡案件可以缺席审判的规定。

对刑事缺席审判适用的案件范围，将在下一步工作中继续深入研究。

（三）完善刑事案件认罪认罚从宽制度和增加速裁程序

党的十八届四中全会提出，完善刑事诉讼中认罪认罚从宽制度。2014 年 6 月，全国人大常委会作出授权最高人民法院、最高人民检察院在部分地区开展刑事案件速裁程序试点工作的决定。2016 年 9 月，又作出授权最高人民法院、最高人民检察院在部分地区开展刑事案件认罪认罚从宽制度试点工作的决定，速裁程序试点纳入新的试点继续进行。总结试点工作中行之有效的做法，拟对刑事诉讼法作以下修改补充：

1. 在刑事诉讼法第一编第一章中明确刑事案件认罪认罚可以依法从宽处理的原则。

2. 完善刑事案件认罪认罚从宽的程序规定。包括侦查机关告知诉讼权利和将认罪情况记录在案；人民检察院在审查起诉阶段就案件处理听取意见，犯罪嫌疑人认罪认罚的，签署认罪认罚具结书；人民检察院提出量刑建议和人民法院如何采纳量刑建议；人民法院审查认罪认罚自愿性和具结书真实性合法性等。并增加规定，犯罪嫌疑人认罪认罚，有重大立功或者案件涉及国家重大利益的，经最高人民检察院核准，可以不起诉或者撤销案件。

3. 增加速裁程序。适用于基层人民法院管辖的可能判处三年有期徒刑以下刑罚、被告人认罪认罚，民事赔偿问题已经解决的案件。规定速裁程序不受刑事诉讼法规定的送达期限的限制，不进行法庭调查、法庭辩论，但应当听取被告人的最后陈述意见；应当当庭宣判。同时，对办案期限和不宜适用速裁的程序转化作出规定。

4. 加强对当事人的权利保障。对诉讼权利告知、建立值班律师制度、明确将认罪认罚作为采取强制措施时判断社会危险性的考虑因素等作出规定。

此外，全国人大常委会已经通过的刑法修正案（九）对有关刑罚制度和刑罚执行程序作了修改；根据建立终身禁止从事法律职业制度的要求，对律师法、公证法等法律作了修改；并即将审议通过人民陪审员法。为与这些法律相衔接，拟对刑事诉讼法关于死缓执行、罚金执行、不得担任辩护人的情形、人民陪审员参加审判的有关规定作出相应修改。

还有一个问题需要报告。刑事诉讼法属于基本法律，于 1979 年制定，后分别于 1996 年和 2012 年作了两次较大的修改，都是由全国人民代表大会审议通过的。经研究，这次修改，指向明确、内容特定、幅度有限，不涉及对刑事诉讼法基本原则的修改，根据宪法和立法法有关规定，拟参照以往修改民事诉讼法、行政诉讼法的做法，由全国人大常委会对刑事诉讼法进行部分补充和修改，不需提请全国人民代表大会审议。

草案和以上说明是否妥当，请审议。

全国人民代表大会宪法和法律委员会关于《中华人民共和国刑事诉讼法（修正草案）》修改情况的汇报

全国人民代表大会常务委员会：

常委会第二次会议对刑事诉讼法修正草案进行了初次审议。会后，法制工作委员会将草案印发各省、自治区、直辖市和部分较大的市人大常委会、中央有关部门及部分高等院校、研究机构、基层立法联系点征求意见，在中国人大网全文公布草案征求社会公众意见。法制工作委员会还到一些地方进行调研，听取意见；并就草案的有关问题与中央纪委国家监委、中央政法委、监察和司法委员会、最高人民法院、最高人民检察院、外交部、公安部、国家安全部、司法部交换意见，共同研究。各方面认为，草案贯彻党的十九大精神和党中央深化国家监察体制改革、反腐败追逃追赃、深化司法体制改革等重大决策部署，体现了宪法修正案的精神，对进一步完善中国特色刑事诉讼制度，深化司法体制改革，推进国家治理体系和治理能力现代化，具有重要意义。总体上赞同草案。宪法和法律委员会于7月26日召开会议，根据常委会组成人员的审议意见和各方面意见，对草案进行了逐条审议。监察和司法委员会、中央纪委国家监委、中央政法委有关负责同志列席了会议。8月20日，宪法和法律委员会召开会议，再次进行了审议。现将草案主要问题的修改情况汇报如下：

一、草案第四条中规定，值班律师的职责是为犯罪嫌疑人、被告人提供法律咨询，程序选择建议，代理申诉、控告，申请变更强制措施，对案件处理提出意见等辩护。有的常委委员、地方、部门和社会公众提出，值班律师的职责与辩护人不同，主要应是为没有辩护人的犯罪嫌疑人、被告人提供法律帮助，这样定位符合认罪认罚从宽制度改革试点方案以及有关部门关于开展值班律师工作的意见要求，试点情况表明也较为可行。宪法和法律委员会经研究，建议将值班律师提供“辩护”修改为提供“法律帮助”并删去“代理申诉、控告”的内容，同时在相关条文中对人民检察院审查起诉案件听取值班律师意见、犯罪嫌疑人签署认罪认罚具结书时值班律师在场作出规定。

二、草案第十二条中规定，对于监察机关采取留置措施的案件，人民检察院应当对犯罪嫌疑人先行拘留，留置措施自动解除，并对人民检察院决定采取强制措施的期限作了规定。有的常委委员和地方提出，人民检察院采取先行拘留措施是在案件移送前还是移送后，表述不清楚。为进一步做好与监察法的衔接，规范和保障强制措施的采取，建议明确是在监察机关将案件移送后，人民检察院即应当采取先行拘留措施。有的地方、部门和社会公众建议规定，人民检察院决定采取强制措施的期间不计入审查起诉期限。宪法和法律委员会经研究，建议采纳上述意见，对草案作出相应修改。

三、草案第十六条对人民检察院提出量刑建议作了规定，第二十条对人民法院采纳量刑建议作了规定。有的常委委员、地方和社会公众提出，为鼓励犯罪嫌疑人认罪认罚，落实宽严相济刑事政策，对认罪认罚的案件，人民检察院应当依法提出量刑建议，并适当限制人民检察院调整量刑建议和人民法院不采纳量刑建议的权力。对于其他案件，人民检察院可根据具体情况决定是否需要提出量刑建议。宪法和法律委员会经研究，建议对相关条文作出以下修改：一是明确犯罪嫌疑人认罪认罚的，人民检察院应当提出量刑建议。二是明确人民法院经审理认为量刑建议明显不当，或者被告人、辩护人对量刑建议提出异议的，人民检察院可以调整量刑建议。人民检察院不调整量刑建议或者调整量刑建议后被告人、辩护人仍有异议的，人民法院应当依法作出判决。

四、草案第二十一条中规定，适用速裁程序审理案件，不受送达期限的限制，不进行法庭调查、法庭辩论，但在判决宣告前应当听取被告人的最后陈述意见。有的地方、部门和社会公众提出，为切实保障被告人的辩护权和速裁程序的公正有效进行，建议适用速裁程序审理的案件，人民法院在宣判前还是要听取辩护人的意见。宪法和法律委员会经研究，建议采纳这一意见，对草案作出相应修改。

五、草案第二十四条中规定，缺席审判适用于犯罪嫌疑人、被告人潜逃境外的贪污贿赂等犯罪案件。有的常委委员、地方、部门和社会公众建议根据实际需要，适当扩大缺席审判的适用范围。宪法和法律委员会、法制工作委员会会同有关部门进行认真研究认为，建立缺席审判制度是从反腐败追逃追赃角度提出的，但可不仅限于贪污贿赂案件，其他重大案件确有必要及时追究的，在充分保障诉讼权利的前提下，也可以进行缺席审判。但考虑到这是一项新制度，尚缺乏实践经验，且有的缺席审判案件，文书送达和判决执行可能需要外国协助，在制度设计上需考虑到国际影响和外国通行做法，对贪污贿赂犯罪之外的其他案件，还是应当严格限制范围并规定严格的核准程序，根据国内国际大局和个案实际情况灵活掌握，稳妥实施。据此，建议将缺席审判的适用范围修改为“贪污贿赂犯罪案件，以及需要及时进行审判，经最高人民检察院核准的严重的危害国家安全犯罪、恐怖活动犯罪案件”。

在常委会审议和征求意见过程中，有的常委委员、地方、部门和社会公众还提出了其他一些修改完善刑事诉讼法的意见。宪法和法律委员会对这些意见都认真进行了研究。考虑到这次修改主要是落实中央有关决策部署，指向明确、内容特定；对于这些意见，有的属于具体执行中的问题，可通过进一步完善工作机制处理；有的可继续探索研究，总结经验。这次暂不作修改。

此外，还对草案作了一些文字修改。

草案二次审议稿已按上述意见作了修改。宪法和法律委员会建议提请本次常委会会议继续审议。

草案二次审议稿和以上汇报是否妥当，请审议。

全国人民代表大会宪法和法律委员会

2018 年 8 月 27 日

全国人民代表大会宪法和法律委员会关于《中华人民共和国刑事诉讼法（修正草案）》审议结果的报告

全国人民代表大会常务委员会：

常委会第五次会议对刑事诉讼法修正草案进行了二次审议。会后，法制工作委员会召开座谈会，征求有关部门和部分专家学者的意见，在中国人大网上向社会公开征求意见。各方面认为，草案贯彻中央重大决策部署，充分吸收常委会审议意见和各方面的意见，积极回应人民群众的关切，与监察法的衔接更加紧密，对境外追逃追赃更具有推动力，更好地体现了惩治犯罪与尊重保障人权相结合，更加成熟。宪法和法律委员会于 9 月 25 日召开会议，根据常委会组成人员的审议意见和各方面意见，对草案进行了逐条审议。监察和司法委员会、中央纪委国家监委、中央政法委有关负责同志列席了会议。10 月 16 日，宪法和法律委员会召开会议，再次进行审议。宪法和法律委员会认为，为贯彻中央深化国家监察体制改革、反腐败追逃追赃、深化司法体制改革等方面的决策部署，有针对性地对刑事诉讼法作出适当的修改补充，是必要的。草案经过两次审议修改，已经比较成熟。同时，提出以下主要修改意见：

一、草案二次审议稿第二十二条中规定了不适用速裁程序的情形。有的常委会组成人员、部门和专家学者提出，审理未成年人刑事案件，实践中通常采用有利于关护帮教未成年人的审判方式，并对未成年人进行法庭教育，速裁程序不进行法庭调查、法庭辩论，且一般采取集中审理、集中宣判的形式，不利于开展关护帮教和法庭教育，难以充分体现教育感化挽救的方针，建议增加规定，被告人是未成年人的，不适用速裁程序。宪法和法律委员会经研究，建议采纳上述意见，增加相应规定。

二、草案二次审议稿第二十二条中规定，人民法院在适用速裁程序审理过程中，发现有被告人违背意愿认罪认罚、被告人否认指控的犯罪事实或者其他不宜适用速裁程序审理的情形的，应当按照有关普通程序的规定重新审理。有的常委会组成人员建议增加“被告人的行为不构成犯罪或者不应当追究其刑事责任”的情形。宪法和法律委员会经研究，建议采纳上述意见，作出相应修改。

三、草案二次审议稿第二十五条中规定，对于人民检察院提起公诉要求缺席审判的案件，人民法院进行审查后，对于起诉书中有明确的指控犯罪事实的，应当决定开庭审判。有的常委会组成人员和专家学者提出，缺席审判程序是刑事诉讼中的特别程序，法院在案件入口审查上应严格把关。除了审查起诉书是否具有明确的指控犯罪事实外，还应当对是否符合缺席审判程序适用条件进行审查。宪法和法律委员会经研究，建议采纳上述意见，在人民法院决定开庭缺席审判的条件中增加相应规定。

四、草案二次审议稿第二十五条中对被告人及其近亲属、辩护人就缺席判决提出上诉作了规定。有的常委会组成人员提出，根据刑事诉讼法的有关规定，人民检察院认为人民法院的判决确有错误的，应当向上一级人民法院提出抗诉，建议增加人民检察院对缺席判决提出抗诉的规定。宪法和法律委员会经研究，建议采纳上述意见，增加相应规定。

五、今年6月，常委会第三次会议通过了《全国人民代表大会常务委员会关于中国海警局行使海上维权执法职权的决定》，规定中国海警局履行海上维权执法职责，执行打击海上违法犯罪活动、维护海上治安和安全保卫等任务，行使法律规定的公安机关相应执法职权；同时要求在条件成熟时修改有关法律。中央军委法制局和有的社会公众提出，为做好与《决定》的衔接，保障依法打击海上犯罪活动，建议在刑事诉讼法中增加相应规定，明确中国海警局的侦查主体地位。宪法和法律委员会经与中央军委法制局、武警部队、中国海警局共同研究，建议采纳上述意见，在刑事诉讼法附则中增加规定，中国海警局履行海上维权执法职责，对海上发生的刑事案件行使侦查权。中国海警局办理刑事案件，适用刑事诉讼法的有关规定。

此外，还对草案二次审议稿作了一些文字修改。

10月11日，法制工作委员会召开会议，邀请部分地方纪检监察、法院、检察院、公安、司法行政机关的工作人员和律师、专家学者等方面的代表，就草案中主要制度规范的可行性、法律出台时机、法律实施的社会效果和可能出现的问题等进行评估。总的评价是：草案贯彻党的十九大精神和党中央相关重大决策部署，充分体现了深化国家监察体制改革和司法体制改革的成果和经验，内容特定，指向明确，有利于完善与监察法的衔接机制，保障国家监察体制改革的顺利进行，加大反腐败追逃追赃工作力度，推进司法体制改革，推进国家治理体系和治理能力现代化。草案规定的主要制度规范坚持法治思维，遵循诉讼规律，符合司法实践需求，科学合理，针对性和可操作性强，是可行的，已基本成熟，应尽早出台。有的与会人员还对草案提出了一些具体修改意见，有的意见已经予以采纳。

宪法和法律委员会已按上述意见提出了全国人民代表大会常务委员会关于修改《中华人民共和国刑事诉讼法》的决定（草案）。宪法和法律委员会建议，修改决定草案经本次常委会会议审议通过。

修改决定草案和以上报告是否妥当，请审议。

全国人民代表大会宪法和法律委员会

2018 年 10 月 22 日

全国人民代表大会宪法和法律委员会关于《全国人民代表大会常务委员会关于修改〈中华人民共和国刑事诉讼法〉的决定（草案）》修改意见的报告

全国人民代表大会常务委员会：

本次常委会会议于 10 月 23 日上午对《全国人民代表大会常务委员会关于修改〈中华人民共和国刑事诉讼法〉的决定（草案）》进行了分组审议，普遍认为，草案已经比较成熟，建议进一步修改后，提请本次会议通过。同时，有些常委会组成人员和列席人员还提出了一些修改意见。宪法和法律委员会于 10 月 23 日下午召开会议，逐条研究了常委会组成人员的审议意见，对草案进行了审议。监察和司法委员会、中央纪委国家监委、中央政法委有关负责同志列席了会议。宪法和法律委员会认为，草案是可行的。同时提出以下修改意见：

一、修改决定草案第二十一条中规定，人民法院经审理认为量刑建议明显不当，或者被告人、辩护人对量刑建议提出异议的，人民检察院可以调整量刑建议。人民检察院不调整量刑建议或者调整量刑建议后被告人、辩护人仍有异议的，人民法院应当依法作出判决。有的常委委员提出，人民检察院调整后的量刑建议，仍然存在明显不当的，在被告人、辩护人未对该量刑建议提出异议的情况下，人民法院也应当依法作出判决。宪法和法律委员会经研究，建议采纳上述意见，作出相应修改。

二、修改决定草案第二十五条中规定，缺席审判的案件，由犯罪地或者被告人离境前居住地的中级人民法院审理。有的常委委员提出，为适应对缺席审判案件的审理需要，除了由犯罪地或者被告人离境前居住地的中级人民法院进行审理外，必要时也可以由最高人民法院指定管辖。宪法和法律委员会经研究，建议采纳上述意见，增加最高人民法院指定中级人民法院进行审理的规定。

在审议过程中，有的常委委员还提出其他一些修改完善刑事诉讼法的意见。宪法和法律委员会对这些意见都认真进行了研究。考虑到这次修改主要是落实中央有关决策部署，指向明确、内容特定，这些意见有的属于具体执行中的问题，可通过进一步完善工作机制处理；有的可继续探索研究，总结经验。这次暂不作修改。

此外，根据常委会组成人员的审议意见，还对修改决定草案作了个别文字修改。

修改决定草案已按上述意见作了修改，宪法和法律委员会建议本次常委会会议审议通过。

修改决定草案建议表决稿和以上报告是否妥当，请审议。

全国人民代表大会宪法和法律委员会

2018年10月26日

中华人民共和国监察法

（2018年3月20日第十三届全国人民代表大会第一次会议通过　2018年3月20日中华人民共和国主席令第3号公布　自公布之日起施行）

第一章　总　　则

第一条　为了深化国家监察体制改革，加强对所有行使公权力的公职人员的监督，实现国家监察全面覆盖，深入开展反腐败工作，推进国家治理体系和治理能力现代化，根据宪法，制定本法。

第二条　坚持中国共产党对国家监察工作的领导，以马克思列宁主义、毛泽东思想、邓小平理论、“三个代表”重要思想、科学发展观、习近平新时代中国特色社会主义思想为指导，构建集中统一、权威高效的中国特色国家监察体制。

第三条　各级监察委员会是行使国家监察职能的专责机关，依照本法对所有行使公权力的公职人员（以下称公职人员）进行监察，调查职务违法和职务犯罪，开展廉政建设和反腐败工作，维护宪法和法律的尊严。

第四条 监察委员会依照法律规定独立行使监察权，不受行政机关、社会团体和个人的干涉。

监察机关办理职务违法和职务犯罪案件，应当与审判机关、检察机关、执法部门互相配合，互相制约。

监察机关在工作中需要协助的，有关机关和单位应当根据监察机关的要求依法予以协助。

第五条 国家监察工作严格遵照宪法和法律，以事实为根据，以法律为准绳；在适用法律上一律平等，保障当事人的合法权益；权责对等，严格监督；惩戒与教育相结合，宽严相济。

第六条 国家监察工作坚持标本兼治、综合治理，强化监督问责，严厉惩治腐败；深化改革、健全法治，有效制约和监督权力；加强法治教育和道德教育，弘扬中华优秀传统文化，构建不敢腐、不能腐、不想腐的长效机制。

第二章 监察机关及其职责

第七条 中华人民共和国国家监察委员会是最高监察机关。

省、自治区、直辖市、自治州、县、自治县、市、市辖区设立监察委员会。

第八条 国家监察委员会由全国人民代表大会产生，负责全国监察工作。

国家监察委员会由主任、副主任若干人、委员若干人组成，主任由全国人民代表大会选举，副主任、委员由国家监察委员会主任提请全国人民代表大会常务委员会任免。

国家监察委员会主任每届任期同全国人民代表大会每届任期相同，连续任职不得超过两届。

国家监察委员会对全国人民代表大会及其常务委员会负责，并接受其监督。

第九条 地方各级监察委员会由本级人民代表大会产生，负责本行政区域内的监察工作。

地方各级监察委员会由主任、副主任若干人、委员若干人组成，主任由本级人民代表大会选举，副主任、委员由监察委员会主任提请本级人民代表大会常务委员会任免。

地方各级监察委员会主任每届任期同本级人民代表大会每届任期相同。

地方各级监察委员会对本级人民代表大会及其常务委员会和上一级监察委员会负责，并接受其监督。

第十条 国家监察委员会领导地方各级监察委员会的工作，上级监察委员会领导下级监察委员会的工作。

第十一条 监察委员会依照本法和有关法律规定履行监督、调查、处置职责：

（一）对公职人员开展廉政教育，对其依法履职、秉公用权、廉洁从政从业以及道德操守情况进行监督检查；

（二）对涉嫌贪污贿赂、滥用职权、玩忽职守、权力寻租、利益输送、徇私舞弊以及浪费国家资财等职务违法和职务犯罪进行调查；

（三）对违法的公职人员依法作出政务处分决定；对履行职责不力、失职失责的领导人员进行问责；对涉嫌职务犯罪的，将调查结果移送人民检察院依法审查、提起公诉；向监察对象所在单位提出监察建议。

第十二条 各级监察委员会可以向本级中国共产党机关、国家机关、法律法规授权或者委托管理公共事务的组织和单位以及所管辖的行政区域、国有企业等派驻或者派出监察机构、监察专员。

监察机构、监察专员对派驻或者派出它的监察委员会负责。

第十三条 派驻或者派出的监察机构、监察专员根据授权，按照管理权限依法对公职人员进行监督，提出监察建议，依法对公职人员进行调查、处置。

第十四条 国家实行监察官制度，依法确定监察官的等级设置、任免、考评和晋升等制度。

第三章 监察范围和管辖

第十五条 监察机关对下列公职人员和有关人员进行监察：

（一）中国共产党机关、人民代表大会及其常务委员会机关、人民政府、监察委员会、人民法院、人民检察院、中国人民政治协商会议各级委员会机关、民主党派机关和工商业联合会机关的公务员，以及参照《中华人民共和国公务员法》管理的人员；

（二）法律、法规授权或者受国家机关依法委托管理公共事务的组织中从事公务的人员；

（三）国有企业管理人员；

（四）公办的教育、科研、文化、医疗卫生、体育等单位中从事管理的人员；

（五）基层群众性自治组织中从事管理的人员；

（六）其他依法履行公职的人员。

第十六条 各级监察机关按照管理权限管辖本辖区内本法第十五条规定的人员所涉监察事项。

上级监察机关可以办理下一级监察机关管辖范围内的监察事

项，必要时也可以办理所辖各级监察机关管辖范围内的监察事项。

监察机关之间对监察事项的管辖有争议的，由其共同的上级监察机关确定。

第十七条 上级监察机关可以将其所管辖的监察事项指定下级监察机关管辖，也可以将下级监察机关有管辖权的监察事项指定给其他监察机关管辖。

监察机关认为所管辖的监察事项重大、复杂，需要由上级监察机关管辖的，可以报请上级监察机关管辖。

第四章 监察权限

第十八条 监察机关行使监督、调查职权，有权依法向有关单位和个人了解情况，收集、调取证据。有关单位和个人应当如实提供。

监察机关及其工作人员对监督、调查过程中知悉的国家秘密、商业秘密、个人隐私，应当保密。

任何单位和个人不得伪造、隐匿或者毁灭证据。

第十九条 对可能发生职务违法的监察对象，监察机关按照管理权限，可以直接或者委托有关机关、人员进行谈话或者要求说明情况。

第二十条 在调查过程中，对涉嫌职务违法的被调查人，监察机关可以要求其就涉嫌违法行为作出陈述，必要时向被调查人出具书面通知。

对涉嫌贪污贿赂、失职渎职等职务犯罪的被调查人，监察机关可以进行讯问，要求其如实供述涉嫌犯罪的情况。

第二十一条 在调查过程中，监察机关可以询问证人等人员。

第二十二条 被调查人涉嫌贪污贿赂、失职渎职等严重职务违法或者职务犯罪，监察机关已经掌握其部分违法犯罪事实及证据，仍有重要问题需要进一步调查，并有下列情形之一的，经监察机关依法审批，可以将其留置在特定场所：

（一）涉及案情重大、复杂的；

（二）可能逃跑、自杀的；

（三）可能串供或者伪造、隐匿、毁灭证据的；

（四）可能有其他妨碍调查行为的。

对涉嫌行贿犯罪或者共同职务犯罪的涉案人员，监察机关可以依照前款规定采取留置措施。

留置场所的设置、管理和监督依照国家有关规定执行。

第二十三条 监察机关调查涉嫌贪污贿赂、失职渎职等严重职务违法或者职务犯罪，根据工作需要，可以依照规定查询、冻结涉案单位和个人的存款、汇款、债券、股票、基金份额等财产。有关单位和个人应当配合。

冻结的财产经查明与案件无关的，应当在查明后三日内解除冻结，予以退还。

第二十四条 监察机关可以对涉嫌职务犯罪的被调查人以及可能隐藏被调查人或者犯罪证据的人的身体、物品、住处和其他有关地方进行搜查。在搜查时，应当出示搜查证，并有被搜查人或者其家属等见证人在场。

搜查女性身体，应当由女性工作人员进行。

监察机关进行搜查时，可以根据工作需要提请公安机关配合。公安机关应当依法予以协助。

第二十五条 监察机关在调查过程中，可以调取、查封、扣押用以证明被调查人涉嫌违法犯罪的财物、文件和电子数据等信息。采取调取、查封、扣押措施，应当收集原物原件，会同持有人或者保管人、见证人，当面逐一拍照、登记、编号，开列清单，由在场人员当场核对、签名，并将清单副本交财物、文件的持有人或者保管人。

对调取、查封、扣押的财物、文件，监察机关应当设立专用账户、专门场所，确定专门人员妥善保管，严格履行交接、调取手续，定期对账核实，不得毁损或者用于其他目的。对价值不明物品应当及时鉴定，专门封存保管。

查封、扣押的财物、文件经查明与案件无关的，应当在查明后三日内解除查封、扣押，予以退还。

第二十六条 监察机关在调查过程中，可以直接或者指派、聘请具有专门知识、资格的人员在调查人员主持下进行勘验检查。勘验检查情况应当制作笔录，由参加勘验检查的人员和见证人签名或者盖章。

第二十七条 监察机关在调查过程中，对于案件中的专门性问题，可以指派、聘请有专门知识的人进行鉴定。鉴定人进行鉴定后，应当出具鉴定意见，并且签名。

第二十八条 监察机关调查涉嫌重大贪污贿赂等职务犯罪，根据需要，经过严格的批准手续，可以采取技术调查措施，按照规定交有关机关执行。

批准决定应当明确采取技术调查措施的种类和适用对象，自签发之日起三个月以内有效；对于复杂、疑难案件，期限届满仍有必要继续采取技术调查措施的，经过批准，有效期可以延长，每次不得超过三个月。对于不需要继续采取技术调查措施的，应当及时解除。

第二十九条 依法应当留置的被调查人如果在逃，监察机关可以决定在本行政区域内通缉，由公安机关发布通缉令，追捕归案。通缉范围超出本行政区域的，应当报请有权决定的上级监察机关决定。

第三十条 监察机关为防止被调查人及相关人员逃匿境外，经省级以上监察机关批准，可以对被调查人及相关人员采取限制出境措施，由公安机关依法执行。对于不需要继续采取限制出境措施的，应当及时解除。

第三十一条 涉嫌职务犯罪的被调查人主动认罪认罚，有下列情形之一的，监察机关经领导人员集体研究，并报上一级监察机关批准，可以在移送人民检察院时提出从宽处罚的建议：

（一）自动投案，真诚悔罪悔过的；

（二）积极配合调查工作，如实供述监察机关还未掌握的违法犯罪行为的；

（三）积极退赃，减少损失的；

（四）具有重大立功表现或者案件涉及国家重大利益等情形的。

第三十二条 职务违法犯罪的涉案人员揭发有关被调查人职务违法犯罪行为，查证属实的，或者提供重要线索，有助于调查其他案件的，监察机关经领导人员集体研究，并报上一级监察机关批准，可以在移送人民检察院时提出从宽处罚的建议。

第三十三条 监察机关依照本法规定收集的物证、书证、证人证言、被调查人供述和辩解、视听资料、电子数据等证据材料，在刑事诉讼中可以作为证据使用。

监察机关在收集、固定、审查、运用证据时，应当与刑事审判关于证据的要求和标准相一致。

以非法方法收集的证据应当依法予以排除，不得作为案件处置的依据。

第三十四条 人民法院、人民检察院、公安机关、审计机关等国家机关在工作中发现公职人员涉嫌贪污贿赂、失职渎职等职务违法或者职务犯罪的问题线索，应当移送监察机关，由监察机关依法调查处置。

被调查人既涉嫌严重职务违法或者职务犯罪，又涉嫌其他违法犯罪的，一般应当由监察机关为主调查，其他机关予以协助。

第五章 监察程序

第三十五条 监察机关对于报案或者举报，应当接受并按照有关规定处理。对于不属于本机关管辖的，应当移送主管机关处理。

第三十六条 监察机关应当严格按照程序开展工作，建立问题线索处置、调查、审理各部门相互协调、相互制约的工作机制。

监察机关应当加强对调查、处置工作全过程的监督管理，设立相应的工作部门履行线索管理、监督检查、督促办理、统计分析等管理协调职能。

第三十七条 监察机关对监察对象的问题线索，应当按照有关规定提出处置意见，履行审批手续，进行分类办理。线索处置情况应当定期汇总、通报，定期检查、抽查。

第三十八条 需要采取初步核实方式处置问题线索的，监察机关应当依法履行审批程序，成立核查组。初步核实工作结束后，核查组应当撰写初步核实情况报告，提出处理建议。承办部门应当提出分类处理意见。初步核实情况报告和分类处理意见报监察机关主要负责人审批。

第三十九条 经过初步核实，对监察对象涉嫌职务违法犯罪，需要追究法律责任的，监察机关应当按照规定的权限和程序办理立案手续。

监察机关主要负责人依法批准立案后，应当主持召开专题会议，研究确定调查方案，决定需要采取的调查措施。

立案调查决定应当向被调查人宣布，并通报相关组织。涉嫌严重职务违法或者职务犯罪的，应当通知被调查人家属，并向社会公开发布。

第四十条 监察机关对职务违法和职务犯罪案件，应当进行调查，收集被调查人有无违法犯罪以及情节轻重的证据，查明违法犯罪事实，形成相互印证、完整稳定的证据链。

严禁以威胁、引诱、欺骗及其他非法方式收集证据，严禁侮辱、打骂、虐待、体罚或者变相体罚被调查人和涉案人员。

第四十一条 调查人员采取讯问、询问、留置、搜查、调取、查封、扣押、勘验检查等调查措施，均应当依照规定出示证件，出具书面通知，由二人以上进行，形成笔录、报告等书面材料，并由相关人员签名、盖章。

调查人员进行讯问以及搜查、查封、扣押等重要取证工作，应当对全过程进行录音录像，留存备查。

第四十二条 调查人员应当严格执行调查方案，不得随意扩大调查范围、变更调查对象和事项。

对调查过程中的重要事项，应当集体研究后按程序请示报告。

第四十三条 监察机关采取留置措施，应当由监察机关领导人员集体研究决定。设区的市级以下监察机关采取留置措施，应当报上一级监察机关批准。省级监察机关采取留置措施，应当报国家监察委员会备案。

留置时间不得超过三个月。在特殊情况下，可以延长一次，延长时间不得超过三个月。省级以下监察机关采取留置措施的，延长留置时间应当报上一级监察机关批准。监察机关发现采取留置措施不当的，应当及时解除。

监察机关采取留置措施，可以根据工作需要提请公安机关配合。公安机关应当依法予以协助。

第四十四条 对被调查人采取留置措施后，应当在二十四小时以内，通知被留置人员所在单位和家属，但有可能毁灭、伪造证据，干扰证人作证或者串供等有碍调查情形的除外。有碍调查的情形消失后，应当立即通知被留置人员所在单位和家属。

监察机关应当保障被留置人员的饮食、休息和安全，提供医疗服务。讯问被留置人员应当合理安排讯问时间和时长，讯问笔录由被讯问人阅看后签名。

被留置人员涉嫌犯罪移送司法机关后，被依法判处管制、拘役和有期徒刑的，留置一日折抵管制二日，折抵拘役、有期徒刑一日。

第四十五条 监察机关根据监督、调查结果，依法作出如下处置：

（一）对有职务违法行为但情节较轻的公职人员，按照管理权限，直接或者委托有关机关、人员，进行谈话提醒、批评教育、责令检查，或者予以诫勉；

（二）对违法的公职人员依照法定程序作出警告、记过、记大过、降级、撤职、开除等政务处分决定；

（三）对不履行或者不正确履行职责负有责任的领导人员，按照管理权限对其直接作出问责决定，或者向有权作出问责决定的机关提出问责建议；

（四）对涉嫌职务犯罪的，监察机关经调查认为犯罪事实清楚，证据确实、充分的，制作起诉意见书，连同案卷材料、证据一并移送人民检察院依法审查、提起公诉；

（五）对监察对象所在单位廉政建设和履行职责存在的问题等提出监察建议。

监察机关经调查，对没有证据证明被调查人存在违法犯罪行为的，应当撤销案件，并通知被调查人所在单位。

第四十六条 监察机关经调查，对违法取得的财物，依法予以没收、追缴或者责令退赔；对涉嫌犯罪取得的财物，应当随案移送人民检察院。

第四十七条 对监察机关移送的案件，人民检察院依照《中华人民共和国刑事诉讼法》对被调查人采取强制措施。

人民检察院经审查，认为犯罪事实已经查清，证据确实、充分，依法应当追究刑事责任的，应当作出起诉决定。

人民检察院经审查，认为需要补充核实的，应当退回监察机关补充调查，必要时可以自行补充侦查。对于补充调查的案件，应当在一个月内补充调查完毕。补充调查以二次为限。

人民检察院对于有《中华人民共和国刑事诉讼法》规定的不起诉的情形的，经上一级人民检察院批准，依法作出不起诉的决定。监察机关认为不起诉的决定有错误的，可以向上一级人民检察院提请复议。

第四十八条 监察机关在调查贪污贿赂、失职渎职等职务犯罪案件过程中，被调查人逃匿或者死亡，有必要继续调查的，经省级以上监察机关批准，应当继续调查并作出结论。被调查人逃匿，在通缉一年后不能到案，或者死亡的，由监察机关提请人民检察院依照法定程序，向人民法院提出没收违法所得的申请。

第四十九条 监察对象对监察机关作出的涉及本人的处理决定不服的，可以在收到处理决定之日起一个月内，向作出决定的监察机关申请复审，复审机关应当在一个月内作出复审决定；监察对象对复审决定仍不服的，可以在收到复审决定之日起一个月内，向上一级监察机关申请复核，复核机关应当在二个月内作出复核决定。复审、复核期间，不停止原处理决定的执行。复核机关经审查，认定处理决定有错误的，原处理机关应当及时予以纠正。

第六章　反腐败国际合作

第五十条　国家监察委员会统筹协调与其他国家、地区、国际组织开展的反腐败国际交流、合作，组织反腐败国际条约实施工作。

第五十一条　国家监察委员会组织协调有关方面加强与有关国家、地区、国际组织在反腐败执法、引渡、司法协助、被判刑人的移管、资产追回和信息交流等领域的合作。

第五十二条　国家监察委员会加强对反腐败国际追逃追赃和防逃工作的组织协调，督促有关单位做好相关工作：

（一）对于重大贪污贿赂、失职渎职等职务犯罪案件，被调查人逃匿到国（境）外，掌握证据比较确凿的，通过开展境外追逃合作，追捕归案；

（二）向赃款赃物所在国请求查询、冻结、扣押、没收、追缴、返还涉案资产；

（三）查询、监控涉嫌职务犯罪的公职人员及其相关人员进出国（境）和跨境资金流动情况，在调查案件过程中设置防逃程序。

第七章　对监察机关和监察人员的监督

第五十三条　各级监察委员会应当接受本级人民代表大会及

其常务委员会的监督。

各级人民代表大会常务委员会听取和审议本级监察委员会的专项工作报告，组织执法检查。

县级以上各级人民代表大会及其常务委员会举行会议时，人民代表大会代表或者常务委员会组成人员可以依照法律规定的程序，就监察工作中的有关问题提出询问或者质询。

第五十四条 监察机关应当依法公开监察工作信息，接受民主监督、社会监督、舆论监督。

第五十五条 监察机关通过设立内部专门的监督机构等方式，加强对监察人员执行职务和遵守法律情况的监督，建设忠诚、干净、担当的监察队伍。

第五十六条 监察人员必须模范遵守宪法和法律，忠于职守、秉公执法，清正廉洁、保守秘密；必须具有良好的政治素质，熟悉监察业务，具备运用法律、法规、政策和调查取证等能力，自觉接受监督。

第五十七条 对于监察人员打听案情、过问案件、说情干预的，办理监察事项的监察人员应当及时报告。有关情况应当登记备案。

发现办理监察事项的监察人员未经批准接触被调查人、涉案人员及其特定关系人，或者存在交往情形的，知情人应当及时报告。有关情况应当登记备案。

第五十八条 办理监察事项的监察人员有下列情形之一的，应当自行回避，监察对象、检举人及其他有关人员也有权要求其回避：

（一）是监察对象或者检举人的近亲属的；

（二）担任过本案的证人的；

（三）本人或者其近亲属与办理的监察事项有利害关系的；

（四）有可能影响监察事项公正处理的其他情形的。

第五十九条 监察机关涉密人员离岗离职后，应当遵守脱密期管理规定，严格履行保密义务，不得泄露相关秘密。

监察人员辞职、退休三年内，不得从事与监察和司法工作相关联且可能发生利益冲突的职业。

第六十条 监察机关及其工作人员有下列行为之一的，被调查人及其近亲属有权向该机关申诉：

（一）留置法定期限届满，不予以解除的；

（二）查封、扣押、冻结与案件无关的财物的；

（三）应当解除查封、扣押、冻结措施而不解除的；

（四）贪污、挪用、私分、调换以及违反规定使用查封、扣押、冻结的财物的；

（五）其他违反法律法规、侵害被调查人合法权益的行为。

受理申诉的监察机关应当在受理申诉之日起一个月内作出处理决定。申诉人对处理决定不服的，可以在收到处理决定之日起一个月内向上一级监察机关申请复查，上一级监察机关应当在收到复查申请之日起二个月内作出处理决定，情况属实的，及时予以纠正。

第六十一条 对调查工作结束后发现立案依据不充分或者失实，案件处置出现重大失误，监察人员严重违法的，应当追究负有责任的领导人员和直接责任人员的责任。

第八章 法律责任

第六十二条 有关单位拒不执行监察机关作出的处理决定，

或者无正当理由拒不采纳监察建议的，由其主管部门、上级机关责令改正，对单位给予通报批评；对负有责任的领导人员和直接责任人员依法给予处理。

第六十三条 有关人员违反本法规定，有下列行为之一的，由其所在单位、主管部门、上级机关或者监察机关责令改正，依法给予处理：

（一）不按要求提供有关材料，拒绝、阻碍调查措施实施等拒不配合监察机关调查的；

（二）提供虚假情况，掩盖事实真相的；

（三）串供或者伪造、隐匿、毁灭证据的；

（四）阻止他人揭发检举、提供证据的；

（五）其他违反本法规定的行为，情节严重的。

第六十四条 监察对象对控告人、检举人、证人或者监察人员进行报复陷害的；控告人、检举人、证人捏造事实诬告陷害监察对象的，依法给予处理。

第六十五条 监察机关及其工作人员有下列行为之一的，对负有责任的领导人员和直接责任人员依法给予处理：

（一）未经批准、授权处置问题线索，发现重大案情隐瞒不报，或者私自留存、处理涉案材料的；

（二）利用职权或者职务上的影响干预调查工作、以案谋私的；

（三）违法窃取、泄露调查工作信息，或者泄露举报事项、举报受理情况以及举报人信息的；

（四）对被调查人或者涉案人员逼供、诱供，或者侮辱、打骂、虐待、体罚或者变相体罚的；

（五）违反规定处置查封、扣押、冻结的财物的；

（六）违反规定发生办案安全事故，或者发生安全事故后隐瞒不报、报告失实、处置不当的；

（七）违反规定采取留置措施的；

（八）违反规定限制他人出境，或者不按规定解除出境限制的；

（九）其他滥用职权、玩忽职守、徇私舞弊的行为。

第六十六条 违反本法规定，构成犯罪的，依法追究刑事责任。

第六十七条 监察机关及其工作人员行使职权，侵犯公民、法人和其他组织的合法权益造成损害的，依法给予国家赔偿。

第九章 附 则

第六十八条 中国人民解放军和中国人民武装警察部队开展监察工作，由中央军事委员会根据本法制定具体规定。

第六十九条 本法自公布之日起施行。《中华人民共和国行政监察法》同时废止。

全国人民代表大会常务委员会关于在北京市、山西省、浙江省开展国家监察体制改革试点工作的决定

（2016年12月25日第十二届全国人民代表大会常务委员会第二十五次会议通过）

根据党中央确定的《关于在北京市、山西省、浙江省开展国家监察体制改革试点方案》，为在全国推进国家监察体制改革探索

积累经验，第十二届全国人民代表大会常务委员会第二十五次会议决定：在北京市、山西省、浙江省开展国家监察体制改革试点工作。

一、在北京市、山西省、浙江省及所辖县、市、市辖区设立监察委员会，行使监察职权。将试点地区人民政府的监察厅（局）、预防腐败局及人民检察院查处贪污贿赂、失职渎职以及预防职务犯罪等部门的相关职能整合至监察委员会。试点地区监察委员会由本级人民代表大会产生。监察委员会主任由本级人民代表大会选举产生；监察委员会副主任、委员，由监察委员会主任提请本级人民代表大会常务委员会任免。监察委员会对本级人民代表大会及其常务委员会和上一级监察委员会负责，并接受监督。

二、试点地区监察委员会按照管理权限，对本地区所有行使公权力的公职人员依法实施监察；履行监督、调查、处置职责，监督检查公职人员依法履职、秉公用权、廉洁从政以及道德操守情况，调查涉嫌贪污贿赂、滥用职权、玩忽职守、权力寻租、利益输送、徇私舞弊以及浪费国家资财等职务违法和职务犯罪行为并作出处置决定，对涉嫌职务犯罪的，移送检察机关依法提起公诉。为履行上述职权，监察委员会可以采取谈话、讯问、询问、查询、冻结、调取、查封、扣押、搜查、勘验检查、鉴定、留置等措施。

三、在北京市、山西省、浙江省暂时调整或者暂时停止适用《中华人民共和国行政监察法》，《中华人民共和国刑事诉讼法》第三条、第十八条、第一百四十八条以及第二编第二章第十一节关于检察机关对直接受理的案件进行侦查的有关规定，《中华人民共和国人民检察院组织法》第五条第二项，《中华人民共和国检察官法》第六条第三项，《中华人民共和国地方各级人民代表大会和地方各级人民政府组织法》第五十九条第五项关于县级以上的地方各级人民政府管理本行政区域内的监察工作的规定。其他法律中规定由行政监察机关行使的监察职责，一并调整由监察委员会行使。

实行监察体制改革，设立监察委员会，建立集中统一、权威高效的监察体系，是事关全局的重大政治体制改革。试点地区要按照改革试点方案的要求，切实加强党的领导，认真组织实施，保证试点工作积极稳妥、依法有序推进。

本决定自2016年12月26日起施行。

全国人民代表大会常务委员会关于在全国各地推开国家监察体制改革试点工作的决定

（2017年11月4日第十二届全国人民代表大会常务委员会第三十次会议通过）

为了贯彻落实党的十九大精神，根据党中央确定的《关于在全国各地推开国家监察体制改革试点方案》，在认真总结北京市、山西省、浙江省开展国家监察体制改革试点工作经验的基础上，第十二届全国人民代表大会常务委员会第三十次会议决定：在全国各地推开国家监察体制改革试点工作。

一、在各省、自治区、直辖市、自治州、县、自治县、市、市辖区设立监察委员会，行使监察职权。将县级以上地方各级人民政府的监察厅（局）、预防腐败局和人民检察院查处贪污贿赂、失职渎职以及预防职务犯罪等部门的相关职能整合至监察委员会。监察委员会由本级人民代表大会产生。监察委员会主任由本级人民代表大会选举产生；监察委员会副主任、委员，由监察委员会主任提请本级人民代表大会常务委员会任免。监察委员会对本级人民代表大会及其常务委员会和上一级监察委员会负责，并接受监督。

二、监察委员会按照管理权限，对本地区所有行使公权力的公职人员依法实施监察；履行监督、调查、处置职责，监督检查公职人员依法履职、秉公用权、廉洁从政以及道德操守情况，调查涉嫌贪污贿赂、滥用职权、玩忽职守、权力寻租、利益输送、徇私舞弊以及浪费国家资财等职务违法和职务犯罪行为并作出处置决定；对涉嫌职务犯罪的，移送检察机关依法提起公诉。为履行上述职权，监察委员会可以采取谈话、讯问、询问、查询、冻结、调取、查封、扣押、搜查、勘验检查、鉴定、留置等措施。

三、在试点工作中，暂时调整或者暂时停止适用《中华人民共和国行政监察法》,《中华人民共和国刑事诉讼法》第三条、第十八条、第一百四十八条以及第二编第二章第十一节关于检察机关对直接受理的案件进行侦查的有关规定，《中华人民共和国人民检察院组织法》第五条第二项，《中华人民共和国检察官法》第六条第三项，《中华人民共和国地方各级人民代表大会和地方各级人民政府组织法》第五十九条第五项关于县级以上的地方各级人民政府管理本行政区域内的监察工作的规定。其他法律中规定由行政监察机关行使的监察职责，一并调整由监察委员会行使。

各地区、各部门要按照改革试点方案的要求，切实加强党的领导，认真组织实施，保证试点工作积极稳妥、依法有序推进。

本决定自 2017 年 11 月 5 日起施行。

全国人民代表大会常务委员会关于授权最高人民法院、最高人民检察院在部分地区开展刑事案件速裁程序试点工作的决定

（2014年6月27日第十二届全国人民代表大会常务委员会第九次会议通过）

为进一步完善刑事诉讼程序，合理配置司法资源，提高审理刑事案件的质量与效率，维护当事人的合法权益，第十二届全国人民代表大会常务委员会第九次会议决定：授权最高人民法院、最高人民检察院在北京、天津、上海、重庆、沈阳、大连、南京、杭州、福州、厦门、济南、青岛、郑州、武汉、长沙、广州、深圳、西安开展刑事案件速裁程序试点工作。对事实清楚，证据充分，被告人自愿认罪，当事人对适用法律没有争议的危险驾驶、交通肇事、盗窃、诈骗、抢夺、伤害、寻衅滋事等情节较轻，依法可能判处一年以下有期徒刑、拘役、管制的案件，或者依法单处罚金的案件，进一步简化刑事诉讼法规定的相关诉讼程序。试点刑事案件速裁程序，应当遵循刑事诉讼法的基本原则，充分保障当事人的诉讼权利，确保司法公正。试点办法由最高人民法院、最高人民检察院制定，报全国人民代表大会常务委员会备案。试点期限为二年，自试点办法印发之日起算。

最高人民法院、最高人民检察院应当加强对试点工作的组织指导和监督检查。试点进行中，最高人民法院、最高人民检察院

应当就试点情况向全国人民代表大会常务委员会作出中期报告。试点期满后，对实践证明可行的，应当修改完善有关法律；对实践证明不宜调整的，恢复施行有关法律规定。

本决定自公布之日起施行。

全国人大常委会关于授权最高人民法院、最高人民检察院在部分地区开展刑事案件认罪认罚从宽制度试点工作的决定

（2016年9月3日第十二届全国人民代表大会常务委员会第二十二次会议通过）

为进一步落实宽严相济刑事政策，完善刑事诉讼程序，合理配置司法资源，提高办理刑事案件的质量与效率，确保无罪的人不受刑事追究，有罪的人受到公正惩罚，维护当事人的合法权益，促进司法公正，第十二届全国人民代表大会常务委员会第二十二次会议决定：授权最高人民法院、最高人民检察院在北京、天津、上海、重庆、沈阳、大连、南京、杭州、福州、厦门、济南、青岛、郑州、武汉、长沙、广州、深圳、西安开展刑事案件认罪认罚从宽制度试点工作。对犯罪嫌疑人、刑事被告人自愿如实供述自己的罪行，对指控的犯罪事实没有异议，同意人民检察院量刑建议并签署具结书的案件，可以依法从宽处理。试点工作应当遵循刑法、刑事诉讼法的基本原则，保障犯罪嫌疑人、刑事被告人的辩护权和其他诉讼权利，保障被害人的合法权益，维护社会公

共利益，完善诉讼权利告知程序，强化监督制约，严密防范并依法惩治滥用职权、徇私枉法行为，确保司法公正。

最高人民法院、最高人民检察院会同有关部门根据本决定，遵循刑法、刑事诉讼法的基本原则，制定试点办法，对适用条件、从宽幅度、办理程序、证据标准、律师参与等作出具体规定，报全国人民代表大会常务委员会备案。试点期限为二年，自试点办法印发之日起算。

2014 年 6 月 27 日第十二届全国人民代表大会常务委员会第九次会议授权最高人民法院、最高人民检察院在上述地区开展的刑事案件速裁程序试点工作，按照新的试点办法继续试行。

最高人民法院、最高人民检察院应当加强对试点工作的组织领导和监督检查，保证试点工作积极、稳妥、有序进行。试点进行中，最高人民法院、最高人民检察院应当就试点情况向全国人民代表大会常务委员会作出中期报告。试点期满后，对实践证明可行的，应当修改完善有关法律；对实践证明不宜调整的，恢复施行有关法律规定。

本决定自 2016 年 9 月 4 日起施行。

刑事诉讼法修正草案公开征求意见的情况

2018 年 5 月 9 日至 6 月 7 日，刑事诉讼法修正草案（以下简称草案）在中国人大网公布，向社会公开征求意见。

一、关于完善与监察法的衔接机制，调整人民检察院侦查职权

1. 草案第二条将刑事诉讼法第十八条改为第十九条，删去人民检察院对贪污贿赂等案件行使侦查权的规定，规定人民检察院在对诉讼活动实行法律监督中发现司法工作人员利用职权实施的非法拘禁、刑讯逼供、非法搜查等侵犯公民权利、损害司法公正的犯罪，可以由人民检察院立案侦查。对于公安机关管辖的国家机关工作人员利用职权实施的其他重大的犯罪案件，需要由人民检察院直接受理的时候，经省级以上人民检察院决定，可以由人民检察院立案侦查。

关于人民检察院保留侦查权的范围。有的提出，根据监察法规定，公职人员职务犯罪统一由监察机关调查，建议不再保留人民检察院的侦查职权。有的提出，监察机关工作人员利用职权实施的犯罪由监察机关自己调查，不利于监督，缺乏公平公正性，应由人民检察院立案侦查；建议在“司法工作人员”后增加“监察机关工作人员”，或者修改为“国家工作人员”，以包含国家监察机关工作人员。有的建议增加规定，监察机关工作人员和司法工作人员实施的贪污贿赂犯罪、渎职犯罪，由人民检察院立案侦查。有的建议在“对诉讼活动进行法律监督”后增加公益诉讼、民事行政检察。有的建议在列举的罪名中保留报复陷害犯罪；增加枉法裁判、徇私枉法、滥用职权、玩忽职守等犯罪。有的建议将“侵犯公民权利、损害司法公正”中间的顿号改为“或者”。

有的建议，将“可以”由人民检察院立案侦查修改为“应当”。有的建议规定，人民检察院对这些案件立案侦查，应“经监察机关同意”。

关于人民检察院的“机动侦查权”。有的建议不再保留人民检察院的机动侦查权。有的建议删去“公安机关管辖的”。有的建议修改为“经设区的市级以上人民检察院”决定。

2. 草案第五条对刑事诉讼法第三十七条第三款作出修改，在侦查期间辩护律师会见经许可的规定中，删去了有关特别重大贿赂犯罪的内容。

有的建议在侦查期间辩护律师会见须经许可的案件中增加黑社会性质的组织犯罪、毒品犯罪案件。有的建议规定在侦查阶段至少应允许辩护律师会见一次犯罪嫌疑人。有的建议进一步明确不允许会见的情形。

3. 草案第六条对刑事诉讼法第七十三条作出修改，在指定居所监视居住的规定中删去了有关特别重大贿赂犯罪的内容。

有的建议同时删去危害国家安全犯罪、恐怖活动犯罪有碍侦查指定居所监视居住的规定。有的建议增加黑社会性质的组织犯罪或有组织犯罪案件；有的建议与第十八条的修改衔接，增加“司法工作人员实施的侵犯公民人身权利、损害司法公正的案件”。有的建议将由公安机关批准修改为由检察机关批准。有的建议明确这些案件的指定居所监视居住由上一级公安机关异地执行。

4. 草案第八条对刑事诉讼法第一百零六条作出修改，将“侦查”的定义修改为：“侦查”是指公安机关、人民检察院等机关对于刑事案件，依照法律进行的收集证据、查明案情的工作和有关的强制性措施。

有的提出，因为制定监察法修改刑事诉讼法关于“侦查”的定义，没有必要。有的提出，监察机关对职务犯罪的调查从性质上属于侦查活动，建议增加“监察机关”。有的建议删去“等机关”，有的建议在“公安机关、人民检察院”后增加国家安全机关、军队保卫部门。

5. 草案第十条对刑事诉讼法第一百四十八条作出修改，在人民检察院采取技术侦查措施的规定中删去了有关贪污贿赂犯罪的内容，规定人民检察院在立案后，对于利用职权实施的严重侵犯公民人身权利的重大犯罪案件，根据侦查犯罪的需要，经过严格的批准手续，可以采取技术侦查措施，按照规定交有关机关执行。

有的建议案件范围与草案第二条的规定衔接；有的建议明确为“司法工作人员”；有的建议增加“损害司法公正的”案件。有的建议删去“利用职权实施”的限制。

有的建议将公安机关采取技术侦查措施“经过严格的批准手续”修改为“由同级人民检察院批准”；检察机关采取技术侦查措施由上一级人民检察院批准；修改为“经过法律规定的批准手续”。

有的建议明确“有关机关”的含义；明确为“公安机关”。有的建议明确检察机关侦查公安机关管辖的案件采取技术侦查措施的，“由人民检察院执行”。

6. 草案第十二条在刑事诉讼法中增加一条，作为第一百七十条，规定：人民检察院对于监察机关移送起诉的案件，依照本法和监察法的有关规定进行审查。认为需要补充核实的，应当退回监察机关补充调查，必要时可以自行补充侦查。对于监察机关采取留置措施的案件，人民检察院应当对犯罪嫌疑人先行拘留，留置措施自动解除。人民检察院应当在拘留后的十日以内作出是否逮捕、取保候审或者监视居住的决定。在特殊情况下，决定的时间可以延长一至四日。

有的提出，对于检察机关移送的案件，按照公安机关移送案件的办理程序即可，不需要再作单独规定。有的提出，移送人民检察院后，人民检察院应当根据刑事诉讼法进行审查，建议删去依据“监察法”进行审查的规定。

有的建议与监察法衔接，规定人民检察院可以退回监察机关补充调查二次，有的建议为一次；有的建议明确退回补充调查以一月为限。有的提出，是退回补充调查还是自行补充侦查，由检察机关自由裁量，建议将“应当退回监察机关补充调查”修改为“可以”。有的建议删去人民检察院“自行补充侦查”的规定。有的建议删去退回监察机关补充调查的规定，都由人民检察院自行补充侦查。

有的提出，审查起诉阶段的犯罪嫌疑人采取先行拘留措施，与拘留措施的性质不符，建议删去。建议人民检察院在留置阶段提前介入，决定采取强制措施。有的提出，人民检察院对监察机关采取留置措施的案件一律先行拘留犯罪嫌疑人不妥，有的案件可以直接取保候审、监视居住，发生错案责任承担不明确。有的建议明确退回补充调查期间是继续适用刑事强制措施还是再次适用留置措施；有的建议规定不得再次采取留置措施。有的提出，审查决定逮捕的期限应与公安机关移送的案件一致，建议将“十日”修改为“三日”或者“七日”。

有的建议增加人民检察院对监察机关移送案件的刑事立案程序。有的建议，对人民检察院提前介入监察机关调查的工作机制作出规定。

有的建议增加规定人民检察院对监察机关未采取留置措施的犯罪嫌疑人决定采取强制措施的程序。有的建议，人民检察院决定采取强制措施的期间不计入审查起诉期限。有的建议增加规定监察机关对人民检察院不逮捕的复议、复核程序。有的建议增加规定人民检察院对监察机关对构成犯罪的案件不移送起诉的监督制约程序。

有的提出，关于强制措施的规定应当放在第一编第六章中。

7. 有的建议，在刑事诉讼法关于非法证据排除、侦查人员出庭作证、不起诉后财产处理、延期审理等规定中增加与监察调查衔接的内容。

二、关于建立刑事缺席审判制度

1. 草案第二十四条在刑事诉讼法第五编增加一章，规定了缺席审判程序，其中第二百九十一条规定，对于贪污贿赂等犯罪案件，犯罪嫌疑人、被告人潜逃境外，监察机关移送起诉，人民检察院认为犯罪事实已经查清，证据确实、充分，依法应当追究刑事责任的，可以向人民法院提起公诉。人民法院进行审查后，对于起诉书中有明确的指控犯罪事实的，应当决定开庭审判。上述案件，由犯罪地或者被告人居住地的中级人民法院组成合议庭进行审理。

有的提出，特别程序是处理特殊问题的诉讼程序，缺席审判应属于普通程序，建议不在特别程序中规定。

有的建议增加规定危害国家安全犯罪、恐怖活动犯罪、金融诈骗、破坏金融管理秩序等重大经济犯罪，以及境外人员对我国实施的犯罪可以适用缺席审判。有的建议增加规定，单位犯罪无法确定合适的诉讼代表人的，对单位可以缺席审判。有的建议，删除“等”字，明确缺席审判只适用于贪污贿赂犯罪。有的建议将缺席审判适用的案件范围限制在被告人在审判开始后潜逃，且已经出庭至少一次的案件。有的建议将缺席审判扩大到刑事自诉案件。

有的建议，将“被告人居住地”修改为“被告人离境前居住地”。

有的提出，缺席审判与违法所得没收程序有重合之处，如何处理两者关系，需明确。有的建议两个程序合并。

2. 草案第二十四条在刑事诉讼法中增加一条，作为第二百九十二条，规定人民法院应当通过有关国际条约中规定的司法协助方式或者受送达人所在地法律允许的其他方式，将传票和人民检察院的起诉书副本送达被告人。被告人收到传票和起诉书副本后未按要求归案的，人民法院应当开庭审理，依法作出判决，并对违法所得及其他涉案财产作出处理。

有的建议增加规定可以公告送达。有的提出，为确保程序公正，有利于司法判决得到他国的认可和协助，应当尽量采取被告人亲手接收的送达方式。有的建议明确送达的期限。有的建议将“被告人收到传票和起诉书副本”修改为“传票和起诉书副本送达被告人”。有的建议将“归案”修改为“到案”。

有的建议规定缺席审判，无论是一审二审，一律适用普通程序开庭审理。有的建议增加规定涉案财产的利害关系人可以参加诉讼。

3. 草案第二十四条在刑事诉讼法中增加一条，作为第二百九十三条，规定人民法院缺席审判案件，被告人有权委托辩护人，被告人的近亲属可以代为委托辩护人。被告人及其近亲属没有委托辩护人的，人民法院应当通知法律援助机构指派律师为其提供辩护。

有的提出，对于犯罪嫌疑人缺席的案件，在检察机关审查起诉阶段就应当保障辩护律师的参与权，犯罪嫌疑人及其近亲属没有委托辩护人的，人民检察院应当通知法律援助机构指派律师为其提供辩护。

有的提出，缺席审判的被告人是主动逃避审判，允许其委托律师担任辩护人不妥；也不应为其指定辩护律师。

4. 草案第二十四条在刑事诉讼法中增加一条，作为第二百九十四条，规定被告人或者其近亲属不服判决的，有权向上一级人民法院上诉。辩护人经被告人或者其近亲属同意，可以提出上诉。

有的建议适当延长缺席判决的上诉期限，如规定为普通案件的2－3倍。

5. 草案第二十四条在刑事诉讼法中增加一条，作为第二百九十五条，规定罪犯在判决、裁定发生法律效力后归案的，人民法院应当将罪犯交付执行刑罚。交付执行刑罚前，人民法院应当告知罪犯有权对判决、裁定提出异议。罪犯对判决、裁定提出异议的，人民法院应当重新审理。

有的提出，只要罪犯提出异议就重新审判，有失公平，浪费司法资源，不利于维护国家司法权威，建议对于被告人提出异议的，按照审判监督程序审理。有的建议对于符合刑事诉讼法规定的再审条件的，才重新审判，而不是一有异议就重新审判。有的建议规定，重新审判不得加重刑罚。

6. 草案第二十四条在刑事诉讼法中增加一条，作为第二百九十六条，规定由于被告人患有严重疾病，无法出庭的原因中止审理超过六个月，被告人仍无法出庭，被告人及其法定代理人申请或者同意继续审理的，人民法院可以在被告人不出庭的情况下缺席审理，依法作出判决。

有的提出，这种情况被告人已经到案，缺席审判有违直接言辞原则，无法保证审判公正，建议删去。有的提出，这种情况可以中止审理，没有必要缺席审判。有的建议，将本条移至第二百条（中止审理）之后。有的提出，有的犯罪嫌疑人犯罪时有刑事责任能力，在侦查、审查起诉期间患病失去受审能力，如何处理需要明确。有的建议删去“被告人及其法定代理人申请或者同意继续审理”的条件。有的建议限定适用案件范围。有的建议将“被告人及其法定代理人”修改为“被告人及其近亲属”。

7. 草案第二十四条在刑事诉讼法中增加一条，作为第二百九十七条，规定被告人死亡的，人民法院应当裁定终止审理；但有证据证明被告人无罪，人民法院经缺席审理确认无罪的，依法作出判决。人民法院按照审判监督程序重新审判的案件，被告人死亡的，人民法院可以缺席审理，依法作出判决。

有的建议，将本条移至第十五条（不追究刑事责任的情形）之后。有的提出，本条第二款的规定，字面上理解也包括作出有罪判决的情形，建议对表述作出调整。

三、关于完善刑事案件认罪认罚从宽制度和增加速裁程序

1. 草案第一条在刑事诉讼法中增加一条，作为第十五条，规定犯罪嫌疑人、被告人自愿如实供述自己的罪行，对指控的犯罪事实没有异议，愿意接受处罚的，可以依法从宽处理。

有的提出，从宽处理属于实体法规范，应在刑法中规定。有的建议将认罪认罚从宽制度作为特别程序规定。有的提出，认罪认罚从宽没有统领价值和普遍适用地位，作为基本原则与无罪推定原则、罪责刑相适应原则不协调，建议不在总则中规定。有的提出，本条与后面的具体程序规定重复，可不规定。

有的建议明确应符合证据确实、充分的条件。有的提出，从宽处理要考虑社会关切和被害人感受，建议增加真诚悔罪、被害人谅解、主动减轻或消除犯罪后果等条件。有的提出，认罪认罚与自首的关系不清楚，需要进一步明确。有的建议将“对指控的犯罪事实没有异议”修改为“对指控的罪名没有异议”或者“对主要犯罪事实没有异议”。

有的建议，将认罪认罚从宽的适用范围限制在可能判处三年以下刑罚的轻罪案件；对故意杀人、强奸等严重罪行，没有刑法规定的从轻或者减轻条件，认罪认罚也不应从宽；对司法机关已经查实的犯罪，认罪认罚也不应再从宽处理。有的建议明确“从宽处理”的具体含义，修改为“从轻或者减轻处罚”。有的提出，对于在不同诉讼阶段认罪认罚的，应当给予不同的从宽幅度。

有的建议明确对认罪认罚案件应当采用相对简化的诉讼程序。

2. 草案第四条在刑事诉讼法中增加一条，作为第三十六条，规定法律援助机构可以在人民法院、人民检察院、看守所派驻值班律师。犯罪嫌疑人、被告人没有委托辩护人，法律援助机构没有指派律师为其提供辩护的，由值班律师为犯罪嫌疑人、被告人提供法律咨询，程序选择建议，代理申诉、控告，申请变更强制措施，对案件处理提出意见等辩护。人民法院、人民检察院、看守所应当告知犯罪嫌疑人、被告人有权约见值班律师，并为犯罪嫌疑人、被告人约见值班律师提供便利。

有的建议将法律援助机构“可以”派驻值班律师修改为“应当”派驻；有的建议将“值班律师”修改为“派驻律师”。

有的提出，值班律师的职责从性质上属于法律帮助或服务，不是辩护，“两高三部”开展值班律师工作的有关规定、关于在部分地区开展刑事案件认罪认罚从宽试点工作的办法等都明确值班律师的职责是提供法律帮助，建议将“辩护”修改为“法律帮助”或“法律服务”。有的提出，值班律师的辩护职权应与一般辩护律师相同，不应进行限定。有的建议规定值班律师的会见权、阅卷权；明确值班律师是否有出庭辩护的职责。

有的建议增加规定监狱或监管场所也设值班律师。有的建议设立值班律师的场所仅限定为看守所和监狱，但犯罪嫌疑人、被告人在各诉讼阶段均可约见值班律师。

有的建议增加规定犯罪嫌疑人、被告人及其近亲属可以申请值班律师提供法律帮助。有的建议明确安排会见值班律师的期限为提出约见要求后的“二十四小时”或“四十八小时”或“三日”内。

3. 草案第七条在刑事诉讼法第七十九条中增加一款，规定批准或者决定逮捕，应当将犯罪嫌疑人、被告人涉嫌犯罪的性质、情节，认罪认罚情况，对所居住社区的影响等情况，作为是否可能发生社会危险性的考虑因素。对于不致发生社会危险性的犯罪嫌疑人、被告人，可以取保候审或者监视居住。

有的提出，将认罪认罚情况作为考虑因素，会对犯罪嫌疑人、被告人形成严重误导，造成无罪的人为换取不羁押违背意愿认罪认罚，或者有罪的人通过虚假认罪认罚换取不羁押。有的提出，将对所居住社区的影响作为考虑因素，可能增加基层单位办案负担，反而造成非羁押措施难以适用。

有的建议，将“可以”取保候审或者监视居住修改为“应当”。有的提出，“不致发生社会危险性”是取保候审的适用条件，应在第六十五条中规定。

有的建议应建立完善社会危险性听证、审查程序。

4. 草案第九条将刑事诉讼法第一百一十八条第二款修改为：侦查人员在讯问犯罪嫌疑人的时候，应当告知犯罪嫌疑人享有的诉讼权利，如实供述自己罪行可以从宽处理的法律规定和认罪认罚可能导致的法律后果。

有的建议明确对犯罪嫌疑人认罪的，告知其认罪认罚可能导致的法律后果。有的提出，侦查阶段案件事实尚未查清，可能判处的刑罚难以确定，建议删去“认罪认罚可能导致的法律后果”。有的建议在告知的内容中增加“可能被减损的诉讼权利”和“程序的简化”。有的建议，将“从宽处理”修改为“从轻、减轻或者免除处罚”。有的建议明确告知应采取书面形式。

有的建议删去本条第一款中“犯罪嫌疑人对侦查人员的提问，

应当如实回答”的规定。有的建议增加讯问犯罪嫌疑人律师在场的规定。

5. 草案第十一条在刑事诉讼法第一百六十条中增加一款，规定犯罪嫌疑人自愿认罪的，应当记录在案，随案移送，并在起诉意见书中写明有关情况。

有的建议犯罪嫌疑人自愿认罪的应当录音录像。有的提出，本条与后面的签署认罪认罚具结书制度重复，建议删去。有的建议，本条中的“随案移送”没有宾语，且与现行第一百六十条有关规定重复，建议删去。

6. 草案第十三条将刑事诉讼法第一百六十九条第一款修改为：人民检察院对于监察机关、公安机关移送起诉的案件，应当在一个月以内作出决定，重大、复杂的案件，可以延长半个月；犯罪嫌疑人认罪认罚，符合速裁程序适用条件的，应当在十日以内作出决定，对可能判处的有期徒刑超过一年的，可以延长至十五日。

有的提出，每个月的日数不同，建议期限一律使用日数。有的建议将符合速裁程序适用条件的案件审查起诉期限从“十日”修改为“十五日”或者“二十日”。有的建议删去“监察机关、公安机关”的表述。

有的建议适当延长一般案件审查起诉期限，如从“一个月”修改为“四十天”。有的建议增加规定，特别重大、复杂案件，经上一级人民检察院批准，可以延长一个月。

7. 草案第十四条对刑事诉讼法第一百七十条作出修改，进一步明确人民检察院审查案件听取犯罪嫌疑人、辩护人、被害人及其诉讼代理人意见的事项范围，其中第一款第四项为“其他需要听取意见的情形”。明确人民检察院听取值班律师意见的，应当提前为值班律师了解案件有关情况提供必要的便利。

有的提出，为防止被告人利用认罪认罚逃避或者减轻处罚，建议告知的内容中删去“认罪认罚可能导致的法律后果”。有的建议将第一款第四项中的“情形”修改为“事项”。有的建议增加一项“从重、加重等从严处罚的建议”；有的建议增加一项“非法证据排除”。

有的建议明确人民检察院应当保障值班律师的会见权、阅卷权，使值班律师充分了解案情。

有的提出，电信诈骗、非法集资等涉众经济犯罪案件被害人众多，如何适用听取被害人意见的规定，需要明确。有的建议增加规定要听取控告人的意见。

8. 草案第十五条在刑事诉讼法中增加一条，作为第一百七十四条，规定犯罪嫌疑人自愿认罪，同意量刑建议和程序适用的，应当在辩护人在场的情况下签署认罪认罚具结书。有下列情形之一的，犯罪嫌疑人不需要签署认罪认罚具结书：（一）犯罪嫌疑人是盲、聋、哑人，或者是尚未完全丧失辨认或者控制自己行为能力的精神病人的；（二）未成年犯罪嫌疑人的法定代理人、辩护人对未成年人认罪认罚有异议的；（三）其他不宜适用的情形。

有的提出，认罪认罚在讯问时已经记录在案，不需要再签署具结书。有的建议，将“辩护人在场”修改为“辩护人或者值班律师在场”。有的建议明确犯罪嫌疑人没有委托辩护人的由谁在场见证。有的建议将“具结书”修改为“协议书”。有的建议将“不需要签署认罪认罚具结书”修改为“不适用认罪认罚从宽制度”。有的建议将第三项“其他不宜适用的情形”修改为“其他不需要签署具结书的情形”。

9. 草案第十六条在刑事诉讼法第一百七十二条中增加一款，

规定人民检察院可以在起诉书中就主刑、附加刑、刑罚执行方式等提出量刑建议。犯罪嫌疑人认罪认罚的，应当在起诉书中写明，并随案移送认罪认罚具结书等材料。

有的提出，为监督制约人民法院的量刑权，应将量刑建议规定为人民检察院的法定职责建议，建议将人民检察院“可以”提出量刑建议修改为“应当”提出。有的提出，检察院提出量刑建议可能对法院独立行使审判权造成干扰，建议对此不作规定。

10. 草案第十七条在刑事诉讼法中增加一条，作为第一百八十二条，规定犯罪嫌疑人自愿如实供述涉嫌犯罪的事实，有重大立功或者案件涉及国家重大利益的，经最高人民检察院核准，人民检察院可以作出不起诉决定，也可以对涉嫌数罪中的一项或者多项不起诉，公安机关可以撤销案件。根据前款规定不起诉或者撤销案件的，人民检察院、公安机关应当对查封、扣押、冻结的财物及其孳息作出处理。

有的提出，本条规定给公安、检察机关裁量权过大，有罪不究也与刑法的规定存在冲突，损害司法公正，建议删去。有的提出，本条的情形可以通过特赦程序免除刑事责任。有的建议应当严格限制，对故意杀人等严重犯罪不适用；有的建议进一步明确犯罪事实、性质、情节、后果等方面的限制。有的建议删去公安机关撤销案件的规定。

有的提出，“涉及国家重大利益”的表述难理解，建议修改为“维护了国家重大利益的”。有的建议将经“最高人民检察院”核准修改为经“省级人民检察院”或者“上级人民检察院”核准。有的提出，公安机关撤销案件是否需要经最高人民检察院核准，表述不清楚，建议进一步明确。

有的建议增加监察机关对财产进行处理的规定。有的提出对涉案财物“作出处理”的表述太笼统，建议进一步明确如何处理。

11. 草案第十九条在刑事诉讼法第一百八十五条中增加一款，规定被告人认罪认罚的，审判长应当告知被告人享有的诉讼权利和认罪认罚可能导致的法律后果，审查认罪认罚的自愿性和认罪认罚具结书内容的真实性、合法性。

有的建议增加规定审判长告知被告人认罪认罚可能被减损的诉讼权利、程序简化和从宽处理的法律后果。有的建议审判阶段只作审查，不再作认罪认罚，以免拖延。

12. 草案第二十条在刑事诉讼法中增加一条，作为第二百零一条，规定对于认罪认罚案件，人民法院依法作出判决时，一般应当采纳人民检察院指控的罪名和量刑建议，但有下列情形的除外：（一）被告人不构成犯罪或者不应当追究刑事责任的；（二）被告人违背意愿认罪认罚的；（三）被告人否认指控的犯罪事实的；（四）起诉指控的罪名与审理认定的罪名不一致的；（五）量刑建议明显不当的；（六）其他可能影响公正审判的情形。在审判过程中，人民检察院可以调整量刑建议。人民法院经审理认为量刑建议明显不当或者被告人、辩护人对量刑建议提出异议的，应当依法作出判决。

有的建议删去人民法院“一般应当”采纳量刑建议中的“一般”。有的提出，规定人民法院一般应当采纳人民检察院的量刑建议，侵犯了法院的审判权，不符合推进以审判为中心的刑事诉讼制度的改革方向，建议删除。有的建议规定人民法院“参考”人民检察院的量刑建议。

有的提出，“量刑建议明显不当”的标准过于主观，建议删去。有的建议除外情形中增加被害人不谅解和罪行严重，社会危害重大等情形。有的建议增加被害人对量刑建议有异议的除外情形。

有的提出，被告人签署具结书后，检察院随意调整量刑建议不妥，建议规定除被告人反悔不认罪的以外，检察院不得调整量刑建议。有的建议删去“被告人、辩护人对量刑建议有异议的”表述，以维护人民检察院的量刑建议的权威性。

13. 草案第二十一条在刑事诉讼法第三编第二章中增加一节，规定了速裁程序，其中第二百二十二条规定了速裁程序的适用范围。

有的提出，草案关于速裁程序的规定与现行刑事诉讼法规定的简易程序重合较多，建议对速裁程序与简易程序的关系进一步研究。有的建议将速裁程序整合进简易程序作出规定。有的建议，规定侦查阶段也可以适用速裁程序。有的提出，对被告人参与法庭调查、法庭辩论的权利不能轻易改变，不建议增加规定速裁程序。

14. 草案第二十一条在刑事诉讼法中增加一条，作为第二百二十四条，规定适用速裁程序审理案件，不受本章第一节规定的送达期限的限制，不进行法庭调查、法庭辩论，但在判决宣告前应当听取被告人的最后陈述意见。适用速裁程序审理案件，应当当庭宣判。

有的提出，速裁案件一律不进行法庭调查、法庭辩论不妥，建议修改为“可以不进行”，或者“简要进行”；有的建议修改为“不受讯问被告人，询问证人、鉴定人，出示证据等程序的限制”。有的提出，不应当要求速裁案件一律当庭宣判。有的建议规定判决书可以简化。有的建议规定速裁案件人民检察院可以不派员出席法庭。

有的建议，速裁案件实行一审终审，防止被告人先认罪后反悔提出上诉，浪费司法资源。有的建议增加规定，认罪认罚并适用速裁程序的案件，不适用上诉不加刑原则。

有的提出，对于简单案件，公安机关在移送审查起诉、人民检察院在移送起诉的时候，还需要变更羁押措施，建议明确速裁案件可以在拘留期限内办理。

15. 草案第二十一条在刑事诉讼法中增加一条，作为第二百二十五条，规定适用速裁程序审理案件，人民法院应当在受理后十日以内审结；对可能判处的有期徒刑超过一年的，可以延长至十五日。

有的建议将速裁案件的审理期限规定为十五日至二十日。

16. 草案第二十一条在刑事诉讼法中增加一条，作为第二百二十六条，规定人民法院在审理过程中，发现有被告人违背意愿认罪认罚、被告人否认指控的犯罪事实或者其他不宜适用速裁程序审理的情形的，应当按照普通程序重新审理。

有的提出，被告人仅对量刑问题提出异议的，可以按照简易程序进行审理。

四、关于修正草案的其他规定

1. 草案第三条在刑事诉讼法第三十二条中增加一款，规定被开除公职和被吊销律师、公证员执业证书的人，不得担任辩护人，但系犯罪嫌疑人、被告人的监护人、近亲属的除外。

有的提出，聘请辩护人是被追诉人的权利，不应限制。有的提出，这一问题涉及职业资格，不需要在刑事诉讼法中规定。有的提出，“被开除公职”不涉及职业资格，建议删去。有的建议限定为“因故意犯罪”被开除公职和被吊销律师、公证员执业证书的。有的建议限定为被开除或者吊销执业证书三年或五年内。有的建议删去“监护人、近亲属除外”的规定。

有的建议，将刑事诉讼法第三十二条第一款第三项中的“亲友”修改为“近亲属”，缩小律师以外的人员担任辩护人的范围。

2. 草案第十八条与人民陪审员法相衔接，对刑事诉讼法第一百七十八条中人民陪审员参加审判的有关规定作了相应修改。

有的建议与人民法院组织法、法官法修改相衔接，将“审判员”修改为“法官”。有的建议根据司法责任制改革精神，删去院长或者庭长指定审判长的规定。

有的建议恢复“由审判员和人民陪审员三至七人组成合议庭”的规定。有的提出，根据刑事诉讼法第二十条、第二十一条、第二十二条的规定，中级以上人民法院审理的都是根据人民陪审员法第十六条规定的应当由七人合议庭审理的案件，建议删去由审判员和人民陪审员三人组成合议庭的规定。

3. 草案第二十二条与刑法修正案（九）相衔接，对刑事诉讼法第二百五十条中关于死缓执行的规定作了相应修改，其中规定对于死缓期间故意犯罪未执行死刑的，死刑缓期执行的期间重新计算，并报最高人民法院备案。

有的建议明确死刑缓期执行的期间重新计算的时间点。

4. 草案第二十三条与刑法修正案（九）相衔接，对刑事诉讼法第二百六十条中关于罚金执行的规定作了相应修改。

有的建议规定罚金刑由司法行政机关负责执行。

五、其他意见

1. 有的建议，在刑事诉讼法第八十九条第二款规定的提请审查批捕期限延长至三十日的情形中增加“重大案件”。

2. 有的建议适当延长人民检察院审查逮捕期限。

3. 有的建议按照“两高三部”关于推进以审判为中心的刑事诉讼制度改革的意见，将刑事诉讼法第一百八十七条第一款有关证人出庭作证的规定修改为：公诉人、当事人或者辩护人、诉讼代理人对证人证言有异议，人民法院认为该证人证言对案件定罪量刑有重大影响的，证人应当出庭作证。

4. 有的建议增加规定当事人对刑事案件提出管辖异议的权利。

5. 有的建议增加规定人民检察院在办理涉及环境资源、食品药品等领域的刑事案件时，可以提起附带民事公益诉讼。

6. 有的建议在刑事诉讼法中增加对未成年人收容教养的程序规定。

刑事诉讼法修正草案二次审议稿公开征求意见的情况

2018 年 9 月 5 日至 10 月 4 日，刑事诉讼法修正草案二次审议稿（以下简称草案）在中国人大网公布，向社会公开征求意见。

一、关于完善与监察法的衔接机制，调整人民检察院侦查职权

1. 草案第二条将刑事诉讼法第十八条改为第十九条，规定人民检察院在对诉讼活动实行法律监督中发现司法工作人员利用职权实施的非法拘禁、刑讯逼供、非法搜查等侵犯公民权利、损害司法公正的犯罪，可以由人民检察院立案侦查。对于公安机关管辖的国家机关工作人员利用职权实施的重大犯罪案件，需要由人民检察院直接受理的时候，经省级以上人民检察院决定，可以由人民检察院立案侦查。

关于人民检察院保留侦查权的范围。有的提出，根据监察法规定，公职人员职务犯罪统一由监察机关调查，建议不再保留人民检察院的侦查职权。有的提出，所有侵犯公民权利、损害司法公正的犯罪，都应当由人民检察院立案侦查。有的提出，监察机关工作人员利用职权实施的这些犯罪，应当由人民检察院侦查，建议在“司法工作人员”后增加“监察工作人员”，或者将“司法工作人员”修改为“公职人员”“国家工作人员”，以包含监察机关工作人员。有的建议修改为，人民检察院在诉讼活动法律监督中发现的刑法分则第八章、第九章规定的犯罪，可以由人民检察院立案侦查。有的建议规定，人民检察院对这些案件立案侦查，应经监察机关同意。有的提出，检察机关工作人员在办理案件中实施的职务犯罪，由检察机关自己侦查缺乏监督制约，无法保证司法公信力，建议规定由监察机关调查。有的提出，妨害司法犯罪应当由人民检察院立案侦查。有的建议明确列举检察机关立案侦查的罪名。

有的建议将“在对诉讼活动实行法律监督中”改为“在履行法律监督职能中”或者“在诉讼活动和法律监督中”。有的建议明确“侵犯公民权利”和“损害司法公正”是要同时具备还是选择关系。有的建议删去两处“可以由人民检察院立案侦查”中的“可以”，或者改为“应当”。

有的建议增加规定检察机关对有关案件立案侦查应当经监察机关批准或同意。

关于人民检察院的“机动侦查权”。有的提出，为加强检察机关法律监督的刚性，应当适当扩大检察机关的机动侦查权，建议增加规定对于监察机关管辖的重大犯罪案件，经省级以上人民检察院决定，可以由人民检察院立案侦查。有的建议删去“国家机关工作人员利用职权实施的”限制条件。

2. 草案第五条将刑事诉讼法第三十七条改为第三十九条，删去了第三款在侦查期间辩护律师会见经许可的规定中有关贪污贿赂犯罪案件的内容。

有的建议在侦查期间辩护律师会见须经许可的案件中增加黑社会性质组织犯罪案件、重大毒品犯罪或者其他严重危害社会的犯罪案件。有的建议将“侦查机关”改为“公安机关”。

3. 草案第六条对刑事诉讼法第七十三条作出修改，在指定居所监视居住的规定中删去了有关特别重大贿赂犯罪的内容。

有的建议在适用指定居所监视居住的犯罪中增加黑社会性质组织犯罪、毒品犯罪。有的建议将指定居所监视居住适用条件中“无固定住处”明确为“在办案地无固定住处”。

4. 草案第八条对刑事诉讼法第一百零六条作出修改，将“侦查”的定义修改为：“侦查”是指公安机关、人民检察院对于刑事案件，依照法律进行的收集证据、查明案情的工作和有关的强制性措施。

有的建议在“公安机关、人民检察院”后增加国家安全机关、军队保卫部门、监狱、海警，或者修改为“公安机关、人民检察院等机关”。有的提出，监察机关对职务犯罪的调查性质上属于侦查活动，建议增加“监察机关”。有的建议将“强制性措施”改为“刑事强制措施”。

5. 草案第十条将刑事诉讼法第一百四十八条改为第一百五十条，在人民检察院采取技术侦查措施的规定中删去了有关贪污贿赂犯罪的内容，规定人民检察院在立案后，对于利用职权实施的严重侵犯公民人身权利的重大犯罪案件，根据侦查犯罪的需要，经过严格的批准手续，可以采取技术侦查措施，按照规定交有关机关执行。

有的建议在检察院采取技术侦查措施的案件范围中增加损害司法公正的案件。有的建议将“经过严格的批准手续”修改为经上一级检察院批准或者“经过符合规定的批准手续”。有的建议规定，公安机关采取技术侦查措施由检察院批准，检察院采取技术侦查措施由法院批准。

6. 草案第十二条在刑事诉讼法中增加一条，作为第一百七十条，规定：人民检察院对于监察机关移送起诉的案件，依照本法和监察法的有关规定进行审查。人民检察院经审查，认为需要补充核实的，应当退回监察机关补充调查，必要时可以自行补充侦查。对于监察机关移送起诉的已采取留置措施的案件，人民检察院应当对犯罪嫌疑人先行拘留，留置措施自动解除。人民检察院应当在拘留后的十日以内作出是否逮捕、取保候审或者监视居住的决定。在特殊情况下，决定的时间可以延长一日至四日。人民检察院决定采取强制措施的期间不计入审查起诉期限。

有的建议明确检察院将案件退回监察机关补充调查的次数和期限。有的建议明确退回补充调查期间如何适用强制措施。有的建议将“补充侦查”改为“自行补充核实”。有的建议删去检察院可以自行补充侦查的规定。有的建议对人民检察院提前介入监察机关调查的工作机制作出规定。

有的提出，对审查起诉阶段的犯罪嫌疑人采取先行拘留措施，与拘留措施的性质不符。有的提出，案件移送检察机关后，检察机关作出采取强制措施的决定前，可以继续适用留置措施。有的提出，留置的对象是人不是案件，实践中存在监察机关调查的一个案件中有的被调查人被采取了留置措施，有的被调查人未采取留置措施的情况，建议对第二款的有关表述再斟酌。有的建议将“移送起诉”改为“移送审查起诉”。有的提出，对于监察机关已经采取留置措施的犯罪嫌疑人，人民检察院也可以采取指定居所监视居住或者取保候审，不一定都要拘留和逮捕。

有的建议增加人民检察院对监察机关移送案件的刑事立案程序。有的建议明确人民检察院对监察机关未采取留置措施的犯罪嫌疑人如何决定采取强制措施作出规定。有的建议将人民检察院决定采取强制措施的期间改为七日；有的建议规定，特殊情况下可以延长至三十日。有的提出，人民检察院决定采取强制措施的期间应当计入审查起诉期限。

7. 草案第十七条将刑事诉讼法第一百七十三条改为第一百七十七条，第三款修改为：人民检察院决定不起诉的案件，应当同时对侦查中查封、扣押、冻结的财物解除查封、扣押、冻结。对被不起诉人需要给予行政处罚、处分或者需要没收其违法所得的，人民检察院应当提出检察意见，移送有关主管机关处理。有关主管机关应当将处理结果及时通知人民检察院。

有的建议增加规定，人民检察院对监察机关移送的案件不起诉后，应当对监察机关调查期间查封、扣押、冻结的财物解除查封、扣押、冻结。有的建议将“检察意见”改为“检察建议”，与人民检察院组织法修订衔接。有的建议将“及时”改为“在三个月内”。有的建议将“有关主管机关”修改为“行政主管机关、涉案财物管理机关”。

二、关于建立刑事缺席审判制度

1. 草案第二十五条在刑事诉讼法第五编增加一章，规定了缺席审判程序，其中第二百九十一条规定，对于贪污贿赂犯罪案件，以及需要及时进行审判，经最高人民检察院核准的严重的危害国家安全犯罪、恐怖活动犯罪案件，犯罪嫌疑人、被告人潜逃境外，监察机关、公安机关移送起诉，人民检察院认为犯罪事实已经查清，证据确实、充分，依法应当追究刑事责任的，可以向人民法院提起公诉。人民法院进行审查后，对于起诉书中有明确的指控犯罪事实的，应当决定开庭审判。上述案件，由犯罪地或者被告人居住地的中级人民法院组成合议庭进行审理。

有的提出，刑事缺席审判的公正性很难保障，判决在国际上很难获得承认，且财产方面违法所得没收程序可以解决追赃问题，建议不规定刑事缺席审判程序。有的建议增加规定重大经济犯罪可以适用缺席审判。有的提出，犯罪嫌疑人、被告人潜逃下落不明的，也可以缺席审判。有的建议将“需要及时进行审判”改为“需要及时交付审判”。

有的建议明确缺席审判程序与违法所得没收程序的关系。

2. 草案第二十五条在刑事诉讼法中增加一条，作为第二百九十三条，规定人民法院缺席审判案件，被告人有权委托辩护人，被告人的近亲属可以代为委托辩护人。被告人及其近亲属没有委托辩护人的，人民法院应当通知法律援助机构指派律师为其提供辩护。

有的提出，为潜逃境外的被告人指定法律援助律师的合理性需要研究，建议规定对这类案件提供法律援助应当收取费用。

3. 草案第二十五条在刑事诉讼法中增加一条，作为第二百九十五条，规定在审理过程中，被告人自动投案或者被抓获的，人民法院应当重新审理。罪犯在判决、裁定发生法律效力后到案的，人民法院应当将罪犯交付执行刑罚。交付执行刑罚前，人民法院应当告知罪犯有权对判决、裁定提出异议。罪犯对判决、裁定提出异议的，人民法院应当重新审理。

有的提出，罪犯归案后提出异议的，应当按照审判监督程序处理。

三、关于完善刑事案件认罪认罚从宽制度和增加速裁程序

1. 草案第一条在刑事诉讼法中增加一条，作为第十五条，规定犯罪嫌疑人、被告人自愿如实供述自己的罪行，承认指控的犯罪事实，愿意接受处罚的，可以依法从宽处理。

有的建议进一步明确认罪认罚的含义。有的建议删去“自愿”。有的建议将“指控的犯罪事实”改为“被指控的犯罪事实”。有的提出，只要犯罪嫌疑人、被告人承认罪行就应当从宽处理。有的建议删去“犯罪嫌疑人”，认罪认罚只适用于被告人。

有的建议明确“从宽”的含义，是否包括在法定刑以下减轻处罚。有的建议改为“从轻、减轻或免除”或者“从轻”。有的建议对不同诉讼阶段认罪认罚的给予不同的从宽幅度，鼓励犯罪嫌疑人、被告人尽早认罪认罚。

有的建议对故意杀人、恐怖活动犯罪、黑社会性质组织犯罪、毒品犯罪、强奸等严重侵犯公民人身权利等严重犯罪不适用认罪认罚从宽。

有的提出，本条规定属于实体法规范，应在刑法中规定。有的提出，本条规定可能造成犯罪嫌疑人为得到从宽处理虚假认罪，或者办案机关重口供轻证据，引诱嫌疑人认罪，借认罪认罚替别人顶缸或者掩盖更严重犯罪事实等情形，建议删去。有的提出，要处理好本条与刑法有关自首、坦白的规定的关系，避免产生冲突。

2. 草案第四条在刑事诉讼法中增加一条，作为第三十六条，规定法律援助机构可以在人民法院、人民检察院、看守所派驻值班律师。犯罪嫌疑人、被告人没有委托辩护人，法律援助机构没有指派律师为其提供辩护的，由值班律师为犯罪嫌疑人、被告人提供法律咨询、程序选择建议、申请变更强制措施、对案件处理提出意见等法律帮助。人民法院、人民检察院、看守所应当告知犯罪嫌疑人、被告人有权约见值班律师，并为犯罪嫌疑人、被告人约见值班律师提供便利。

有的提出，本条规定没有必要，建议删去。有的建议增加规定在监狱、公安机关派驻值班律师。有的提出，人民检察院负责提起公诉，在检察院派驻值班律师法理上存在问题，建议删去。有的建议将“约见”改为“咨询”。有的建议恢复一审稿值班律师提供“辩护”和代理申诉、控告的规定。

有的建议增加规定，法律援助机构也可以指派基层法律服务工作者为犯罪嫌疑人、被告人提供法律帮助。

3. 草案第七条将刑事诉讼法第七十九条改为第八十一条，增加一款，规定批准或者决定逮捕，应当将犯罪嫌疑人、被告人涉嫌犯罪的性质、情节，认罪认罚等情况，作为是否可能发生社会危险性的考虑因素。

有的提出，将认罪认罚情况作为社会危险性的考虑因素，可能造成办案机关以取保候审引诱无罪的犯罪嫌疑人、被告人认罪认罚，建议删去。有的提出，本条规定过于具体，建议删去。有的建议增加“可能判处的刑罚”。

4. 草案第九条将刑事诉讼法第一百一十八条改为第一百二十条，第二款修改为：侦查人员在讯问犯罪嫌疑人的时候，应当告知犯罪嫌疑人享有的诉讼权利，如实供述自己罪行可以从宽处理的法律规定和认罪认罚的法律后果。

有的建议删去本条第一款中“犯罪嫌疑人对侦查人员的提问，应当如实回答”的规定。

5. 草案第十三条将刑事诉讼法第一百六十九条改为第一百七十二条，第一款修改为：人民检察院对于监察机关、公安机关移送起诉的案件，应当在一个月以内作出决定，重大、复杂的案件，可以延长十五日；犯罪嫌疑人认罪认罚，符合速裁程序适用条件的，应当在十日以内作出决定，对可能判处的有期徒刑超过一年的，可以延长至十五日。

有的建议将审查起诉的一般期限改为一个半月。有的建议增加规定，特别重大、复杂案件，经省级检察院批准，审查起诉期限可以延长一个月，延长以两次为限。有的建议将“移送起诉”改为“移送审查起诉”。

6. 草案第十四条将刑事诉讼法第一百七十条改为第一百七十三条，规定人民检察院审查案件，应当讯问犯罪嫌疑人，听取辩护人或者值班律师、被害人及其诉讼代理人的意见，并记录在案。辩护人或者值班律师、被害人及其诉讼代理人提出书面意见的，应当附卷。犯罪嫌疑人认罪认罚的，人民检察院应当告知其享有的诉讼权利和认罪认罚的法律后果，听取犯罪嫌疑人、辩护人或者值班律师、被害人及其诉讼代理人对有关事项的意见。

有的建议在本条中明确值班律师的阅卷权。有的提出，本条第三款关于值班律师的规定与值班律师的职责不符，建议删去。

7. 草案第十五条在刑事诉讼法中增加一条，作为第一百七十四条，规定犯罪嫌疑人自愿认罪，同意量刑建议和程序适用的，应当在辩护人或者值班律师在场的情况下签署认罪认罚具结书。犯罪嫌疑人认罪认罚，有下列情形之一的，不需要签署认罪认罚具结书：(一) 犯罪嫌疑人是盲、聋、哑人，或者是尚未完全丧失辨认或者控制自己行为能力的精神病人的；(二) 未成年犯罪嫌疑人的法定代理人、辩护人对未成年人认罪认罚有异议的；(三) 其他不需要签署认罪认罚具结书的情形。

有的提出，让犯罪嫌疑人签署具结书可能造成违心认罪、屈打成招。有的建议认罪认罚具结书中应载明人民检察院的量刑建议。

有的提出，不签署具结书无法证明犯罪嫌疑人认罪认罚，建议删去本条第二款规定。

8. 草案第十六条将刑事诉讼法第一百七十二条改为第一百七十六条，增加一款，规定犯罪嫌疑人认罪认罚的，人民检察院应当在起诉书中就主刑、附加刑、刑罚执行方式等提出量刑建议，并随案移送认罪认罚具结书等材料。

有的提出，检察院提出量刑建议干涉法院独立审判，建议对此不作规定。有的提出，量刑建议应当有一定的幅度，不能提出固定期限的量刑建议。有的建议将“应当”提出量刑建议改为“可以”。

9. 草案第十八条在刑事诉讼法第二编第三章增加一条，作为第一百八十二条，规定犯罪嫌疑人自愿如实供述涉嫌犯罪的事实，有重大立功或者案件涉及国家重大利益的，经最高人民检察院核准，公安机关可以撤销案件，人民检察院可以作出不起诉决定，也可以对涉嫌数罪中的一项或者多项不起诉。

有的提出，本条规定不符合罪刑法定原则，建议删去。有的提出，涉及人命的恶性犯罪案件，应当不适用本条规定。

10. 草案第二十一条在刑事诉讼法中增加一条，作为第二百零一条，规定对于认罪认罚案件，人民法院依法作出判决时，一般应当采纳人民检察院指控的罪名和量刑建议，但有下列情形的除外：（一）被告人不构成犯罪或者不应当追究刑事责任的；（二）被告人违背意愿认罪认罚的；（三）被告人否认指控的犯罪事实的；（四）起诉指控的罪名与审理认定的罪名不一致的；（五）其他可能影响公正审判的情形。人民法院经审理认为量刑建议明显不当，或者被告人、辩护人对量刑建议提出异议的，人民检察院可以调整量刑建议。人民检察院不调整量刑建议或者调整量刑建议后被告人、辩护人仍有异议的，人民法院应当依法作出判决。

有的建议将“一般应当采纳”改为“参考”。有的建议删去“一般”。

有的建议明确，人民法院经审理认为量刑建议明显不当，或者被告人、辩护人对量刑建议提出异议的，人民法院应当建议人民检察院调整量刑建议。

11. 草案第二十二条在刑事诉讼法第三编第二章增加一节“速裁程序”，其中第二百二十二条规定，基层人民法院管辖的可能判处三年有期徒刑以下刑罚的案件，案件事实清楚，证据确实、充分，被告人认罪认罚并同意适用速裁程序的，可以适用速裁程序，由审判员一人独任审判。人民检察院在提起公诉的时候，可以建议人民法院适用速裁程序。

有的提出，对于是否适用速裁程序审理这一问题应当听取辩护人的意见。有的建议增加规定，对于适用速裁程序审理的案件，人民检察院可以不派员出庭。

12. 草案第二十二条在刑事诉讼法中增加一条，作为第二百二十四条，规定适用速裁程序审理案件，不受送达期限的限制，不进行法庭调查、法庭辩论，但在判决宣告前应当听取辩护人的意见和被告人的最后陈述意见。

有的提出，不进行法庭调查、法庭辩论，难以保证司法公正，建议对这一规定再研究。

四、关于修正草案的其他规定

1. 草案第三条将刑事诉讼法第三十二条改为第三十三条，增加一款，规定被开除公职和被吊销律师、公证员执业证书的人，不得担任辩护人，但系犯罪嫌疑人、被告人的监护人、近亲属的除外。

有的建议将本条规定的禁止限定在被开除公职或者吊销执业证书五年内。有的建议删去“但系犯罪嫌疑人、被告人的监护人、近亲属的除外”。有的建议增加“仲裁员”。

有的建议增加规定，基层法律服务工作者可以担任辩护人。

2. 草案第十九条与人民陪审员法相衔接，将刑事诉讼法第一百七十八条改为第一百八十三条，对人民陪审员参加审判的有关规定作了相应修改，规定基层人民法院、中级人民法院审判第一审案件，应当由审判员三人或者由审判员和人民陪审员共三人或者七人组成合议庭进行，但是基层人民法院适用简易程序、速裁程序的案件可以由审判员一人独任审判。高级人民法院审判第一审案件，应当由审判员三人至七人或者由审判员和人民陪审员共三人或者七人组成合议庭进行。最高人民法院审判第一审案件，应当由审判员三人至七人组成合议庭进行。人民法院审判上诉和抗诉案件，由审判员三人至五人组成合议庭进行。合议庭的成员人数应当是单数。

有的提出，人民陪审员法第十六条关于七人合议庭的规定在本条中没有体现，建议对本条规定作出相应调整。

五、其他意见

1. 有的建议与全国人大常委会《关于中国海警局行使海上维权执法职权的决定》衔接，对中国海警局对海上刑事案件的侦查职权作出规定。

2. 有的建议，与检察机关办案责任制改革相适应，将刑事诉讼法第八十七条中人民检察院审查批准逮捕由“检察长”决定改为由“检察官”决定。

3. 有的建议在刑事诉讼法中增加对未成年人收容教养的程序规定。

有关部门和专家学者对刑事诉讼法修正草案二次审议稿的意见

十三届全国人大常委会第五次会议对刑事诉讼法修正草案（以下简称草案）进行了二次审议。2018 年 9 月初，刑法室召开座谈会，听取有关部门和部分专家学者对草案的意见。

一、关于完善与监察法的衔接机制，调整人民检察院侦查职权

1. 草案第二条将刑事诉讼法第十八条改为第十九条，规定人民检察院在对诉讼活动实行法律监督中发现司法工作人员利用职权实施的非法拘禁、刑讯逼供、非法搜查等侵犯公民权利、损害司法公正的犯罪，可以由人民检察院立案侦查。对于公安机关管辖的国家机关工作人员利用职权实施的重大犯罪案件，需要由人民检察院直接受理的时候，经省级以上人民检察院决定，可以由人民检察院立案侦查。

有的部门建议在列举的罪名中增加损害司法公正的犯罪“徇私枉法”。有的专家建议明确“损害司法公正的犯罪”的具体范围，增加规定检察机关与监察机关就案件管辖的协调机制。有的专家提出，监察机关与公安机关管辖案件范围的划分，应当由法律作出规定，避免出现两家争抢或者推诿的情况。

2. 草案第八条对刑事诉讼法第一百零六条作出修改，将“侦查”的定义修改为：“侦查”是指公安机关、人民检察院对于刑事案件，依照法律进行的收集证据、查明案情的工作和有关的强制性措施。

有的部门建议将“查明案情的工作和有关的强制性措施”改为“查明案情和采取有关强制性措施的工作”。有的专家建议删去侦查定义。

3. 草案第十二条在刑事诉讼法中增加一条，作为第一百七十条，规定：人民检察院对于监察机关移送起诉的案件，依照本法和监察法的有关规定进行审查。人民检察院经审查，认为需要补充核实的，应当退回监察机关补充调查，必要时可以自行补充侦查。对于监察机关移送起诉的已采取留置措施的案件，人民检察院应当对犯罪嫌疑人先行拘留，留置措施自动解除。人民检察院应当在拘留后的十日以内作出是否逮捕、取保候审或者监视居住的决定。在特殊情况下，决定的时间可以延长一日至四日。人民检察院决定采取强制措施的期间不计入审查起诉期限。

有的部门建议明确人民检察院是对“正在采取留置措施”的案件的犯罪嫌疑人先行拘留。有的专家建议明确“必要时”可以自行补充侦查的具体情形，明确检察机关也可以对监察机关移送案件的犯罪嫌疑人不采取强制措施。

4. 有的专家建议参照监察法有关规定，在刑事诉讼法第五十二条中对监察机关收集的证据在刑事诉讼中的效力作出规定；对监察机关移送的证据适用非法证据排除程序作出规定。

二、关于建立刑事缺席审判制度

1. 草案第二十五条在刑事诉讼法第五编增加一章，规定了缺席审判程序，其中第二百九十一条规定，对于贪污贿赂犯罪案件，以及需要及时进行审判，经最高人民检察院核准的严重的危害国家安全犯罪、恐怖活动犯罪案件，犯罪嫌疑人、被告人潜逃境外，监察机关、公安机关移送起诉，人民检察院认为犯罪事实已经查清，证据确实、充分，依法应当追究刑事责任的，可以向人民法院提起公诉。人民法院进行审查后，对于起诉书中有明确的指控犯罪事实的，应当决定开庭审判。上述案件，由犯罪地或者被告人居住地的中级人民法院组成合议庭进行审理。

有的部门提出，缺席审判适用的案件范围应保持适度弹性，以便适用时增加适用案件类型，且危害国家安全、恐怖活动犯罪案件需经最高人民检察院核准，条件过高。建议修改为“贪污贿赂犯罪、危害国家安全犯罪、恐怖活动犯罪等案件”。

有的专家提出，缺席审判适用的案件范围不能太大；建议明确缺席审判程序与违法所得没收程序的关系；增加规定被告人潜逃境外后要经过一定追逃措施或者一定期限不回国，才能缺席审判；增加规定法院审查案件符合适用缺席审判程序审理条件的，才进行缺席审判，由法院确定是否启动缺席审判，以避免造成被动。

2. 草案第二十五条在刑事诉讼法中增加一条，作为第二百九十二条，规定人民法院应当通过有关国际条约中规定的或者外交途径提出的司法协助方式，或者受送达人所在地法律允许的其他方式，将传票和人民检察院的起诉书副本送达被告人。传票和起诉书副本送达后，被告人未按要求到案的，人民法院应当开庭审理，依法作出判决，并对违法所得及其他涉案财产作出处理。

有的专家建议规定，可以通过视频方式让境外被告人参加庭审。

3. 草案第二十五条在刑事诉讼法中增加一条，作为第二百九十三条，规定人民法院缺席审判案件，被告人有权委托辩护人，被告人的近亲属可以代为委托辩护人。被告人及其近亲属没有委托辩护人的，人民法院应当通知法律援助机构指派律师为其提供辩护。

有的专家建议境外的被告人可以提出书面辩护意见。

4. 草案第二十五条在刑事诉讼法中增加一条，作为第二百九十五条，规定在审理过程中，被告人自动投案或者被抓获的，人民法院应当重新审理。罪犯在判决、裁定发生法律效力后到案的，人民法院应当将罪犯交付执行刑罚。交付执行刑罚前，人民法院应当告知罪犯有权对判决、裁定提出异议。罪犯对判决、裁定提出异议的，人民法院应当重新审理。

有的部门建议明确是按照一审程序重新审理。

5. 草案第二十五条在刑事诉讼法中增加一条，作为第二百九十六条，规定由于被告人患有严重疾病，无法出庭的原因中止审理超过六个月，被告人仍无法出庭，被告人及其法定代理人申请或者同意恢复审理的，人民法院可以在被告人不出庭的情况下缺席审理，依法作出判决。

有的专家建议对本条规定的缺席审判规定刑种和刑期的限制，明确限定在有期徒刑以下刑罚。

6. 草案第二十五条在刑事诉讼法中增加一条，作为第二百九十七条，规定被告人死亡的，人民法院应当裁定终止审理；但有证据证明被告人无罪，人民法院经缺席审理确认无罪的，应当依法作出判决。人民法院按照审判监督程序重新审判的案件，被告人死亡的，人民法院可以缺席审理，依法作出判决。

有的专家提出，刑事诉讼法第一百九十五条规定证据不足不能认定被告人有罪的应当作出无罪判决，建议本条第一款对证据不足的情况下也应当判决无罪作出规定；建议第二款的规定只适用于平反冤错案件，并明确不能加重被告人的刑事责任。

三、关于完善刑事案件认罪认罚从宽制度和增加速裁程序

1. 草案第一条在刑事诉讼法中增加一条，作为第十五条，规定犯罪嫌疑人、被告人自愿如实供述自己的罪行，承认指控的犯罪事实，愿意接受处罚的，可以依法从宽处理。

有的专家提出，“依法”是依什么法不明确，实体法上没有认罪认罚从宽的专门规定，本条规定应当适时纳入实体法；认罪认罚的案件除个别情况外都应当从宽，“可以”的表述力度不够；“从宽”的含义不清楚，应当明确可以减轻处罚，适当扩大不起诉和减轻处罚的适用范围。有的专家建议对适用认罪认罚从宽制度应当遵循的一般原则作出规定。

2. 草案第四条在刑事诉讼法中增加一条，作为第三十六条，规定法律援助机构可以在人民法院、人民检察院、看守所派驻值班律师。犯罪嫌疑人、被告人没有委托辩护人，法律援助机构没有指派律师为其提供辩护的，由值班律师为犯罪嫌疑人、被告人提供法律咨询、程序选择建议、申请变更强制措施、对案件处理提出意见等法律帮助。人民法院、人民检察院、看守所应当告知犯罪嫌疑人、被告人有权约见值班律师，并为犯罪嫌疑人、被告人约见值班律师提供便利。

有的专家提出，值班律师的作用不能仅限于咨询和见证，建议恢复一审稿值班律师提供“辩护”的规定。

3. 草案第十一条将刑事诉讼法第一百六十条改为第一百六十二条，增加一款，规定犯罪嫌疑人自愿认罪的，应当记录在案，随案移送，并在起诉意见书中写明有关情况。

有的专家建议增加规定，犯罪嫌疑人在侦查阶段认罪的，侦查机关不能放松侦查工作力度，应当完成所有证据的收集。

4. 草案第十五条在刑事诉讼法中增加一条，作为第一百七十四条，规定犯罪嫌疑人自愿认罪，同意量刑建议和程序适用的，应当在辩护人或者值班律师在场的情况下签署认罪认罚具结书。

犯罪嫌疑人认罪认罚，有下列情形之一的，不需要签署认罪认罚具结书：（一）犯罪嫌疑人是盲、聋、哑人，或者是尚未完全丧失辨认或者控制自己行为能力的精神病人的；（二）未成年犯罪嫌疑人的法定代理人、辩护人对未成年人认罪认罚有异议的；（三）其他不需要签署认罪认罚具结书的情形。

有的专家提出，在审查起诉阶段要体现出犯罪嫌疑人、辩护人的实质性权利，不能只是被动接受检察院量刑建议。有的专家提出，对未成年犯罪嫌疑人的教育感化挽救需要其法定代理人配合，对未成年人的法定代理人有异议的仍可适用认罪认罚从宽制度的规定，建议再研究。

5. 草案第十六条将刑事诉讼法第一百七十二条改为第一百七十六条，增加一款，规定犯罪嫌疑人认罪认罚的，人民检察院应当在起诉书中就主刑、附加刑、刑罚执行方式等提出量刑建议，并随案移送认罪认罚具结书等材料。

有的部门建议增加规定，人民检察院可以在提起公诉时提出量刑建议。

6. 草案第十八条在刑事诉讼法第二编第三章增加一条，作为第一百八十二条，规定犯罪嫌疑人自愿如实供述涉嫌犯罪的事实，有重大立功或者案件涉及国家重大利益的，经最高人民检察院核准，公安机关可以撤销案件，人民检察院可以作出不起诉决定，也可以对涉嫌数罪中的一项或者多项不起诉。根据上述规定不起诉或者撤销案件的，人民检察院、公安机关应当及时对查封、扣押、冻结的财物及其孳息作出处理。

有的专家提出，公安机关对于犯罪嫌疑人构成犯罪的案件不能作无罪处理，这是刑事诉讼法规定的底线，不赞成本条规定；建议增加规定公安机关可对涉嫌数罪中的一项或者多项不移送起诉。有的专家建议删去公安机关撤销案件的规定。

有的部门建议增加规定，对于检察机关自侦案件，检察机关也可以依据本条撤销案件；第二款的规定太原则，建议参照试点办法对财物处理作出具体规定。

7. 草案第二十条将刑事诉讼法第一百八十五条改为第一百九十条，增加一款，规定被告人认罪认罚的，审判长应当告知被告人享有的诉讼权利和认罪认罚的法律后果，审查认罪认罚的自愿性和认罪认罚具结书内容的真实性、合法性。

有的专家提出，被告人认罪认罚的，应当有律师参加审判；法庭不应当只审查具结书内容的真实性、合法性，而应当审查整个案件事实的真实性、合法性。

8. 草案第二十一条在刑事诉讼法中增加一条，作为第二百零一条，规定对于认罪认罚案件，人民法院依法作出判决时，一般应当采纳人民检察院指控的罪名和量刑建议，但有下列情形的除外：（一）被告人不构成犯罪或者不应当追究刑事责任的；（二）被告人违背意愿认罪认罚的；（三）被告人否认指控的犯罪事实的；（四）起诉指控的罪名与审理认定的罪名不一致的；（五）其他可能影响公正审判的情形。人民法院经审理认为量刑建议明显不当，或者被告人、辩护人对量刑建议提出异议的，人民检察院可以调整量刑建议。人民检察院不调整量刑建议或者调整量刑建议后被告人、辩护人仍有异议的，人民法院应当依法作出判决。

有的部门提出，根据第二款规定，检察院调整量刑建议后法院仍认为量刑建议明显不当，但被告人、辩护人对量刑建议无异议的，法院只能按照量刑建议判决，不符合以审判为中心的诉讼制度改革精神，建议进行调整。

有的部门提出，被告人不认可量刑建议的情况下，认罪认罚的基本条件已不再满足，如原先案件是按照速裁程序审理的，继续适用速裁程序不合适。

有的专家提出，规定法院“一般应当”采纳检察院量刑建议不符合以审判为中心的诉讼制度改革精神，建议规定法院应当对量刑建议进行审查，符合法律规定的予以采纳；同时，量刑问题上法院原则上应当尊重检察院意见；第一款前三项规定的情形，应当是不适用认罪认罚从宽制度的情形。

9. 草案第二十二条在刑事诉讼法第三编第二章增加一节“速裁程序”，其中第二百二十三条规定，有下列情形之一的，不适用速裁程序：(一) 被告人是盲、聋、哑人，或者是尚未完全丧失辨认或者控制自己行为能力的精神病人的；(二) 有重大社会影响的；(三) 共同犯罪案件中部分被告人对指控的事实、罪名、量刑建议有异议的；(四) 被告人与被害人或者其法定代理人没有就附带民事诉讼赔偿等事项达成调解或者和解协议的；(五) 其他不宜适用速裁程序审理的。

有的部门和专家提出，未成年人刑事案件具有专门的关护帮教、法庭教育环节，集中审理、集中宣判的形式无法充分体现帮教效果，且易造成交叉感染，建议在不适用速裁程序的情形中增加“被告人是未成年人的”。

刑事诉讼法修正草案通过前评估情况

2018 年 10 月初，法工委召开会议，邀请部分地方纪检监察机关、法院、检察院、公安、司法行政机关的工作人员以及律师、专家学者等方面的代表，就刑事诉讼法修正草案中主要制度规范的可行性、法律出台时机、法律实施的社会效果和可能出现的问题等进行评估。

一、主要制度规范的可行性

与会人员普遍认为，草案贯彻党的十九大精神和党中央相关重大决策部署，充分体现了深化国家监察体制改革和司法体制改革的成果和经验，内容特定，指向明确，有利于完善与监察法的衔接机制，保障国家监察体制改革的顺利进行，加大反腐败追逃追赃工作力度，推进司法体制改革，推进国家治理体系和治理能力现代化。草案规定的主要制度规范坚持法治思维，遵循诉讼规律，符合司法实践和需求，科学合理，针对性和可操作性强，是可行的，已基本成熟，应尽早出台。

有的专家提出，这次修改亮点很多。草案与监察法衔接，对人民检察院的侦查职权作出调整，对于整合反腐力量，加大反腐力度，完善中国特色监察制度，具有历史性意义。这一调整解决了刑事诉讼中长期以来存在的检察机关办理自侦案件自己侦查、自己决定逮捕、自己审查起诉，缺乏监督制约的问题，在制度设计上更科学合理。

有些专家和部门代表提出，检察机关对监察机关移送案件的犯罪嫌疑人先行拘留的规定，解决了实践中两机关办案衔接中急需明确的问题，十分必要。

有的专家提出，缺席审判主要以反腐败追逃追赃为主，对于严重危害国家安全犯罪和恐怖活动犯罪，则规定了严格的核准程序，这样把握很好，符合刑事诉讼的实际情况和需求，不宜再扩大。草案对缺席审判被告人的一系列权利保障都要比一般当事人更全面严格，有利于保障缺席审判的公正公平。

有的专家提出，完善认罪认罚从宽制度和建立速裁程序的有关内容，建立在总结试点经验的基础上，进一步完善了案件繁简分流制度，有利于实现公正与效率的平衡。

二、关于出台时机

与会人员普遍认为，十二届全国人大常委会2016年9月作出的《关于授权最高人民法院、最高人民检察院在部分地区开展刑事案件认罪认罚从宽制度试点工作的决定》将于今年11月期满。草案经过常委会两次审议和修改完善，已经基本成熟，建议尽快出台。宪法修正案和监察法已经实施，为保障国家监察体制改革顺利深入进行，需要及时完善监察与刑事诉讼的衔接机制，应当加快立法进程。

有的专家和部门代表提出，立法机关在草案起草和审议工作中充分听取了各方面的意见，草案结构合理、文字表述精炼，已经比较成熟，可以出台。

三、实施的社会效果

与会人员普遍认为，草案的有关制度设计和规定有利于保障继续深化国家监察体制改革，加大反腐败追逃追赃工作力度，在将司法体制改革取得的有效成果固定下来的基础上，进一步推进司法体制改革，对于推进国家治理体系和治理能力现代化，具有重大意义。

有的专家提出，对于监察程序和刑事诉讼程序的衔接规定，有利于监察司法机关办案更加规范、更加合法。有的部门代表提出，他们法院刚刚遇到一起涉及留置的案件，草案的规定明确了监察留置与刑事强制措施的衔接机制，使案件办理做到了有法可依。

有的专家提出，完善认罪认罚从宽制度和建立速裁程序，总结了相关试点工作经验，将其中行之有效的成熟做法上升为法律，在全国推行，有利于更好地配置司法资源，保障重大复杂疑难案件公正审理，促进轻罪案件快速处理，实现公正和效率的结合。

有的部门代表提出，实践中，司法机关积压了一些被告人患严重疾病无法开庭的案件，关于被告人患严重疾病案件缺席审理的规定，为处理这些积压案件提供了依据。

四、可能出现的问题

有的部门代表提出，按照草案第二条规定，对于司法工作人员的一部分职务犯罪，检察机关和监察机关都有管辖权，实践中可能出现冲突，刑事诉讼法通过后，需进一步完善工作机制。

有的专家提出，草案增设的缺席审判程序与违法所得没收程序是什么关系，不太清楚。

有的专家提出，国外的值班律师主要在法院，很少在检察院派驻的。有的单位代表提出，草案规定值班律师“对案件处理提出意见”，实践中值班律师还没有做到这一步。

有的部门代表提出，草案第十三条规定速裁程序案件的审查起诉期限为十天，可能给基层检察机关造成工作压力。

五、具体修改意见

1. 有的专家提出，监察机关工作人员办案中实施的刑讯逼供等犯罪，也应当由检察机关立案侦查。

2. 有的专家建议明确值班律师提供的是“辩护”，不是“法律帮助”。有的专家建议在草案第十四条第三款中明确值班律师可以阅卷。

3. 有的部门代表提出，实践中司法机关对于有草案第十五条第二款规定的三种情形的，不适用认罪认罚从宽制度，建议删去这一款。

4. 有的部门代表提出，草案第十八条规定的特殊案件不起诉、撤销案件程序中，检察机关的裁量权过大，建议慎重研究。有的部门代表删去公安机关可以撤销案件的规定。有的专家建议将“撤销案件”明确为“退回公安机关撤销案件”。有的部门代表建议删去“重大立功”。

5. 有的专家提出，检察院随意调整量刑建议，不利于维护司法的权威。建议修改草案第二十一条第三款，进一步限制审判程序中被告人、辩护人对量刑建议提出异议和检察院调整量刑建议的情形。

6. 有的专家建议明确草案第二十一条关于量刑建议的规定是否适用于简易程序、速裁程序。

7. 有的部门代表建议将适用速裁程序审理的案件“不进行”法庭调查、法庭辩论改为“可以不进行”。

8. 有的部门代表建议对不适宜速裁程序的案件，可以转为普通程序或者简易程序审理。

9. 有的部门代表建议在缺席审判适用的案件中增加失职渎职犯罪。

10. 有的专家提出，人民检察院提起公诉后，犯罪嫌疑人才改称为被告人，建议删去缺席审判适用范围规定中的“被告人”。

11. 有的部门代表建议对缺席审判案件规定特别的审理期限。

12. 有的部门代表建议将新增加的第二百九十六条中的“法定代理人”改为“近亲属”。

图书在版编目（CIP）数据

中华人民共和国刑事诉讼法修改条文解读 / 王爱立主编．—北京：中国法制出版社，2018．11
ISBN 978－7－5093－9902－6

Ⅰ．①中… Ⅱ．①王… Ⅲ．①刑事诉讼法－法律解释－中国 Ⅳ．①D925．205

中国版本图书馆 CIP 数据核字（2018）第 254304 号

责任编辑　欧　丹　　　　封面设计　李　宁

中华人民共和国刑事诉讼法修改条文解读

ZHONGHUA RENMIN GONGHEGUO XINGSHI SUSONGFA XIUGAI TIAOWEN JIEDU

主编/王爱立
经销/新华书店
印刷/三河市国英印务有限公司
开本/880 毫米×1230 毫米　32 开　　　印张/ 12．5　字数/ 252 千
版次/2018 年 11 月第 1 版　　　2018 年 11 月第 1 次印刷

中国法制出版社出版
书号 ISBN 978－7－5093－9902－6　　　定价：39．00 元

北京西单横二条 2 号
邮政编码 100031　　　传真：010－66031119
网址：http：//www．zgfzs．com　　　编辑部电话：010－66066621
市场营销部电话：010－66033393　　　邮购部电话：010－66033288

（如有印装质量问题，请与本社印务部联系调换。电话：010－66032926）